Valeria Palumbo

LA PERFIDIA DELLE DONNE

Dall'antichità al '900
venti storie di malizia,
astuzia e crudeltà femminile

SONZOGNO EDITORE

ISBN: 88-454-1323-3

I edizione Sonzogno: aprile 2006

Sommario

INTRODUZIONE

"Quando sono buona, sono fantastica. Ma quando sono cattiva, sono meglio."

MAE WEST, nei panni di Tira, nel film *Non sono un angelo* (1933) di cui scrisse i dialoghi

Perché Lucrezia Borgia, strumento impotente della politica del padre, papa Alessandro VI, è passata alla storia come una diabolica avvelenatrice? Per quale motivo invece per Isabella di Castiglia, determinata e feroce come nessun'altra nel perseguitare i musulmani e gli ebrei del suo regno, è ancora oggi in corso il processo di beatificazione? E come mai si parla tanto male di Messalina, data in sposa a 15 anni al quarantottenne imperatore Claudio, zoppo e balbuziente, che la mise a morte, a soli 23 anni, per adulterio? Perché, infine, abbiamo tutti tifato, seguendo Alexandre Dumas padre, affinché d'Artagnan e i suoi amici moschettieri salvassero l'onore della regina, quando la vera Anna d'Austria riuscì astutamente a sfuggire a tutte le trappole tese dal cardinale Richelieu, insospettito, e a ragione, che la sovrana tramasse contro la Francia?

Lo scrittore e giornalista Leo Longanesi, famoso per le sue freddure, diceva che "le guerre non le vincono i generali, ma gli storici". Da parte sua, Anatole France, ne *Il delitto di Sylvestre Bonnard,* aggiungeva: "Tutti i libri storici che non contengono menzogne sono mortalmente noiosi". Però, per quanto riguarda le donne, la tendenza a cambiarne la storia si presenta con una frequenza inquietante: i giudizi negativi, spesso del tutto ingiustificati e sempre gravati da una pesante misoginia, si sono radicati con facilità sorprendente, hanno attraversato i secoli, sfidato le scoperte della moderna storiografia, ignorato le sue profonde riletture.

Se è vero che la condanna ha permesso a molte donne straordinarie di sottrarsi all'oblio, è altrettanto vero che, per quanto possibile, la verità storica va ristabilita. Non è sempre facile: di un personaggio che incontreremo in queste pagine, Brunilde, figlia del re visigoto Atanagildo, lo storico e vescovo Gregorio di Tours, nella sua *Historia Francorum*, traccia un ritratto lusinghiero. Lo scrivano borgognone Fredegario la dipinge invece nella sua *Cronaca* come la fonte di tutti i misfatti della sua dinastia. A chi dar ragione? Fredegario aveva tra le sue fonti lo stesso Gregorio e si trovò in contrasto anche con un altro cronista del tempo, Paolo Warnefrido, convinto difensore delle regine longobarde: la sua, dunque, era pura diffidenza verso le donne?

Fredegario non costituisce un caso isolato: gli storici di epoca romana, da Dione Cassio a Velleio Patercolo, sono spesso ferocissimi con le matrone che non si accontentarono di stare in casa a filare e tessere la lana, come l'ambiziosa Agrippina, madre di Nerone, e l'astuta Giulia Domna, moglie di Settimio Severo (ma, da un certo punto della storia romana in poi, quasi nessuna matrona si limitò a tessere e filare). In sintesi: per la storia delle donne, le fonti antiche sono spesso delle trappole. Occorre saper leggere tra le righe.

Questo vale anche per i casi in cui figure dalla vita tempestosa ci sono state invece tramandate come madonne immacolate. Non di rado l'ascesa al trono – o l'ascesa al trono di un figlio maschio – ha ripulito la "fedina penale" o il "curriculum licenzioso" di molte dame. Quella che oggi è sant'Elena, ovvero la madre di Costantino, era quasi di sicuro una concubina incontrata dal futuro imperatore Costanzo Cloro in una bettola dei Balcani. Elena venne poi ripudiata, ma si rifece assistendo impassibile e complice alla catena di delitti che portarono sul trono il figlio – un "bastardo", come si diceva all'epoca, ovvero un illegittimo.

Se talora la condanna da parte degli storici, o viceversa l'inattesa assoluzione, si spiegano con motivi politici, sociali, culturali o religiosi, altre volte è più difficile capire perché alcune donne siano risultate così antipatiche ai cronisti. E altre siano state tanto amate.

Molto ha influito la *vox populi*. La condanna del popolo, quasi sempre senza appello e condita da improbabili leggende, ha spesso influenzato gli storiografi ed è sopravvissuta anche quando le ricerche moderne hanno assolto le povere incriminate. Forse perché una "cattiva", la "strega" nell'accezione più comune, continua a far notizia e a suscitare più curiosità di una donna forte e decisa, ma di normali appetiti. In fondo, la stessa Agrippina imputava quasi sempre alle sue rivali di praticare incantesimi malvagi. L'accusa di stregoneria è difficile da respingere: affascina perfino gli inquisitori e, in fin dei conti, conferisce potere alle inquisite, dona loro un'aura inquietante.

I popoli, poi, si trascinano dietro strane e tenaci tradizioni: un personaggio che incontreremo, donna Olimpia Pamphilj, è stata così odiata dai romani che ancora oggi si scherza sulle apparizioni del suo funesto fantasma per le vie della città.

Come se non bastasse, ci si sono messi i poeti. Dopotutto, è il loro mestiere. Ma le conseguenze sono notevoli: una regina quasi insignificante come Lady Macbeth è diventata con William Shakespeare il simbolo stesso del male. Gruoch o Grauch, ovvero Lady Macbeth, fu, nella realtà, una donna pugnace ma piuttosto sfortunata. Nata nel 1007 dal principe Bodhe, e nipote del re Kenneth III di Scozia, sposò Gillecomgain, il Mormaer, ovvero il signore del Moray, una regione scozzese. Il re Malcolm II, successore di Kenneth, le fece uccidere il marito e il fratello per mano di un nipote, Duncan. Lei, incinta del futuro re Lulach, fuggì presso un cugino acquisito, Macbeth, che nel 1032 prese il posto di Gillecomgain sia nel letto, sposandola, sia a capo del Moray. Nell'agosto 1040 Macbeth sconfisse a Elgin il nuovo re Duncan I e si impossessò del trono di Scozia. Reclamava il suo diritto a regnare, poiché sua madre era la seconda figlia di Malcolm II, e affermava la volontà di vendicare la moglie, che avrebbe dovuto ereditare le terre del padre. Nel 1057 Macbeth fu a sua volta ucciso dal figlio di Duncan, Malcolm. A succedergli fu però, sia pure per un solo anno, il figlio di Lady Macbeth, Lulach. Questo, molto in sintesi e tra mille incertezze, è ciò che sappiamo della vicenda storica. Ma già i cronisti e le leggende popolari medievali diffusero pessime voci su Gruoch e su Macbeth, dipingendoli come usurpatori, che non erano, e feroci assassini, cosa che all'epoca erano un po' tutti.

Quasi sei secoli dopo, nel 1606, per scrivere la sua tragedia, William Shakespeare attinse in particolare a due fonti: le *Chronicles of England, Scotland, and Ireland*, scritte nel 1577 da Raphael Holinshed, e la *Scotorum Historiae a Prima Gentis Origine* di Hector Boethius, del 1527.[1] Entrambe si sarebbero rivelate in seguito

[1] Per confrontare il *Macbeth* di Shakespeare con le *Holinshed's Chronicles:* http://ise.uvic.ca/Annex/links/keyword/holinshed.html. Una copia antica della *Scotorum Historiae a Prima Gentis Origine* di Hector Boethius si trova nella biblioteca della University College London.

quasi fiction pura, ma all'epoca fornirono al drammaturgo inglese la base per costruire il più straordinario personaggio di "perfida" della letteratura drammatica. Più grande, nella sua perfidia, di Medea, assassina ma anche moglie ingannata, e di Fedra, calunniatrice ma anche amante delusa. Lady Macbeth non ha ragione per odiare il re Duncan: vuole che Macbeth lo uccida solo per prenderne il posto. Non ha vendette da compiere, non ha mai esitazioni, il suo è un freddo calcolo. In questo senso la Lady Macbeth shakespeariana è la perfida perfetta: a muoverla è un progetto, non un sentimento. Perciò non smette di rimproverare al marito la mancanza di coraggio: "... diffido della tua natura", gli dice nel primo atto per spingerlo all'azione, "è troppo colma del latte dell'umana bontà per prendere la via più breve. Tu vorresti essere grande, non sei senza ambizione, ma ti manca la cattiveria che dovrebbe accompagnarla..." Sempre nel primo atto, un monologo di Lady Macbeth rivela quello che in fondo è sempre stato il problema delle perfide: la scarsa autorevolezza concessa al loro sesso, prima di tutto da se stesse. "Venite, voi spiriti che governate i miei pensieri di morte, strappatemi il mio sesso, e riempitemi tutta, dalla testa ai piedi, della crudeltà più atroce... Venite alle mie mammelle di donna e mutate in fiele il mio latte..."[2]

La vera Lady Macbeth non fu così spietata, ma Shakespeare, esasperandone la crudeltà, ha creato un personaggio indimenticabile.

Resta peraltro vero che, a fronte di tante donne giudicate a torto "cattive", ce ne sono state diverse che perfide, se non addirittura malvagie, lo sono state dav-

[2] William Shakespeare, *Macbeth*, a cura di Alessandro Serpieri, Giunti, Firenze 1996.

vero. È soprattutto la loro storia che mi interessa raccontare.

Ho scelto personaggi importanti perché la loro azione ha modificato il corso degli eventi e quindi anche la nostra storia. A volte il mio punto di vista non coincide con quello comune. La sfida, per me, è stata svestire queste donne dai pregiudizi e tener conto delle condizioni storiche e sociali nelle quali hanno agito. La lotta per la sopravvivenza, o per la sopravvivenza dei figli, si sa, dà alle donne un coraggio e una spietatezza smisurati.

Ho, in ogni caso, selezionato protagoniste che hanno commesso inganni e persino crudeltà non per pura perversione, per stupidità, per malattia mentale o gusto sadico. Ma perché avevano un piano. Figure lucide, determinate, capaci. Quasi tutte hanno condiviso lo stesso obiettivo: il potere. D'altra parte, per raggiungerlo e conservarlo, le donne hanno rivelato, nel corso dei secoli, un'insospettabile fantasia. Molte, forse a torto giudicate "più femminili", hanno fatto della seduzione la loro irresistibile arma.

Qui seguirò in particolare quelle che hanno intelligentemente sfruttato la loro determinazione e la loro mancanza di scrupoli per imporsi. Talvolta, per farlo, hanno utilizzato il corpo. Molto spesso è bastato il cervello. Altre volte una crudeltà subdola e ferina.

Il risultato spesso ha coinciso: non potendo ricorrere direttamente alla violenza, non potendo vantare un "innato diritto" al comando, non potendo quasi mai aspirare in prima persona al trono e tanto meno alle maggiori cariche religiose, molte donne sono riuscite lo stesso a gestire un potere analogo a quello degli uomini. La lotta per arrivarci non ha mai concesso distrazioni né errori, e numerose hanno pagato con la vita: Brunilde, per tornare alla regina lodata da Gregorio di

Tours, fu seviziata e uccisa ottantenne da suo nipote. La madre dei sultani turchi Murad IV e Ibrahim, Kösem Mahpeyker, venne strangolata sessantenne dagli eunuchi dell'harem perché aveva tentato di uccidere nipote e nuora. L'imperatrice di Bisanzio Irene fu detronizzata ed esiliata a 50 anni. Agrippina minore fu fatta uccidere dal figlio, l'imperatore Nerone.

La necessità di schivare i pericoli, aggirare le leggi e le consuetudini, mentire e usare inganni e sotterfugi ha inevitabilmente plasmato, ammesso che queste "doti" si trasmettano da una generazione all'altra, una forma di intelligenza femminile perfida e inarrestabile. Ci si dimentica spesso che "l'allenamento" è durato secoli. E questo forse spiega la disinvoltura e la durezza con cui alcune signore, anche molto discusse, si sono trovate di recente a gestire il potere, basti pensare al segretario di Stato statunitense Condoleezza Rice, al vice primo ministro cinese Wu Yi, o all'ex primo ministro ucraino Julia Tymoschenko, secondo la quale "le donne devono sfruttare le loro debolezze senza pietà",[3] o ancora all'ex presidente dello Sri Lanka Chandrika Kumaratunga, che ha alternato repressione e trattative con i ribelli Tamil.

Le donne non sono quasi mai state escluse dal potere. Meglio, non si è mai riusciti a escluderle del tutto. Anche il ruolo rivestito negli ultimi anni in Arabia Saudita, forse il Paese più retrivo nel riconoscere i diritti della popolazione femminile, da Jawhara al-Ibrahim, moglie favorita dell'ex re Fahd, lo dimostra.

A denti stretti, usando spesso inganni e stratagemmi infidi, alcune hanno difeso, prima ancora che i propri "diritti di sangue", la loro ambizione e la loro sete di potere.

[3] Da un'intervista di Isabel García-Zarza su *Yo Dona,* supplemento del quotidiano spagnolo *El Mundo,* 14 maggio 2005.

Oggi possiamo non approvare i mezzi, ma ci stupiamo di tanta tenacia. Il fatto che le donne possano finalmente soddisfare le proprie ambizioni, usando gli stessi strumenti e accedendo agli stessi diritti di cui godono gli uomini, potrebbe finalmente rendere inutile tanta perfidia.

Ma così come la possibilità di lavorare e far carriera non ha eliminato la categoria di donne che usa il sesso e la seduzione per farsi largo nella vita, c'è da credere che il libero accesso al potere non cancellerà la stirpe delle perfide. Conoscere quelle del passato non ci permette solo di scoprire vicende straordinarie e dimenticate dai libri di storia. Ci rende forse anche più abili nel riconoscere le "infide" attuali.

Non cerchiamo maestre nella perfidia, ma, nel caso ci trovassimo ad affrontarne la sfida, in un mondo sempre più ricco di agoni di lotta al femminile, sapremo rispondere alle loro armi affilate, con un'intelligenza e una sapienza altrettanto acuminate.

Erodiade
La decapitatrice

"Venuto il compleanno di Erode, la figlia di Erodìade danzò in pubblico e piacque tanto a Erode che egli le promise con giuramento di darle tutto quello che avesse domandato. Ed essa, istigata dalla madre, disse: 'Dammi qui, su un vassoio, la testa di Giovanni il Battista'."

Vangelo secondo san Matteo, 14, 6-8

Perdere la testa per una donna, si sa, è una delle peggiori paure dell'uomo. Vale come metafora, e talvolta è stata una realtà. Forse per questo le "decapitatrici", da Giuditta a Salomè, affollano la storia dell'arte: raffigurarle serve a esorcizzarle. Giuditta è però nella Bibbia un'eroina positiva: ha decapitato il generale assiro Oloferne per salvare il popolo di Israele. Salomè, invece, sempre secondo la versione biblica, ha chiesto la testa di san Giovanni Battista per far contenta la madre, Erodiade. Ed è proprio di lei che andiamo a raccontare.

A differenza di Giuditta, la cui esistenza storica non è dimostrata, Erodiade e Salomè sono realmente vissute, anche se i testi sacri ne hanno dato un'immagine distorta. Secondo la Bibbia e secondo quanto raccontato dallo storico Giuseppe Flavio nelle *Antichità giudaiche*, Erodiade era una donna senza scrupoli. Ma se i Vangeli di Matteo e Marco le attribuiscono la colpa della morte di Giovanni Battista, il grande storico ebreo offre una spiegazione più complessa di quell'esecuzione.

Erodiade era nipote di Erode il Grande e di Mariamne. Suo nonno, che godette di pessima fama fin dall'antichità, aveva sottratto la Palestina ai Maccabei, o meglio agli Asmonei, discendenti del sacerdote Mattatia il Maccabeo il quale, tra il 168 e il 164 a.C., aveva guidato la resistenza di Gerusalemme contro Antioco IV l'Epifane, re di Siria. I Maccabei avevano poi preso il potere, vantando una discendenza diretta da David, mitico re d'Israele. Anche per la pretesa "sacralità" degli Asmonei il colpo di mano di Erode aveva suscitato grande scandalo: era Idumeo e apparteneva quindi a un'altra tribù, convertita più di recente all'ebraismo. Dunque era quasi un usurpatore, proprio come suo figlio Aristobulo, padre di Erodiade, sarebbe apparso come un "mezzo sangue".

La ragazza nacque così in una famiglia potentissima, per quanto contestata. Erode, il cui padre era già stato nominato da Giulio Cesare procuratore della Giudea, era diventato a soli 15 anni, nel 47 a.C., governatore della Galilea. Nel 39 a.C. Marco Antonio l'aveva proclamato re dei giudei, carica confermata da Ottaviano e conservata fino alla morte per l'assoluta fedeltà ai romani, anche ai danni del suo popolo. Erode il Grande è colui che il Vangelo di Matteo accusa della strage degli innocenti. Tutti i cronisti dell'epoca, però, non ne fanno cenno e nessuno studioso è stato in grado di provare che lo sterminio sia mai avvenuto.

Racconta lo storico Giuseppe Flavio che Erode aveva sposato l'ultima discendente degli Asmonei, Mariamne, fiera e bellicosa aspirante al trono dei suoi antenati. Erodiade fu, attraverso di lei, l'erede di una dinastia di donne di incredibile ambizione, sangue freddo, tenacia. E, quando servì, crudeltà. La bisnonna di Erodiade, ovvero la madre di Mariamne, Alessandra, aveva per esempio giudicato un affronto che Erode il Grande avesse escluso suo figlio, un ragazzo di 16 anni, dalla carica di massimo sacerdote di Gerusalemme. Scrisse allora in segreto a Cleopatra, la celebre regina d'Egitto e amante di Marco Antonio, affinché l'aiutasse contro il genero. La paura di suscitare l'ira di Marco Antonio e le pressioni esercitate da Mariamne indussero Erode a fare un passo indietro e concedere la carica al ragazzo. Alessandra però non smise di tramare ai suoi danni ed Erode, dopo averle fatto assassinare il figlio, dovette usare tutte le proprie capacità diplomatiche per sedare la sua ira e quella di Cleopatra, come racconta Giuseppe Flavio.[1]

Non meno fiera fu la nonna di Erodiade, Mariamne, peraltro solo una delle dieci mogli di Erode. Il re dei giudei, che durante la guerra tra Ottaviano e Marco Antonio tentò di barcamenarsi tra i due contendenti, in occasione di una sua partenza in battaglia aveva lasciato disposizione ai propri uomini di uccidere la pur amatissima Mariamne, se non fosse tornato a casa. Temeva che la donna tramasse ai suoi danni. Quando lo seppe, la regina giurò vendetta. Alessandra, sua madre, soffiava sull'odio. Nel frattempo Cypros e Salomè, madre e sorella di Erode, presero ad alimentare il fuoco opposto: quello dei sospetti contro Mariamne. Una vera guerra tra donne dunque, che testimonia come la condizione femminile in Palestina fosse, al tempo di Erodiade, meno dura di quanto la stessa Bibbia non faccia trasparire, almeno a corte.

[1] Giuseppe Flavio, *Antichità giudaiche*, *l. XVIII*, a cura di Luigi Moraldi, Utet, Torino 1998. Notizie su questi eventi e sulla storia della Palestina antica si trovano anche nella *Geografia* di Strabone di Amasia (64 a.C.-19 d.C.): cfr. *Il Medio Oriente di Strabone. Libro XVI della Geografia.* Introduzione, traduzione e commento di Nicola Biffi, Edipuglia, Bari 2002.

In qualche modo il loro potere è testimoniato anche dalla tragica fine di Mariamne: Erode, ormai convinto di essere tradito ma evidentemente non in grado di ricorrere a un semplice ripudio, dovette trascinarla in tribunale. La donna, riconosciuta colpevole, fu condannata a morte. Il dolore rese ancor più folle il sovrano che, dopo aver fatto uccidere la bisnonna di Erodiade, Alessandra, continuò a far strage di parenti. Su istigazione di sua sorella Salomè, decise di ammazzarne il marito, Costobaro. Tra i racconti familiari che Erodiade dovette di sicuro aver ascoltato a corte, quelli che riguardavano la zia Salomè furono i più inquietanti: pochi anni dopo aver fatto assassinare suo marito, nell'11 a.C., la donna indusse il fratello Erode a un altro crimine. Lo spinse ad accusare di tentato parricidio, e quindi a far giustiziare, i due figli avuti da Mariamne. Neanche il fatto che sua figlia Berenice avesse sposato uno dei due ragazzi, Aristobulo, il padre di Erodiade, trattenne Salomè dall'ordire il complotto.

Come abbia vissuto la piccola Erodiade quel dramma è difficile dirlo. Parimenti ignoriamo in che maniera lo abbia affrontato suo fratello Erode Agrippa I. Sappiamo però che la stessa Erodiade avrebbe in seguito, e invano, tramato contro il fratello, il quale a sua volta sarebbe passato alla storia come monarca crudele, almeno secondo quanto tramandato negli Atti degli Apostoli, per aver perseguitato Giacomo e Pietro.

Tra i parenti da cui la bambina doveva guardarsi c'era anche sua madre Berenice, donna infida, coinvolta negli intrighi di corte. In particolare venne accusata di complicità nell'omicidio del marito nel 6 a.C.; le imputazioni, però, non dovettero danneggiarla se poco dopo sposò Teudio, fratello o fratellastro di Doris, prima moglie di Erode.

In seguito, lo stesso Teudio fu messo a morte con l'accusa di aver tramato contro Erode. Berenice non perse tempo e si maritò con Archelao, pure figlio di Erode, di cui rimaneva l'erede principale, e di una moglie di nome Maltace. Nominato governatore di gran parte della Palestina, Archelao sarebbe stato cacciato e mandato in esilio da Ottaviano Augusto nel 6 d.C., persuaso dalle proteste degli ebrei. Lo accusavano, guarda caso, di crudeltà, ma anche di aver sposato la madre di Erodiade senza aver ripudiato la prima moglie. Forse per questo Berenice, che potrebbe essere stata la terza consorte, spesso non viene nominata nella genealogia di Archelao.

Erodiade crebbe così, tra complotti, assassinii di parenti stretti, nuovi patrigni. La sua vita non fu mai al sicuro, anche se a un certo punto la madre la condusse a vivere a Roma. Non che la capitale dell'impero fosse un luogo tranquillo, ma almeno la libertà d'azione dei congiunti era ridotta.

Il destino della ragazza, secondo tradizione, venne deciso da altri. Fu data in sposa a uno zio, Erode Filippo, figlio di un'altra moglie di Erode il Grande che, per coincidenza, si chiamava anch'essa Mariamne. La ripetizione dei nomi ha creato molti problemi agli storici e ai cronisti: nel Vangelo di Matteo il primo marito di Erodiade viene chiamato Filippo, e in effetti è esistito anche un altro zio di Erodiade il cui nome era appunto Filippo, e che divenne tetrarca di Iturea. Questo Filippo era figlio di un'altra moglie di Erode che, per complicare la questione, si chiamava Cleopatra.

Ma oggi gli storici concordano che Erodiade conobbe a Roma Erode Filippo e che con lui continuò a vivere nella capitale. Il marito non doveva essere un uomo di particolari ambizioni, perché non ricoprì mai cariche di rilievo. Da Erode Filippo, Erodiade ebbe una bambina, Salomè. Ma Roma, nonostante il suo fasto, le stava stretta: Erodiade aspirava a tornare da regina a Gerusalemme. E suo marito non era la persona giusta per condurcela. Ciò lo deduciamo dal fatto che approfittò della visita a Roma di un altro zio, l'ambizioso Erode Antipa, fratellastro di Erode Filippo e fratello di sangue di Archelao, terzo marito di Berenice, per fuggire con lui e abbandonare lo sposo.

I matrimoni tra consanguinei erano comuni in Palestina; e cominciavano a essere diffusi anche a Roma. Quindi è da escludere che lo scandalo suscitato dalla fuga e dal nuovo matrimonio di Erodiade fosse legato all'incesto. Certo non era visto di buon occhio che un uomo rubasse la moglie a un fratello, sia pure solo per parte di padre. Ma gli ebrei sono stati spesso ondivaghi nella valutazione di ciò che li indignava in tema matrimoniale. Non li scandalizzava certo la poligamia, anche se a volte preferivano che la moglie precedente fosse ripudiata e rispedita dal padre; tanto meno li preoccupavano i matrimoni tra zii e cugini. E d'altra parte, in epoca ellenistica, l'Egitto tolemaico, la Siria e la Persia li avevano abituati anche alle nozze tra fratellastri.

È probabile però che, nel caso di Erodiade, a suscitare indignazione fosse un divorzio sollecitato da una donna. Forse lei aveva osato tanto perché, abbandonando il costume ebraico, si era adattata alle norme di Roma. La legge latina consentiva appunto il divorzio, sebbene in realtà fosse quasi sempre chiesto dall'uomo.

Erode Antipa, che era stato educato a Roma come Aristobulo, Erode Filippo e Archelao, dovette comunque organizzare una sorta di rapimento per riportare Erodiade in patria. Erode era stato nominato da Augusto, nel 4 a.C., tetrarca della Galilea e della Perea, la sponda orientale del Giordano, e ricoprì questa carica fino al 39 d.C. senza mai diventare re, come invece lo definisce l'evangelista Matteo. Tornato in Palestina dovette ripudiare la prima moglie, Faselis, figlia del re dei Nabatei, Areta IV, che governava sulla città di Petra. L'ira del sovrano arabo fu incontenibile, ma non è possibile stabilire con certezza se la successiva guerra che scoppiò tra i due regni, nel 36 d.C., fosse dovuta a una questione d'onore familiare. È più verosimile, come oggi si propende a credere, che fossero sorti dei contrasti sui confini. Fatto sta che il nuovo marito di Erodiade venne ripetutamente sconfitto in battaglia dagli arabi, e questo venne interpretato dal popolo e dai sacerdoti come un castigo divino.[2] Fu solo l'intervento dei romani a salvarlo: l'imperatore Tiberio, al quale Erode aveva chiesto aiuto, ordinò a Vitellio, prefetto di Siria, di punire l'aggressore.

Erodiade, come avrebbe fatto anche in seguito, fu sempre al fianco dello sposo nelle scelte di governo, persino nelle imprese più spericolate. Anzi, a prestare ascolto a storici antichi ed evangelisti, fu lei a promuoverle. A rafforzare quest'ipotesi è il fatto che Erode Antipa viene dipinto come una persona tutto sommato di indole quieta e indolente, l'esatto opposto di suo padre.

L'episodio della decollazione di Giovanni Battista, secondo Marco e Matteo, è legata appunto all'ira di Erodiade e al coraggio del predicatore, che fu l'unico ad alzare la voce contro il matrimonio della donna con Erode: "Non ti è lecito avere la moglie di tuo fratello", tuonò (Marco, 6, 41). Erodiade l'avrebbe voluto subito morto. Erode, che lo temeva, si limitò ad arrestarlo, salvo poi cedere alle richieste della moglie qualche tempo

[2] Vedi Nikos Kokkinos, *The Herodian Dynasty: Origins, Role in Society and Eclipse*, Sheffield Academic Press, Sheffield 1998.

dopo, in occasione di un banchetto per il suo compleanno. Alla festa erano stati invitati tutti i nobili, gli ufficiali e i notabili della Galilea. Al suo culmine Salomè, la figlia di primo letto di Erodiade, ballò per Erode e a lui piacque tanto che le promise qualsiasi cosa lei gli avesse chiesto, fosse pure la metà del suo regno. La ragazza andò dalla madre e questa le suggerì di domandare su un bacile la testa del Battista, richiesta che Erode, sempre secondo gli evangelisti, accolse, seppur con dispiacere.

Che cosa non torna di questa storia? Innanzi tutto, un uomo accorto come Erode non si sarebbe mai piegato a un tale capriccio, che rischiava di mettergli contro parte della popolazione, solo perché sedotto dalla danza di una figliastra. Amava senz'altro Erodiade e, come avrebbe dimostrato in seguito, soleva cedere, sia pure a volte dopo lunghi ripensamenti, alle sue insistenze. Ma perché allora la donna non gli aveva esposto direttamente il suo desiderio?

Giuseppe Flavio offre una spiegazione più convincente della morte del Battista. Flavio nacque verso il 37 d.C. da una famiglia di sacerdoti e morì tra il 98 e il 104. Fu dunque cronologicamente vicino agli eventi narrati almeno quanto gli autori dei Vangeli, che in genere si fanno risalire al 70-80 d.C. In più, benché Flavio non abbia avuto una condotta del tutto cristallina, visto che passò dalla parte dei romani contro il suo popolo, è però considerato un autore degno di fede e dalle fonti solide.

Secondo lui, Erode Antipa mise a morte il predicatore perché temeva il suo potere eversivo. Come sappiamo dagli stessi Vangeli, Giovanni, dalla prigione, aveva mandato alcuni seguaci a chiedere a Gesù, che nello stesso periodo aveva cominciato la predicazione, se fosse "colui che deve venire", e Gesù aveva risposto che Giovanni era solo il più grande dei profeti e lui, invece, il Figlio dell'Uomo. È una prova di come la Palestina stesse vivendo un periodo confuso e inquieto, di fermento antiromano e di attesa messianica. Erode il Grande e i suoi eredi non erano stati capaci di portare la pace e la loro pronta sottomissione ai romani aveva suscitato parecchi malumori. Erode Antipa, in particolare, aveva fondato nel 17 d.C. una nuova capitale, Tiberiade, in onore dell'imperatore Tiberio. Gli ebrei si rifiutarono a lungo di popolarla perché sorgeva su un antico cimitero e quindi su un luogo impuro. Per molto tempo, nonostante la sua bellezza, la città sarebbe stata abitata soltanto da greci e romani.

La prigionia e poi la morte del Battista, il predicatore vestito di peli di cammello che si nutriva solo di locuste e miele selvatico, sarebbe quindi stata una delle tante operazioni preventive "antisommossa", tra le quali parte della storiografia inserisce anche la cattura e l'uccisione di Gesù.

Ciò non toglie che Erodiade, sempre coinvolta nelle scelte del marito, non abbia espresso anche in questo caso la sua volontà e abbia chiesto di mettere a morte il moralista che tanto piaceva alle folle.

Però l'operazione nella quale Erodiade dimostrò davvero la sua perfidia e della quale abbiamo anche maggiori riscontri storici, avvenne subito dopo. Nel 37 d.C., dopo la morte di Tiberio, la fortuna arrise al fratello di Erodiade, Erode Agrippa, che aveva avuto sorti alterne e negli ultimi anni era caduto in miseria, per poi finire addirittura in prigione per debiti. Il nuovo imperatore, Caligola, era suo amico; per questo gli concesse sia i territori che erano stati governati fino alla morte dallo zio Filippo sia l'ambitissima corona della

Giudea. Erodiade, racconta Giuseppe Flavio, trovò l'affronto intollerabile: non solo riteneva che quelle terre spettassero al marito, già governatore di gran parte della Palestina, ma soprattutto che a lui dovesse essere assegnato il titolo regale. Suo fratello aveva dovuto vivere della carità di Erode Antipa ed era poi scappato per debiti: il fatto che fosse ora coperto di tanti onori, ricco e venerato dalla folla, le rendeva impossibile, sostenne Erodiade, continuare a vivere.

Erode Antipa invece titubava. Erodiade lo accusò di essere un perdente, mise in dubbio che fosse un vero figlio di re, all'altezza di suo padre, Erode il Grande. Cercò di colpirlo soprattutto nell'onore. Ma Erode temeva il peggio. Solo che più lui resisteva più lei rinnovava gli attacchi. Alla fine, narra Giuseppe Flavio, cedette più per stanchezza che per convinzione. Erodiade lo convinse allora a recarsi a Roma da Caligola per chiedergli la stessa corona che aveva appena concesso a Erode Agrippa. E lo spinse a portare con sé grandi tesori per farsi amico l'imperatore. Ma il fratello, intuendo le mosse di Erodiade, fece partire un suo inviato, il liberto Fortunato, alle spalle del convoglio. L'ex schiavo volò e arrivò quasi contemporaneamente agli avversari, così che Caligola si trovò a leggere le lettere di Agrippa alla presenza di Antipa. Nelle missive Agrippa accusava Antipa di aver tramato in passato contro Tiberio, cosa di cui però a Caligola importava poco, visto che l'ex imperatore aveva sterminato la sua famiglia. Ben più gravi le altre accuse: il marito di Erodiade avrebbe armato un esercito di settantamila uomini da schierare al fianco di Artabano, re dei Parti, i più temibili nemici di Roma. Caligola chiese ad Antipa se la denuncia fosse fondata. Tuttavia, già il fatto che possedesse un esercito così grande gli sembrava una prova convincente che stesse alleandosi col nemico. Antipa non poté negare di avere tanti uomini in armi.

Caligola gli tolse allora le terre e le diede ad Agrippa insieme con tutti i tesori di Antipa. Non solo, ma lo condannò all'esilio perenne a Lione, in Gallia. Poiché però Erodiade era la sorella di Agrippa e Caligola aveva sempre avuto un debole per le sorelle – essendo stato amante delle proprie –, l'imperatore le offrì di rimanere padrona del suo denaro personale e le diede la possibilità di tornare in patria; del resto, lo stesso Agrippa proponeva di ospitarla nel suo palazzo.

Ma Erodiade, resasi evidentemente conto che la sua ambizione aveva provocato la rovina di Antipa, rifiutò: lodò la generosità e il comportamento dell'imperatore, "ma l'affetto che nutro per mio marito", disse, "mi impedisce di accettare questo dono, poiché non è giusto che io, che ho potuto condividere la sua prosperità, ora lo abbandoni nella cattiva sorte".[3] Caligola, di cui sono celebri l'umore instabile e la scarsa considerazione dei codici d'onore, la prese malissimo; assegnò ad Agrippa anche le sue tenute e la condannò all'esilio perenne, insieme con il marito. Era il 39 d.C.: "Così Dio punì Erodiade per l'invidia mostrata verso il fratello ed Erode per aver prestato orecchio ai vani discorsi di una donna",[4] conclude Giuseppe Flavio. Lo storico si unisce quindi alla condanna evangelica di Erodiade. Noi però, dalle sue stesse parole, traiamo una certezza: Erodiade fu una donna capace di farsi ascoltare.

Di quel che accadde poi ai due coniugi sappiamo poco, solo che partirono per Lione, che era già un'importante città, centro di collegamento tra l'Italia e le pro-

[3] Giuseppe Flavio, *op. cit.*
[4] *Ibidem.*

vince del Nord. Poi passarono nell'attuale Spagna, forse dalle parti dei Pirenei. Lì se ne sono perse le tracce. Erode Agrippa nel frattempo combatté sul Reno a fianco di Caligola, tra il 39 e il 40 d.C.; il 24 gennaio 41 era a Roma quando l'imperatore, ormai impazzito, venne assassinato. Agrippa sposò allora la causa di Claudio e il suo appoggio ne favorì la proclamazione a imperatore. Claudio gliene fu grato: Giudea e Samaria furono aggiunte ai suoi territori così che sotto lo scettro di Agrippa si ritrovarono tutte le terre un tempo sottomesse al nonno, Erode il Grande. Gerusalemme tornò a essere la capitale della Palestina; Agrippa mostrò una profonda fede ebraica, in particolare diede appoggio agli Zeloti, i più nazionalisti. La sua morte, a 54 anni, nel 44 d.C., è raccontata sia negli Atti degli Apostoli sia da Giuseppe Flavio in forma di mito: durante le celebrazioni in onore dell'imperatore nel teatro di Cesarea, la corazza d'argento di Agrippa divenne così luminosa che i cortigiani si convinsero che il re si stesse trasformando in dio. Un attimo dopo il sovrano fu colto da un terribile dolore allo stomaco e, presentendo la propria morte, la attribuì a un castigo divino per tanta superbia. Si spense dopo cinque giorni di terribili sofferenze.

Il fuoco che bruciava Erodiade[5] e le sue antenate non si era invece estinto. Non passò alla figlia Salomè, che prima andò sposa allo zio Filippo, quello da cui Erode Agrippa aveva ereditato i primi territori, e in seconde nozze si unì ad Aristobulo, quasi di sicuro un suo cugino primo. Di Salomè si racconta una fine orribile, che si giustificherebbe solo se avesse seguito Erodiade ed Erode Antipa in Spagna: stava tentando di attraversare

[5] Erodiade è la protagonista del bel racconto di Gustave Flaubert, *Erodiade*, pubblicato in *Tre racconti*, Garzanti, Milano 2004. A lei è anche dedicata l'opera di Jules Massenet, *Herodias*, rappresentata per la prima volta a New York nel 1908.

il fiume Sicoris, oggi il Segre, un affluente dell'Ebro, nella zona di Lerida, quando il ghiaccio si ruppe e la ragazza cadde in acqua. Il ghiaccio, richiudendosi all'istante, la decapitò. Alcune fonti citano invece come fiume il Reno e fissano la morte al 70 d.C. Commenta nella sua *Cronologia* Niceforo, patriarca di Costantinopoli dall'806 all'815 e quindi fonte tarda,[6] che il corpo non fu mai più trovato e la testa fu consegnata a Erodiade proprio come, qualche anno prima, le era stata portata quella di Giovanni Battista. Sembra una conclusione fin troppo simbolica,[7] anche perché è difficile attribuire qualche colpa a quella bambina forse appena tredicenne, che ballava d'incanto e il cui unico torto fu chiedere un premio non per sé ma per la madre.

Può essere vero tuttavia che Salomè ebbe un incidente sul ghiaccio: il suo secondo marito fu mandato, nel 54 d.C., a regnare sull'Armenia, terra freddissima d'inverno.

La vera erede di Erodiade fu però sua nipote Berenice,[8] figlia di Erode Agrippa e seconda moglie dello zio Erode di Calcide. Berenice, nata nel 28 d.C., era stata sposata in prime nozze con Marco, figlio di Alessandro, alto magistrato di Alessandria d'Egitto. Alla sua morte era passata a Erode e, alla morte di questi,

[6] Cfr. Sijbolt Noorda, *Jaël, Judit & Salomè. Femmes fatales met een bijbels verleden*, in A.A.V.V., *Femmes fatales: 1860-1910*, Bai, Wommelgem 2002.

[7] Salomè ha ispirato innumerevoli opere, in cui compare anche la madre Erodiade: da ricordare la *Salomè* di Oscar Wilde (Bur, Milano 1997, con i disegni di Aubrey Beardsley); la pagina sulla decollazione del Battista in *À rébours* di Joris-Karl Huysmans (*A ritroso*, Bur, Milano 1997) e l'opera *Salomè* di Richard Strauss del 1905. Indimenticabili i ritratti che le hanno dedicato Tiziano e Gustave Moreau.

[8] Berenice, nipote di Erodiade, è la protagonista di due tragedie: *Berenice* di Jean Racine e *Tito e Berenice* di Pierre Corneille presentate l'una a distanza di una settimana dall'altra nel 1670. Di lei si parla anche nelle *Storie* di Tacito, Libro II (Bur, Milano 1999), nella *Sesta Satira* di Giovenale (Bur, Milano 2000), e in Svetonio, *Vite dei Cesari*, *Tito* (Garzanti, Milano 2004).

nel 48, visse qualche anno con suo fratello Agrippa II, suscitando grande scandalo per questa relazione incestuosa. L'indignazione era legata al fatto che i due fossero fratelli di sangue, figli della stessa madre, Cyprus, e che Erode Agrippa II non avesse altre mogli. Berenice si sposò poi con Polemone II, re di Cilicia, ma lo abbandonò per tornare dal fratello. Al suo fianco, e al fianco dei romani, lottò per domare la rivolta degli ebrei di Gerusalemme scoppiata nel 66 d.C. In quell'occasione, o poco dopo, nel 68, alla morte di Nerone, divenne l'amante di Tito, figlio di Vespasiano. Il futuro imperatore promise di sposarla nel 75 e la condusse con sé a Roma, ma dovette cedere alle pressioni del padre e abbandonarla.

Berenice è passata alla storia, prima ancora che per i suoi amori e l'incesto, per i suoi molti amanti dei quali, pare, si liberasse spesso col veleno. E anche per la sua irresistibile vocazione all'intrigo politico. Oggi però gli studiosi ritengono che fu la propaganda romana ad attribuire a lei e al suo amante-fratello l'idea di distruggere il Tempio di Gerusalemme.

FULVIA
LA MATRONA ARMATA

"Non era donna che filasse la lana o che si occupasse solo della casa; nemmeno le bastava dominare un privato cittadino; no, lei voleva governare un governante, comandare un comandante di eserciti. E Cleopatra contrasse con lei un gran debito per aver insegnato a Marco Antonio a subire del tutto la signoria di una donna. Insomma glielo consegnò, fin dall'inizio, docile e ammaestrato a ubbidirle..."

PLUTARCO, *Vite parallele. Demetrio e Antonio*

Una dominatrice, una donna che non voleva solo comandare su un marito, ma su un grande comandante di eserciti. Così lo storico greco Plutarco descrive Fulvia, terza moglie di Marco Antonio.

Ritratto lusinghiero? Non per i romani. Eppure, se Cleopatra, amante e poi moglie dell'esuberante condottiero, non avesse oscurato la sua fama, Fulvia sarebbe oggi famosa. E sarebbe annoverata tra le donne più influenti della storia.

Marco Antonio, prediletto di Giulio Cesare, ottimo stratega nelle Gallie e in Oriente, alla fine fu solo un perdente, anche se un grande, indimenticabile perdente. La sua sconfitta e la *damnatio memoriae* a cui lo condannò Ottaviano Augusto hanno trascinato con sé anche le sue due più celebri compagne e distorto il ricordo della loro storia.

Ma Cleopatra ha un volto, quello delle statue oltre che i tratti prestati da Liz Taylor; è un'eroina shakespeariana, l'ispiratrice di innumerevoli opere d'arte. Fulvia, invece, per noi, è al massimo la muscolosa e accigliata matrona, colta di profilo mentre trafigge la lingua di Cicerone in una stampa ottocentesca di Bartolomeo Pinelli: la contraddistingue un nasone severo. Nella realtà, doveva essere bella.

Fulvia, nata nell'84 a.C., era figlia di Marco Fulvio Bambalione, ovvero Tartaglione, in riferimento a qualche avo con quel difetto, e di Sempronia, della gens Tuditana. Era di nobiltà plebea, ovvero recente, ma era ricchissima, e questo la rendeva un ottimo partito poiché le romane, a differenza di gran parte delle donne dell'antichità, possedevano il diritto di ereditare i beni familiari e quelli del marito, nel caso fossero rimaste vedove. Poiché sia la famiglia paterna sia quella materna non avevano altri eredi, la ragazza mise insieme un'immensa fortuna.

Forse per sua scelta, Fulvia si sposò tardi, a 22 anni: in genere a Roma le ragazze si maritavano ancora adolescenti. Elesse, fra i tanti contendenti, un uomo poco raccomandabile, Publio Clodio Pulcro, ovvero il Bello, dell'antica e nobile gens Claudia, che già si era segnalato come traditore della patria, dissoluto, demagogo, violento, libertino impenitente. Nel 62 a.C., all'epoca delle nozze, Clodio doveva avere una trentina d'anni e un divorzio alle spalle, con una certa Pinaria. Nell'orazione *Pro Celio*,[1] Cicerone si scaglia contro sua sorella Clodia, la celebre Lesbia di Catullo, e la definisce "prostituta sfrontata e procace", ma soprattutto la accusa di incesto con Clodio. Cicerone era spesso bugiardo, ma la pessima fama del giovanotto era ben meritata.

[1] Marco Tullio Cicerone, *Difesa di Marco Celio*, traduzione di C. Giussani, Bur, Milano 1989.

Fulvia però mise le briglie al bel marito: forse senza scenate, unicamente con il suo fascino, anche se sappiamo che, quando voleva, diventava addirittura violenta. Di femminile, scrisse di lei lo storico Velleio Patercolo,[2] aveva solo il corpo.

In ogni caso Clodio prese a portarla ovunque, la voleva sempre con sé. Tra i suoi amici spiccavano due giovanotti, altrettanto dediti alle bisbocce: Caio Scribonio Curione e Marco Antonio. Fulvia li avrebbe, in seguito, sposati entrambi. Evidentemente era quello il genere che le piaceva: belli e dannati.

Roma era attraversata in quel momento, l'ultimo periodo repubblicano, da feroci lotte intestine, tra i cosiddetti popolari, che avevano trovato il loro campione in Caio Mario, e gli oligarchici, che si rifacevano a Silla: allora i cambi di fronte erano frequenti come oggi, ma gli esiti ben più fatali. Le differenze ideologiche, tranne una più spiccata vocazione demagogica dei popolari, erano quasi incomprensibili. In ogni caso Marco Tullio Cicerone era nemico sia di Clodio sia di Marco Antonio. Il primo detestava Cicerone perché non l'aveva difeso, come invece avrebbe potuto fare, quando era stato colto in adulterio con la moglie di Giulio Cesare, Pompea. Marco Antonio odiava il retore perché gli aveva fatto uccidere il patrigno in seguito alla celebre congiura di Catilina. Cicerone ricambiava questi sentimenti ostili con veemenza.

Il fronte si sarebbe potuto invertire perché un giorno, poco dopo il matrimonio tra Clodio e Fulvia, il Bellone litigò in pubblico con l'amico Marco Antonio, forse a causa della moglie: pura gelosia. Clodio ebbe la peggio e se la diede a gambe; Antonio lo rincorse ma lo

[2] Velleio Patercolo, *Storia romana*, a cura di R. Nuti, Bur, Milano 2001.

perse nella folla dell'ora di punta ai fori. Clodio si salvò rifugiandosi da un libraio. In quel periodo, però, Marco Antonio, più che alle donne, pensava soprattutto a coprirsi di gloria in guerra.

Invece il marito di Fulvia, rimasto in città, si dedicava alla carriera politica: riuscì a farsi eleggere tribuno della plebe, carica importante che gli permise di mandare Cicerone in esilio. Poi prese a spadroneggiare per le vie e le piazze della capitale. Fulvia, fiera popolare per tradizione di famiglia, sosteneva le sue trame. Ma Clodio non era un politico: era un sobillatore. Così, mentre le vittorie di Giulio Cesare e Marco Antonio rafforzavano il potere dei popolari, Roma si trasformava in un campo di battaglia. Gli oligarchici riuscirono allora a far eleggere console Pompeo.

Nel gennaio del 62 a.C. Clodio si avventurò lungo la via Appia, lasciando Fulvia a Roma. Giunto all'altezza dell'attuale località di Frattocchie, venne attaccato dalla banda di Tito Annio Milone, partigiano di Pompeo. Nonostante le forze soverchianti, nello scontro Clodio rimase solo ferito e si rifugiò in una locanda; Milone lo raggiunse e uccise lui e tutti quelli che lo accompagnavano.

Alla notizia dell'omicidio la città insorse: il popolo amava il bel Clodio. Alla testa di una folla inferocita Fulvia andò a prendersi il cadavere, lo riportò in città e lo fece deporre nella Curia. Tutti si aspettavano che si strappasse le vesti; lei invece restò di pietra, come si conveniva a una vera matrona. Si temevano disordini per i funerali ma, coincidenza o chiaroveggenza, la notte prima delle esequie la Curia venne incendiata e il corpo di Clodio trovò lì la sua pira.

In aprile Fulvia presenziò al processo, vestita a lutto e accompagnata dalla madre. La difesa di Milone, fuggito nel frattempo a Marsiglia, era stata affidata a Cicerone; Fulvia gli si oppose con il poco che a una donna era concesso: il pianto. Pubblico e giuria si commossero: il retore, tanto veemente a parole quanto poco coraggioso nei fatti, non se la sentì neanche di parlare e si ritirò nella villa al Tuscolo. Milone fu condannato.

Fulvia, allora, non perse tempo, come se l'improvvisa notorietà le avesse dato il gusto della sfida: le notizie delle vittorie di Cesare la esaltavano. A recargliele fu Curione, che non vedeva da almeno un anno, forse proprio per la gelosia di Clodio. Dovette essere un resoconto dettagliato ed efficace, visto che i due presero a incontrarsi quasi tutti i giorni e, terminati i dieci mesi di lutto che la legge imponeva alle donne, si sposarono.

Fulvia non era una sentimentale: anche questa seconda scelta aveva le sue ragioni. Curione era "nobile, eloquente, audace, prodigo e della pudicizia e delle sostanze sue tanto quanto di quelle altrui, particolarmente dotato d'intelligenza, ma perversa, buon parlatore, ma a danno dello Stato", scrive sempre Velleio Patercolo.[3] Soprattutto era un ottimo oratore: Giulio Cesare, letteralmente, lo comprò. Una cifra altissima, garantisce lo storico Appiano,[4] che però tende sempre all'esagerazione. Curione doveva fingere di avversare Cesare e riuscire invece, da tribuno, a minare il potere di Pompeo. Fulvia si sarebbe forse divertita con questo spericolato giocoliere della parola se, tra l'11 e il 12 gennaio del 49 a.C., Cesare non avesse varcato in armi il Rubicone, scatenando così la guerra civile. Convinto delle doti militari di Curione, proprio come lo era di

[3] Velleio Patercolo, *op. cit.*

[4] Appiano, *La storia romana, Libri XIII-XVII, Le guerre civili,* a cura di E. Gabba e D. Magnino, Utet, Torino 2002.

quelle di Antonio, anch'egli diventato tribuno nel 50 a.C., Cesare spedì il marito di Fulvia in Sicilia contro i fedeli di Pompeo. Curione occupò l'isola e poi si imbarcò per l'Africa, dove, a Utica, sconfisse il pompeiano Azio Varo e il re locale Giuba. Ma indugiò nel rientrare negli accampamenti e fu attaccato di nuovo da Giuba: morì combattendo in prima fila. Così descrive la scena lo stesso Giulio Cesare: "Curione non viene meno al suo dovere ed esorta i suoi a riporre nel valore ogni speranza... Gneo Domizio, comandante della cavalleria, schierandosi con pochi uomini attorno a Curione, lo esorta a cercare salvezza nella fuga e a tornare nel campo, e gli promette di non abbandonarlo. Ma Curione dichiara che mai, dopo avere perduto l'esercito che Cesare gli aveva affidato con fiducia, sarebbe tornato al suo cospetto e così, mentre combatte, viene ucciso..."[5]

Era la metà di agosto del 49 a.C.: Fulvia restava vedova per la seconda volta.

Come ricorda lo storico Svetonio,[6] Giulio Cesare non subì sconfitte nella guerra civile se non a causa dei suoi luogotenenti: per primi Curione e Marco Antonio. Quest'ultimo, sempre inseguito dalle invettive di Cicerone, si stava mettendo in luce a modo proprio. E nel frattempo era diventato amante di Fulvia. Non era la sua unica donna, ma le altre, al massimo, potevano aspirare al ruolo di concubine.

Antonio era nato attorno all'83 a.C.; suo padre era morto nel 71, lasciando tre figli maschi e un ingombrante debito, sia finanziario sia politico. La madre di

[5] Caio Giulio Cesare, *La guerra civile*, a cura di E. Zaffagno, Garzanti, Milano 2004.

[6] Caio Tranquillo Svetonio, *Vite dei Cesari*, introduzione di Settimio Lanciotti, Bur, Milano 1982.

Antonio, Giulia, parente di Giulio Cesare e di nobilissima famiglia, si era risposata.

A occuparsi di Antonio fu uno zio paterno, Gaio Antonio, detto Hybrida, Mezzosangue, uno spregiudicato personaggio che mandò il nipote a studiare in Grecia, dove si impratichì della lingua e dell'arte della retorica. Quando tornò a Roma prese a fare follie con Clodio, tra orge, spese pazze e violenze di ogni genere. Finì per riempirsi di debiti, il che potrebbe spiegare il matrimonio con una certa Fadia, figlia di un liberto, ricchissima, ma non all'altezza della famiglia di Antonio. Con Fadia ebbe dei figli, però dovettero morire presto, poiché non ne abbiamo notizia. Nel 55 a.C. Antonio combatté in Egitto: più tardi si sarebbe diffuso l'aneddoto che in quell'occasione avesse conosciuto una ragazzina, figlia naturale del faraone Tolomeo XII Aulete, Cleopatra. Ma può essere solo una leggenda.

Verso il 52 a.C. Antonio aveva già sposato, in seconde nozze, sua cugina Antonia Hybrida, figlia cioè dello zio Gaio Antonio Mezzosangue. Ebbero una bambina, Antonia anch'essa, che avrebbe sposato Pitodoro di Tralles e dato origine a una dinastia di sovrani del Ponto.

Antonia era un'ombra. La donna che conquistò la scena accanto ad Antonio, in quel periodo, fu un'attrice-mima-ballerina-cortigiana, Volumnia, che seguiva Marco Antonio ovunque. A scandalizzarsene, come al solito, è Cicerone, che nelle orazioni *Filippiche*,[7] descrive come ridicoli baracconi le trasferte di Antonio in provincia.

Antonia non rimase con le mani in mano e prese a tradire il marito con il genero di Cicerone, Publio Cor-

[7] Marco Tullio Cicerone, *Filippiche*, a cura di Giovanni Bellardi, Bur, Milano 2003.

nelio Dolabella. Quando l'adulterio di Antonia venne scoperto, Antonio la ripudiò immediatamente.[8] Poi si vendicò di Dolabella, reprimendo senza pietà un movimento anti-tasse da lui sollevato. Dolabella, tribuno della plebe, era troppo popolare per essere giustiziato, ma i suoi compagni furono massacrati senza pietà.

Nonostante Volumnia fosse potentissima, quando Cesare, rientrato a Roma nell'autunno del 47 a.C., mise fine agli eccessi del suo luogotenente, Antonio decise di risposarsi. Degnamente. E scelse Fulvia, già da tempo sua amante. Lei, per prima cosa, gli fece abbandonare Volumnia.

La studiosa Catherine Virlouvet[9] ha definito Fulvia una "passionaria", riferendosi con questo non ai suoi amori, ma piuttosto alle sue passioni politiche: Marco Antonio, con cui, almeno all'inizio, ebbe un intenso legame fisico, fu per lei il terzo, e più tragico, trampolino verso il potere.

Antonio, che una delle sue tante ammiratrici aveva paragonato a Ercole per la sua virilità, era alto e forte come un toro. Anche Fulvia era ancora bellissima. Era già madre: Clodio le aveva lasciato una bambina, Claudia. E con Antonio lo fu ancora; nacquero Antillo e Iullo. Antillo significava "piccolo Antone", il figlio mitologico di Ercole da cui si diceva che discendessero gli Antonii. Pura propaganda, ovviamente.

Ma i tempi si facevano cupi: Cesare, che diffidava degli eccessi di Antonio e aveva scelto come erede Gaio

[8] Per ottenere il divorzio-ripudio, che Romolo aveva concesso agli uomini romani, bastava pronunciare una frase, "*ei foras, mulier*", "*uxor, vade foras*" o "*baete foras*", ovvero "vattene fuori, moglie". Un'altra formula era "*res suas sibi habere*", "prendere con sé le proprie cose", riferita al fatto che la donna poteva riprendersi la sua dote. Se il ripudio veniva giudicato ingiusto dai giudici, alla donna spettava parte del patrimonio del marito.

[9] In *Roma al femminile*, a cura di Augusto Fraschetti, Laterza, Roma-Bari 1994.

Ottavio, fu ucciso alle Idi di marzo, il 15 marzo del 44 a.C. Antonio, che ne recitò l'appassionante orazione funebre, non era stato però inspiegabilmente al suo fianco al momento dell'agguato: lo tratteneva a chiacchierare un congiurato, Gaio Trebonio, che un anno prima aveva cercato di coinvolgerlo in un altro complotto. Antonio non aveva accettato, ma non l'aveva denunciato. In realtà i congiurati avevano pensato di uccidere anche lui, ma Bruto volle risparmiarlo. Il motivo non è chiaro, anche perché all'inizio fu proprio Antonio a gestire la repressione contro i cesaricidi.

In quel periodo Fulvia, che pure, come tutte le matrone romane, non poteva partecipare ai sontuosi banchetti "politici" organizzati dal marito, aveva costituito una vera e propria corte presso di sé nell'ex villa di Pompeo in cui la coppia si era installata, una magnifica casa al termine della via Sacra, sotto il colle Oppio, a Roma. Aveva cacciato gran parte del corteo teatrale, buffonesco e parassitario che il marito si trascinava dietro e prendeva parte attiva ai giochi politici, tutt'altro che puliti, di Antonio. Nella parte di rappresentanza della casa, dove si affollavano amici e postulanti e si decidevano importanti affari di Stato, Fulvia svolgeva un ruolo di primo piano: era lì quando gli ambasciatori della Galazia ottennero la restituzione, per il loro re Deiotaro, delle terre che Cesare aveva già offerto ad altri sovrani dell'Anatolia. I diplomatici si impegnarono a versare alla mediatrice e a suo marito dieci milioni di sesterzi; almeno questo è quello che racconta Cicerone. In ogni caso non erano trattative limpide: Antonio e Fulvia furono tacciati di far traffico degli atti autentici di Cesare e dei non pochi apocrifi; in pratica si sospettava che gestissero il testamento del condottiero in tutta libertà e a proprio vantaggio. L'accusa non doveva essere infondata, anche se forse erano esagerati i guadagni che si attribuivano loro. Nell'ex villa di Pompeo, si insinuava, il denaro non si contava più, ma si pesava.

Fulvia non si occupava unicamente di assistere Antonio in casa: lo seguiva ovunque, come aveva fatto con Clodio. Erano insieme a Brindisi, per esempio, quando il console dovette fronteggiare e soffocare nel sangue una ribellione di legioni macedoni. Fulvia non solo insistette per la decimazione, ma restò così vicino al luogo dell'esecuzione da essere schizzata dal sangue di uno dei giustiziati.

La situazione, però, stava precipitando: Cicerone, con le sue *Filippiche*, scritte tra il 2 settembre 44 e il 21 aprile 43, additava Marco Antonio come il principale nemico della libertà di Roma. Mentre il retore si scagliava contro Antonio, Gaio Ottavio, ossia Ottaviano, il figlio adottivo di Cesare, un ragazzo all'apparenza imbelle e invece feroce e determinato come nessun altro, gli stava rubando la scena e il potere.

Il 20 dicembre 44 Cicerone, che si era alleato con Ottaviano, chiese al Senato di dichiarare Antonio nemico pubblico. L'assemblea non accolse la richiesta, ma abrogò tutti i principali provvedimenti presi da Antonio all'indomani dell'uccisione di Cesare e lo sollevò da tutti gli incarichi per l'anno successivo. Fulvia allora girò supplice tra le case degli aristocratici e si presentò al Foro per fermare i senatori, insieme con la madre di Antonio e il figlio Antillo. Stava quasi per convincerli quando l'odiato Cicerone la fece cacciare. Perfino lo zio materno di Marco Antonio, Lucio Cesare, si era schierato dalla sua parte. Fulvia si rifugiò a quel punto presso Pomponio Attico, amico di Bruto e Cicerone.

Il 23 aprile 43 i soldati della Repubblica e i veterani di Antonio si scontrarono presso Modena: il grande stratega perse, ma offrendo ai suoi centurioni un incredibile esempio di resistenza e coraggio, riuscì a portarli in Gallia. Qui venne accolto dal governatore Emilio Lepido, passato dalla sua parte.

Fulvia non rimase con le mani in mano: fu capace di provocare, o almeno favorire, la rottura tra Ottaviano e Cicerone, e fare da ponte tra l'erede di Cesare, Antonio ed Emilio Lepido. Alla fine i tre decisero di costituire un nuovo triumvirato che fu suggellato dal matrimonio di Claudia, la figlia di Fulvia e Clodio, in pratica una bambina, con Ottaviano.

Il matrimonio, come il triumvirato, non durò a lungo: Claudia fu rimandata a casa ancora vergine; i rapporti tra Fulvia e Ottaviano si guastarono. Ma soprattutto si logorarono quelli fra i triumviri. Prima però fecero in tempo a eliminare un po' di nemici; lo zio Lucio Cesare si salvò solo perché si rifugiò dalla madre di Antonio, Giulia, che bloccò i sicari sulla porta. Cicerone, invece, fu decapitato il 7 dicembre 43 e la sua testa esposta sui *Rostra*, nel Foro, insieme con la mano destra che aveva scritto le *Filippiche*. Secondo Appiano[10] la testa rimase in bella mostra, per qualche tempo, nella villa di Antonio. Il che già la dice lunga sulla padrona di casa. Ma l'episodio più celebre è che Fulvia, appena saputo della decapitazione, si fece portare la testa del retore e ne trafisse la lingua con uno spillone da capelli, come vendetta per tutte le volte che l'aveva offesa. Invece Attico, il più grande amico di Cicerone, fu risparmiato proprio perché poco tempo prima aveva dato asilo a Fulvia.

In compenso si attribuirono alla moglie di Antonio, in quel periodo, un numero incredibile di sentenze di morte: troppe, per essere vere. Ciò non toglie che Ful-

[10] Appiano, *op. cit.*

via scatenò la sua vendetta. Non solo, le proscrizioni le permisero di raccogliere moltissimo denaro per le successive campagne di guerra.

Nell'estate del 42 Fulvia era di nuovo incinta, ma volle accompagnare Antonio all'imbarco a Brindisi. Non l'avrebbe più rivisto.

La battaglia di Filippi, nell'ottobre dello stesso anno, segnò la vittoria di Antonio su Bruto e Cassio, la loro morte e la spartizione dell'impero fra i triumviri. Ad Antonio toccò l'Oriente: vi si comportò da vero sovrano. Fondò Antoniopolis, l'attuale Viransehir, e ribattezzò Eumeneia, in Frigia, Fulviana. Ebbe anche tempo di allacciare una relazione con la bella Glafira, madre di Archelao Sisines, pretendente al trono della Cappadocia. Fu come una prova generale prima della grande intesa, militare, politica e soprattutto sessuale, con Cleopatra VII, sovrana d'Egitto e già amante di Giulio Cesare.

Di sicuro Antonio, se non l'aveva conosciuta bambina, l'aveva incrociata durante il suo soggiorno romano, nel 46 a.C., ma la fulminazione avvenne a Tarso, in Cilicia, nell'autunno del 41, quando la regina, agghindata come Afrodite, gli apparve su un battello d'oro. Antonio, che pure era abituato alle messe in scena e al teatro, rimase incantato.[11]

Cleopatra aveva 28 anni, era colta, determinata, seducente. Roma non si scandalizzò del loro amore. Il punto è che, almeno all'apparenza, non ebbe nulla da obiettare neanche Fulvia, la quale invece aveva imposto ad Antonio di abbandonare Volumnia. Non solo, ma mentre Antonio si crogiolava nei lussi faraonici, sua

[11] Plutarco, *Vite parallele. Demetrio e Antonio*, Introduzione, note e traduzione di R. Scuderi e O. Andrei, Bur, Milano 1989.

moglie, a Roma, non si stancava di lottare per lui. Alcuni storici sostengono che Fulvia sapesse bene come Antonio fosse legato a Cleopatra da ragioni politiche e che per questo lo lasciasse fare. Ma non è del tutto vero: tra i due scattò una vera passione. Intanto però Antonio, che proprio attraverso Fulvia e suo fratello Lucio, console nel 41, aveva mantenuto il suo potere su Roma, dovette distrarsi almeno per un po' dai suoi esercizi amatori: sua moglie e il fratello avevano scatenato una guerra civile contro i seguaci di Ottaviano. I due si erano assicurati l'appoggio dei veterani, assegnando loro delle terre nelle colonie italiche, e dei senatori conservatori, che intendevano ristabilire la Repubblica. Sembrava un paradosso, visto che sia Fulvia sia Antonio erano sempre stati pro-popolari; ciononostante Ottaviano stava diventando troppo potente e pericoloso. A Roma regnava ancora una volta il terrore.

Le truppe di Fulvia e Lucio occuparono la città, ma furono messe in fuga e si ritirarono a Preneste, l'attuale Palestrina, a sud di Roma. Il conflitto ha preso il nome di "guerra di Perugia", dalla città in cui si svolse lo scontro decisivo. Vi furono anche altre battaglie e Fulvia, racconta Dione Cassio, "cingeva lei stessa la spada, dava la parola d'ordine ai soldati e spesso arringava le truppe".[12] Alla fine i due cognati si arroccarono a Perugia e aspettarono Marco Antonio, con le sue truppe, tutto l'inverno.

Marco Antonio non arrivò mai.

Non mandò neanche messaggi per dare indicazioni. E così perse la guerra: Fulvia aveva capito meglio di lui che la partita si giocava in Italia. E subito. Gli scavi ar-

[12] Dione Cassio Cocceiano, *Storia romana*, volume IV, Libri XLVIII-LI, traduzione e note di Giuseppe Norcio, Bur, Milano 2000.

cheologici hanno riportato alla luce curiosi proiettili di piombo scagliati dalle fionde, i cosiddetti "ghiande-missili", sui quali i soldati dei due schieramenti impressero frasi anche molto oscene. Su di uno era inciso: "Miro al clitoride di Fulvia". Forse faceva allusione a un poemetto satirico scritto da Ottaviano, andato perduto, in cui il futuro imperatore presentava Fulvia come una donna piena di voglie, delusa dal tradimento del marito con Glafira. Noi ne conserviamo una traccia in un epigramma di Marziale,[13] nel quale Fulvia si rivolge a Ottaviano sfidandolo: "O mi scopi o combattiamo". L'erede di Cesare optò per la seconda ipotesi e sconfisse la sua pugnace avversaria. Perugia cadde nel 40 a.C. E fu un massacro. Ottaviano non ebbe pietà neanche per gli abitanti. La città bruciò. Ma Fulvia e Lucio Antonio furono lasciati fuggire. Anzi, Lucio Antonio venne perdonato e mandato come proconsole in Spagna.

Stanca ma ancora pronta a combattere, la donna scelse invece con i suoi figli l'esilio volontario in Grecia e lasciò l'Italia insieme con un certo Planco, che Velleio Patercolo definisce "suo compagno di fuga".[14] Tempestò allora Antonio di lettere, rimproverandogli tanta inerzia. Alla fine, costretto dalle circostanze e non da Fulvia, Antonio tornò in Italia. A Brindisi pose l'assedio contro Ottaviano. Ma misteriosamente e all'improvviso, Fulvia morì a Sicione, nel Peloponneso. Secondo Dione Cassio[15] a ucciderla fu il dolore per l'amore tra Antonio e Cleopatra. Molti storici lo escludono: una gelosia troppo tardiva. Ma chissà; a chi, se non ad Antonio, doveva pensare Fulvia quando arringava i

[13] Marziale Marco Valerio, *Epigrammi*, introduzione, traduzione e note di Arturo Carbonetto, Garzanti, Milano 2004.
[14] Velleio Patercolo, *op. cit.*
[15] Dione Cassio, *op. cit.* XLVIII, 28.

soldati a Perugia? Certo, è possibile che abbia lottato anche per se stessa e i propri figli. Ma la sua astuzia le avrebbe suggerito altre alleanze.

A piangere Fulvia non devono essere stati in molti. Così, per trovare un po' di commozione, bisogna ricorrere a Shakespeare e dare la parola al suo Marco Antonio, all'annuncio della morte della moglie:

"Ora che se n'è andata, ella m'è cara,
e la mano che un giorno la respinse
vorrebbe ora riprenderla con sé..."[16]

In effetti della vera reazione di Antonio alla notizia della scomparsa di Fulvia non ci è giunto nulla. Sappiano però che si affrettò a far la pace con Ottaviano, gettando sulla moglie tutte le colpe. Non solo, senza interrompere la relazione con Cleopatra, sposò la sorella dell'ex-avversario, Ottavia, la quale si assunse anche il compito di allevare Iullo, il figlio minore di Fulvia e Antonio. Antillo seguì invece il padre in Oriente. Inoltre, i due neo-alleati stabilirono che, appena maggiorenne, Antillo avrebbe sposato la figlia di Ottaviano.

Da Ottavia, Antonio ebbe due figlie. Nel frattempo però Cleopatra lo aveva reso padre di due gemelli, Alessandro Helios e Cleopatra Selene. Fu proprio l'ostentato tentativo di Antonio di favorire i due bambini, oltre che il celebrato matrimonio, nel 37, con la regina egiziana, a scatenare di nuovo l'ira di Ottaviano. L'indicazione ci viene da un passo di Svetonio,[17] nel quale Antonio, in una lettera a Ottaviano, scherzosa ma volgare, e sorprendentemente leggera per la drammaticità

[16] William Shakespeare, *Antonio e Cleopatra*, traduzione di Goffredo Raponi, in collaborazione con l'Associazione Festina Lente C.I.R.S.A., su http://www.liberliber.it/; edito anche da Bur, Milano 1982, introduzione, note e traduzione di Gabriele Baldini.

[17] Svetonio, *op. cit.*

del momento, scrive: "Che cosa ti ha cambiato? Il fatto che io vado a letto con una regina? È mia moglie!" Proseguiva poi accusando lo stesso Ottaviano di adulterio e concludeva, riferendosi ai suoi organi genitali: "Che me ne importa dove e contro chi lo drizzi?" Un vero gentleman.

In realtà, per quanto il matrimonio con Cleopatra non avesse valore legale a Roma, questa intollerabile poligamia macchiava l'onore di Ottavia e quello del fratello ben più che se la sposa romana fosse stata ripudiata. Si tornò allo scontro. Allora Antonio ordinò a Ottavia di abbandonare la loro casa di Roma: il ripudio rappresentò un vero guanto di sfida gettato contro Ottaviano. Nella battaglia navale di Azio, il 2 settembre del 31 a.C., Marco Antonio, vedendo fuggire la flotta di Cleopatra, la seguì, causando la propria sconfitta. Lo scontro definitivo avvenne però nell'agosto del 30. Antonio si suicidò, seguito da Cleopatra, che pure aveva tentato di allearsi con Ottaviano.

La vendetta del nuovo padrone di Roma colpì anche un figlio di Fulvia. Antillo si era rifugiato ai piedi della statua di Cesare ad Alessandria d'Egitto. Fu trascinato via e trucidato dai sicari di Ottaviano. Iullo invece sopravvisse e per qualche tempo godette dei favori dell'imperatore. Ebbe anche un figlio che chiamò Lucio: il nome Antonio era stato condannato alla *damnatio memoriae*, voluta dal figlio di Cicerone. Ottaviano fece sposare Iullo con Marcella, figlia di sua sorella Ottavia; nel 10 a.C. gli diede il consolato, quindi un proconsolato in Asia. Nel 2 d.C. però lo condannò a morte con l'accusa di essere l'amante di sua figlia Giulia, moglie di Tiberio, il futuro imperatore. Lucio, il figlio di Iullo, fu allontanato da Roma e perì nel 25 d.C.

AGRIPPINA MINORE
L'AUGUSTA ASSASSINA

"Da ragazzo [Nerone] si interessò a quasi tutte le arti liberali; ma sua madre [Agrippina] lo costrinse ad abbandonare la filosofia, sostenendo che costituiva uno svantaggio per chi era destinato a regnare."

SVETONIO, *Vita di Nerone*, 52

Agrippina minore è passata alla storia per uno strano caso: per essere rimasta vittima dello stesso "mostro", l'imperatore Nerone, che aveva creato. L'Impero romano, tranne qualche eccezione, ha lasciato una lunga scia di sangue, ma pochi nomi, come quello di Nerone, suscitano ancora oggi tanti cupi fantasmi. Poiché, prima di essere uccisa dal figlio, ne fu complice e guida, Agrippina, donna coraggiosa, volitiva e spietata, non ha mai avuto un momento di riscatto. Il ricordo delle sue doti è bruciato nello stesso incendio di Roma che ha reso Nerone celebre nel mondo.

Agrippina nacque nel 15 d.C. ad Ara Ubiorum, sulla sponda sinistra del Reno, insediamento che lei stessa più tardi, nel 50 d.C., fece ribattezzare Colonia Agrippinensis, oggi Colonia. Quella primavera, suo padre Germanico era impegnato in una grossa campagna contro i Cherusci, la popolazione che sei anni prima, alla testa di una coalizione germanica, aveva sbaragliato le legioni romane di Publio Quintilio Varo nella famosa battaglia di Teutoburgo. Quella sconfitta, che avrebbe fissato per sempre il confine romano sul Reno e quindi anche quello tra la cultura latina e quella germanica, non poteva essere accettata da Roma. Occorreva una rivincita. Germanico, alla guida di circa cinquantamila uomini, riuscì a sconfiggere i Cherusci, a riprendersi le insegne militari sottratte a Teutoburgo e dare sepoltura ai resti dei legionari caduti.

Grazie a questa vittoria, si conquistò l'onore di sfilare in trionfo il 26 maggio del 17 d.C., a Roma, lungo la via Sacra e fino al Campidoglio, nella tradizionale parata che spettava ai generali vincitori.

Ma il padre di Giulia Agrippina non era solo un valoroso soldato. Fratello del futuro imperatore Claudio, Giulio Cesare Germanico, il cui vero nome era Tiberio Druso Nerone, proveniva dalla più importante famiglia di Roma. Era figlio di Druso Maggiore e quindi nipote di Livia, terza moglie di Ottaviano; la madre di Germanico era Antonia minore, figlia di Marco Antonio e di Ottavia, sorella di Ottaviano. In più Germanico era stato adottato dallo zio e imperatore Tiberio nel 4 d.C., il che gli apriva le porte della successione.

Anche la madre di Giulia Agrippina, che si chiamava Vipsania Agrippina maior, aveva origini nobilissime: era nipote di Ottaviano Augusto. Sua madre Giulia aveva sposato nel 23 a.C. il migliore amico e generale di Ottaviano, Marco Vipsanio Agrippa.

Gli eredi di Ottaviano avevano una forte propensione a sposarsi tra consanguinei: in teoria doveva essere un sistema per rafforzare la dinastia giulio-claudia, fondatrice dell'impero. Invece, avrebbe finito col minarla.

Giulia Agrippina ebbe otto fratelli, di cui tre morti bambini. Per questo i nomi che si ricordano sono Caio Cesare detto Caligola, ovvero "stivaletto militare", Druso Cesare, Nerone Cesare, Drusilla, Giulia Livilla e, appunto, Agrippina, tutti nati tra il 6 e il 18 d.C.

Nel primo periodo i ragazzi crebbero negli accampamenti. Una vita durissima: gli stessi soldati si erano sempre stupiti che Germanico tenesse presso di sé i bambini e la moglie, spesso incinta. Le rivolte dei legionari non erano infrequenti e quindi neanche dopo le vittorie contro i nemici si poteva stare tranquilli; la Germania, poi, aveva un clima inospitale e i romani, celebri per la loro disciplina militare, non si concedevano lussi al campo.

Germanico era però un mito per i suoi soldati. E lo sarebbe stato anche per i figli. Ma a dare loro un sorprendente esempio di coraggio e fermezza fu prima di tutti la madre. Agrippina maior aveva seguito il marito in tutte le sue spedizioni militari. Verso la fine della campagna in Germania, era riuscita addirittura a fermare la fuga dei soldati romani, presi dal panico alla notizia dell'arrivo dei nemici vittoriosi. Si era messa alla testa del ponte sul Reno e aveva impedito che fosse abbattuto. Così aveva permesso alle truppe romane rimaste al fronte di rientrare al campo. Inoltre aveva distribuito abiti, bende e soprattutto parole di incitamento e conforto ai feriti e ai fuggiaschi. Insomma, si era comportata da vero comandante, tanto che Tiberio, secondo Tacito,[1] commentò indignato che Agrippina aveva ormai, presso i soldati, più autorità dei generali. E che se una donna arrivava a tanto, ai comandanti non restava più nulla.

Nel periodo in cui Germanico ricondusse tutta la famiglia a Roma per partecipare alla parata trionfale, Tiberio, da imperatore schivo e moderato, si stava trasformando in despota. Il successo del nipote lo spaventò e lo indispettì, tanto che decise di sospendere tutte le ope-

[1] Tacito, *Annali*, traduzione di Mario Stefanoni, Garzanti, Milano 1994.

razioni in Germania. Alcuni storici oggi sostengono che Tiberio non volle la pace soltanto per invidia di Germanico, ma perché le sue vittorie non si erano rivelate così solide e decisive come la propaganda romana aveva fatto credere. Questo in parte ridurrebbe l'aurea da eroe incompreso che Germanico, grazie soprattutto alla moglie Agrippina maior, si è portato dietro nei secoli.

Però Germanico era giovane, bello, vittorioso: il popolo l'adorava e attendeva che succedesse a Tiberio. Di sicuro non gli mancavano vanità e ambizione. Tiberio temette che potesse scalzarlo. Per questo lo mandò in Siria a domare la rivolta del re Arbano. Soffocata la ribellione, Germanico si recò in Egitto, dove prese a vestirsi, proprio come aveva fatto Marco Antonio, da sovrano greco-egiziano; poi tornò in Siria. Nel 19 d.C., a Epidaphne, presso Antiochia, si ammalò e il 10 ottobre morì:[2] aveva 34 anni. La moglie accusò il governatore romano Gneo Calpurnio Pisone, un vecchio aristocratico inviato forse da Tiberio a contenere le ambizioni del nipote, di averlo avvelenato.

Il corpo di Germanico fu bruciato e le sue ceneri condotte da Agrippina maior e dai figli, in un vero delirio di popolo, al mausoleo di Augusto a Roma. Tiberio, il quale, secondo il cronista greco Dione Cassio,[3] si era molto rallegrato assieme alla madre Livia Drusilla della morte di Germanico, fu costretto a richiamare Pisone in patria e a incolparlo di omicidio e insubordinazione. Pisone si difese sostenendo che era vero il contrario: era Germanico che tramava per sostituire Tiberio sul tro-

[2] *La morte di Germanico* è tra i più celebri dipinti del pittore francese Nicolas Poussin, del 1626. Oggi si trova all'Institute of Art di Minneapolis. Sulla tela appaiono anche Agrippina maior e due bambini, tra cui, forse, Agrippina minor.

[3] Dione Cassio, *Storia romana*, Libri LVII-LXIII, traduzione di Alessandra Stroppa, note di Alessandro Galimberti, Bur, Milano 1999.

no. Non riuscì però a provare le accuse e si suicidò. Lo storico romano Tacito,[4] che ha narrato questi eventi, pur esaltando le virtù di Germanico, non scioglie i dubbi sulla sua morte. Certo è che Agrippina non smise di credere colpevoli Tiberio e Pisone, e con loro accusò la moglie di Pisone, Plancina, cara amica di Livia Drusilla. Da quel momento la lotta tra lei, i suoi figli e Tiberio fu senza quartiere.

La vita di Agrippina minore, che aveva allora 4 anni, e quella dei suoi fratelli divenne perfino più dura che negli accampamenti. La madre era sempre più cupa e irosa: aveva giurato vendetta e non intendeva tacere. In realtà era già celebre a Roma per non saper tenere a freno la lingua. Lo stesso Germanico, al quale era stata legata da un sentimento fortissimo, l'aveva pregata più volte, e sempre inutilmente, di essere prudente.

Rimasta sola, tuttavia, Agrippina maior si accorse di non avere potere: contro di lei, contro la sua famiglia e tutti i fedeli di Germanico, si scatenò l'ira di Lucio Elio Seiano, il potentissimo prefetto del pretorio a cui Tiberio aveva delegato il governo e che, come ricompensa, gli aveva sedotto la nuora e, nel 23 d.C., fatto avvelenare il figlio. Seiano decise di liberarsi anche dei tre figli maschi di Germanico, destinati al trono dopo la morte del padre. Per sicurezza progettò di ucciderne la madre e gli alleati. Si alleò a tale scopo con la vecchia Livia Drusilla e con la nuora di Tiberio, che si chiamava anch'essa Livia. Le prime vittime furono alcuni amici fidati di Germanico, come Gaio Silio e Tizio Sabino, ingiustamente accusati di lesa maestà.

La faida non risparmiò nemmeno le donne: Sosia Galla, moglie di Silio e grande amica di Agrippina, ven-

[4] Tacito, *op. cit.*

ne incolpata di complicità col marito e mandata in esilio. Claudia Pulcra, cugina di Agrippina, fu accusata di adulterio e lesa maestà. La moglie di Germanico cercò in tutti i modi di salvarla, ma Tiberio, a cui si era appellata, le rispose beffardo, parafrasando un verso greco, ovvero dicendole che non era il processo a farla arrabbiare, ma il fatto di non poter regnare lei stessa.

Per Roma si aprì così un periodo sanguinoso. Non tutte le azioni dei fedelissimi di Tiberio furono contro la famiglia di Germanico, ma nei confronti di Agrippina maior la persecuzione fu particolarmente feroce. Agrippina minor, ancora bambina, osservava e mentalmente prendeva nota: in seguito, come avrebbe raccontato Tacito, scrisse le sue memorie, dalle quali lo storico romano attinse a piene mani ritenendole degne di fede. A noi, purtroppo, non sono arrivate.

Nel temere i familiari di Germanico, e soprattutto le donne, Tiberio non aveva tutti i torti: l'ambizione di Agrippina maior era smisurata e passò poi alla figlia. Tacito definì la madre *semper atrox*, crudele. E lo stesso aggettivo avrebbe usato per Agrippina minore.[5]

Seiano aveva intanto deciso di avvelenare Agrippina maggiore: la matrona se n'era accorta e ai banchetti rifiutava di toccare cibo. Quando respinse un frutto offerto dallo stesso Tiberio, l'imperatore si infuriò. Ma prima di prendere qualsiasi decisione contro di lei partì per la Campania, in una sorta di volontario esilio. Ciò lasciava campo libero al sempre più potente Seiano, che riuscì a mettere due fratelli di Agrippina minore, Druso e Nerone, l'uno contro l'altro. Il vero obiettivo era Nerone al quale, nel 27 d.C., Tiberio, più per dovere dina-

[5] Sul tema esiste uno studio di Michael Kaplan: *Agrippina semper atrox: a Study in Tacitus' Characterization of Women*, contenuto in *Studies in Latin Literature and Roman History I*, a cura di Carl Deroux, Collection Latomus, Bruxelles 1979.

stico che per convinzione, assegnò la *tribunicia potestas*, ovvero il diritto di successione. Il ragazzo aveva inoltre sposato Giulia Livilla, della quale Tiberio era il nonno, e questo, in teoria, aveva rafforzato la sua posizione.

Giulia Agrippina, o Agrippinilla, come la chiamavano in famiglia, aveva intanto compiuto 12 anni: la madre l'aveva condotta con sé da Livia Drusilla nella speranza che l'anziana *Augusta* mitigasse l'odio di Tiberio e Seiano. Livia non era donna da commuoversi, ma quella fanciulla alta, slanciata, molto istruita e silenziosa, le piacque. Le disse che assomigliava a suo padre ben più dei suoi fratelli e che aveva lo sguardo dritto, quindi la spedì fuori dalla stanza per poter discutere del suo destino con la madre. Quale che fosse la loro decisione, non poté essere attuata, perché Livia morì poco dopo, nel 29.

Nello stesso anno Tiberio, per allontanare Agrippina minore dalla madre, la diede in sposa a Gneo Domizio Enobarbo, che non solo aveva 30 anni più di lei, allora quattordicenne, ma che era stato prima spia di Seiano, e poi di Tiberio contro Seiano. Uomo crudele e vile come il padre e il nonno, traditori ma almeno coraggiosi in battaglia, Gneo Domizio Enobarbo sarebbe diventato console nel 38, due anni prima di morire. Il suo curriculum però, più che di onori e titoli, è ricco di stupidi e feroci delitti, oltre che di numerose frodi pubbliche.

Per noi oggi è difficile intuire che cosa provasse un'adolescente davanti a un marito che uccide un liberto solo perché non riesce a bere tutto il vino che gli è stato ordinato di trangugiare. Ma per Agrippina, cresciuta tra i delitti, non dovevano essere il sangue e la ferocia i motivi di maggior disgusto: a confronto del suo bel padre, morto nel fiore degli anni, questo ubriacone, senza grazia e già in declino, dovette apparirle grottesco. Non l'amò mai, ma lo subì, pur trattenendo spesso a stento la rabbia. Lo tacciò non di rado di viltà e servilismo, mentre lui la accusava di immoralità.

Il matrimonio venne celebrato in Campania, nella villa di Livia, sotto gli occhi di Tiberio, ma lontano dalla madre e dai fratelli di Agrippina. Secondo i nostri canoni la sposa non era bella: aveva il naso lungo, la fronte stretta, le mascelle sporgenti e il mento troppo grande, le labbra sottili, con quello superiore sporgente sull'altro. Divennero forse ancora più strette quando dovette pronunciare la formula di rito: *Ubi tu Gnaeus, ego Agrippina*, dove sarai tu Gneo, sarò io Agrippina. In compenso la ragazza era molto alta: lo sarebbe stata più di un suo futuro marito, l'imperatore Claudio, e del figlio Nerone.

Nel 29, Tiberio scrisse da Capri al Senato incolpando Agrippina maggiore e suo figlio Nerone di cospirazione e immoralità. Gneo Domizio Enobarbo era dalla parte dell'imperatore e non lo nascose alla consorte. Una rivolta popolare a favore della moglie e del figlio di Germanico dette a Seiano, che forse l'aveva sobillata, il pretesto per mandare Agrippina maior al confino a Pandataria, l'attuale Ventotene, e Nerone (zio, dunque, del futuro imperatore Nerone) a Ponza.

Agrippina minore corse dalla nonna Antonia, cognata di Tiberio, per tentare di fermare la condanna. Inutilmente. Allora cercò di raggiungere la madre a Ercolano, prima che si imbarcasse: non arrivò in tempo, anche per la pioggia insistente. A Cales, oggi Calvi Risorta, un cavaliere che aveva combattuto in Germania col padre l'avvertì che Agrippina maior era già stata arrestata. Non solo: un centurione, per "domarla", le aveva spappolato un occhio con la frusta.

Tornata a Roma, Giulia Agrippina fu informata dal beffardo marito che anche il fratello Druso, pur essendosi schierato contro la madre e contro Nerone, era stato arrestato. I pretoriani l'avevano condotto via mentre era ancora a letto con la moglie e cugina, Emilia Lepida, che l'aveva tradito.

Agrippina maior sarebbe vissuta ancora tre anni: alla fine, il 18 ottobre 33 d.C., si lasciò morire di fame. Aveva 47 anni. Nerone Cesare morì suicida nel 31 e Druso si spense di inedia nel 33 nei sotterranei del Palazzo Palatino, a Roma. Secondo Svetonio, tentò di mangiare persino i materassi, pur di sopravvivere.[6]

Per Giulia Agrippina, che aveva sempre vissuto a stretto contatto con la famiglia, questi eventi rappresentarono uno choc terribile. Non a caso, in memoria del fratello, avrebbe soprannominato Nerone l'unico figlio che ebbe da Gneo Domizio Enobarbo, il 13 o 14 dicembre del 37.

Ma al di fuori non lasciò trasparire nulla: fredda, forse già con un programma politico in mente o di sicuro decisa a sopravvivere e riscattare la sua famiglia, Agrippina, anziché abbandonarsi al pianto, tesseva amicizie e si ingraziava il popolo.

Seiano, intanto, che pure pareva inarrestabile, non aveva fatto i conti con un'altra donna, Antonia minore, disposta a tutto pur di salvare suo nipote Caio, ovvero Caligola, l'unico figlio maschio di Germanico sopravvissuto.

Nel 31 Antonia denunciò Seiano a Tiberio, e l'imperatore, che sembrava sul punto di dichiararlo suo erede, fece sua l'accusa e impose di leggerla in Senato.

[6] Caio Tranquillo Svetonio, *Vite dei Cesari. Tiberio,* introduzione di Settimio Lanciotti, Bur, Milano 1982.

Seiano fu allora condannato a morte, presto seguito dai due figli innocenti e dai suoi fedelissimi.

Tiberio visse fino al 16 marzo del 37: aveva 78 anni ed era odiatissimo dal Senato e dal popolo. La sua morte fu una fortuna anche per il marito di Agrippina minore, che in quel periodo, e per la seconda volta nella vita, era stato incarcerato per condotta immorale.

A Tiberio successe Caligola, portato al potere dal nuovo prefetto del pretorio, Quinto Nevio Sutorio Macro, detto Macrone. Per Giulia Agrippina, almeno in apparenza, tornavano i tempi di gloria: il fratello era sul trono un tempo destinato al padre.

La madre e i suoi due fratelli, in particolare Nerone, venivano così vendicati: nell'aprile del 37 Caligola riportò i loro resti a Roma.

Ma Caligola, che dal 27 era vissuto con Livia Drusilla, poi con la nonna Antonia minore e infine con Tiberio, si rivelò ben presto una scheggia impazzita. Eliminò sia Macrone sia l'ultimo figlio di Tiberio, Tiberio Gemello. E benché avesse sposato, in successione, quattro donne (Giunia Claudilla, morta di parto nel 36, Livia Orestilla, Lollia Paolina e Milonia Cesonia), amò forse solo sua sorella, Giulia Drusilla, con la quale, secondo Tacito e Svetonio, ebbe rapporti incestuosi. Oggi gli storici sono piuttosto scettici su questo punto: certo è che, quando la ragazza morì, nel 38, a 22 anni, Caligola la proclamò *Diva* Giulia e volle che le fossero riservati onori divini. Di più, a detta dei cronisti antichi, impazzì dal dolore.

Nel frattempo, stando a Tacito e Svetonio, Agrippina aveva in qualche modo gettato la maschera, scatenandosi in una vita sessuale promiscua e irrefrenabile: tra i partner ci sarebbero stati anche il fratello Caligola e Marco Emilio Lepido, marito di sua sorella Drusilla, oltre che amante dello stesso imperatore.

Pure su questo, gli storici moderni nutrono dubbi:[7] non riguardo agli intrecci incestuosi, piuttosto diffusi all'epoca, ma per il carattere di Agrippina, che è sempre stata, a differenza di altre matrone, una mente fredda, politica e calcolatrice. Difficile credere che avesse aspettato la morte di Tiberio per darsi al libero amore. Anche la storia con Marco Emilio Lepido, poi fatto uccidere da Caligola, fu più un'alleanza strategica che una vera passione. Così ammette lo stesso Tacito.

Nell'autunno del 39 Caligola, dopo una fallimentare spedizione militare in Germania, a cui aveva preteso che partecipassero anche le sorelle, condannò Agrippina minore e Giulia Livilla all'esilio, a Ponza.

L'accusa: tradimento. Non è escluso che fosse fondata. In base a testimonianze antiche, alcuni scienziati asseriscono oggi che Caligola, oltre che epilettico, soffrisse forse di encefalite, un'infiammazione del cervello di origine virale. Certo è che sia Svetonio sia Dione Cassio dicono che avesse una "febbre cerebrale"; il filosofo greco Filone d'Alessandria, autore della *Legatio ad Gaium*,[8] parla di crollo nervoso dovuto all'improvvisa responsabilità dell'impero e all'incapacità di reggere tanta attenzione su di sé. In ogni caso i suoi gesti appaiono insani.

Alla fine, il 24 gennaio 41, Caligola fu ucciso durante i ludi palatini a seguito di una congiura di pretoriani; furono trucidate anche la moglie Milonia Cesonia e la figlia Giulia Drusilla. Il cinquantenne, fragile e balbuziente zio Claudio, ovvero Tiberio Claudio Druso Nerone, fratello di Germanico e uomo di grande cultura,

[7] Scettica, per esempio, Maike Vogt-Lüerssen, autrice di *Neros Mutter: Agrippina die Jüngere und ihre Zeit*, edizioni Ernst Probst, Mainz-Kostheim 2002.

[8] Cfr. Edith Mary Smallwood, *Philonis Alexandrini. Legatio ad Gaium*, E.J. Brill, Leiden 1961.

alieno fino a quel momento da ogni aspirazione al potere e così pusillanime da essersi nascosto per la paura dietro a una tenda durante l'eccidio, venne proclamato imperatore.

E per Giulia Agrippina, che Claudio fece immediatamente rientrare dall'esilio, si aprì una nuova stagione. Anche perché, nel frattempo, nel gennaio del 40, era morto di idropisia il marito. La figlia di Germanico scelse di vivere sul Palatino, nella casa che era stata di Livia, moglie di Ottaviano e madre di Tiberio: era come se in quelle sale si respirasse ancora il profumo del potere. Per prima cosa recuperò il cadavere del fratello Caligola, letteralmente gettato nei campi, gli innalzò una pira regolare e lo seppellì in un luogo che non è mai più stato scoperto, forse nel mausoleo di Augusto. Poi riprese con sé il figlio, Lucio Domizio Enorbarbo, che all'epoca aveva tre anni.

Infine si mise a cercare marito e forse posò gli occhi su Servio Sulpicio Galba, un valente generale e governatore. Ma il progetto matrimoniale, se mai esistette, dovette abortire o incontrare il rifiuto dell'interessato, visto che Agrippina lo prese così in odio che anni dopo, nel 49, lo costrinse all'isolamento. Un errore, poiché nel 68, alla morte di Nerone, Galba sarebbe diventato imperatore. In ogni caso Agrippina aveva un vero intuito per i futuri uomini di potere: sotto Caligola era stata accusata di adulterio con Gaio Ofonio Tigellino che, nel 62, sarebbe divenuto un potentissimo prefetto del pretorio e col tempo si sarebbe rivelato il più feroce e fedele dei funzionari di Nerone.

Nel febbraio o nel marzo del 41 l'imperatore chiese a Gaio Sallustio Crispo Passieno, allora marito di Domizia Lepida maior, sorella di Gneo Domizio Enobarbo, di divorziare dalla moglie e sposare Giulia Agrippina.

Gaio Sallustio, uomo ricchissimo, acconsentì. Non stupisce quindi che Domizia sia diventata una delle più temibili rivali di Agrippina. Sarebbe stata una lotta senza quartiere e avrebbe coinvolto anche altre rappresentanti del gentil sesso. In particolare, nel 54 d.C., Agrippina scatenò una battaglia contro la sorella della donna, Domizia Lepida minor, madre della celebre Valeria Messalina, terza moglie dell'imperatore Claudio. Secondo Agrippina, Domizia minor esercitava un ascendente pericoloso sul giovane Nerone. Per questo, accusandola pretestuosamente di incantesimi e di aver turbato la pace in Italia, riuscì a farla condannare a morte. In concreto le imputò di non aver tenuto a freno le sue bande di schiavi rivoltosi in Calabria, accusa che, fino a quel momento, nessuno si sarebbe sognato di rivolgere a una donna. Domizia Lepida maior si sarebbe vendicata un anno dopo tacciando Agrippina di tradimento verso l'imperatore.

Intanto però Agrippina aveva deciso di prendere in mano la situazione: nel 47, secondo le testimonianze antiche, fece avvelenare il nuovo marito. Si ritrovò non solo vedova, la condizione migliore per disporre della propria libertà, ma anche ricchissima. Al momento del matrimonio lo sposo l'aveva nominata sua unica erede. L'importante per ora era muoversi con cautela: sua sorella, Giulia Livilla, era stata accusata di adulterio con il filosofo Lucio Anneo Seneca. Lo scandalo sessuale era solo un pretesto: l'imperatore Claudio voleva colpire i suoi oppositori e in particolare Seneca, autore della dissacrante *Divi Claudii Apokolokyntosis* (*La trasformazione in zucca del Divo Claudio*). A pagare era stata però Giulia Livilla, mandata in esilio a Ventotene e lasciata morire di fame.

A provocarne la caduta era stata l'invidiosa Valeria

Messalina, la cui avidità finì col favorire, indirettamente, Agrippina. Caligola aveva voluto farla sposare per beffa, a 15 anni, al quarantottenne Claudio. Una volta giunta al potere, Messalina, che era nata nel 23 d.C. e aveva quindi 8 anni meno di Agrippina, si era scatenata. Non solo sessualmente, motivo per il quale è passata alla storia, ma soprattutto per la compravendita di cariche, titoli, appalti pubblici. Claudio era totalmente nelle sue mani, tanto da accettare di condannare a morte tutti i suoi nemici.

Un giorno però Messalina si innamorò perdutamente di Caio Silio, marito di Giulia Silana, amica carissima di Agrippina. E con lui, nel 48, progettò di uccidere Claudio. Non abbiamo comunque prove certe. I due si sposarono, senza neppure farlo di nascosto. Oggi ci è difficile capire come pensassero di sottrarsi all'accusa di bigamia che puntualmente l'onnipotente liberto e ministro Narcisso rivolse loro. Più probabile che anche questa sia stata un'invenzione di quella cricca di liberti che avevano approfittato sia del governo debole di Claudio sia della corruzione di Messalina. Di certo i due amanti furono messi a morte. E Claudio ordinò ai pretoriani di ucciderlo, in futuro, se mai gli fosse venuto in mente di riprendere moglie.

Se ne dimenticò subito: un altro potente liberto, Pallante, propose a Claudio la trentatreenne Giulia Agrippina. Contro di lei, due altre candidate: Elia Petina, che Claudio aveva già sposato e ripudiato nel 38, sostenuta dal liberto Narcisso; e Lollia Paolina, ex moglie di Caligola, sostenuta dal liberto Callisto. Agrippina ebbe la meglio; il suo comportamento quasi austero rispetto a quello di Messalina, le aveva, negli anni, fatto guadagnare sia il favore del popolo sia quello del Senato. In più, le calunnie da lei diffuse a danno delle sue avversarie ottennero il loro effetto.

Si trattava di incesto, ma non era una novità per Roma e per la famiglia: zio e nipote parteciparono ai riti e ai sacrifici purificatori e il Senato, a seguito della petizione di Lucio Vitellio, altro sostenitore di Agrippina, approvò una dispensa che rendeva legale il matrimonio. A Capodanno del 49, che per i romani cadeva il primo marzo, la lucida, colta e determinata figlia di Germanico sposava il cinquantottenne, tremulo fratello del padre. Il primo matrimonio le era stato imposto, il secondo, voluto per denaro, si era concluso con un omicidio; il terzo, ancor più desiderato per prestigio, le dava ciò che nemmeno sua madre era mai riuscita a ottenere: il potere.

Agrippina minore si comportò da vera imperatrice: per prima cosa riorganizzò le finanze dello Stato, dissestate da Messalina, e impose nuovi costumi a corte.

Poiché però sapeva di non poter aspirare direttamente al trono, da subito il suo obiettivo fu insediarvi Nerone. Alla nascita del bambino, indiscutibilmente un Enobarbo per il carattere e per i capelli rossicci, un astrologo caldeo le aveva predetto che l'avrebbe uccisa. Agrippina, racconta Tacito, aveva allora risposto: "Che mi uccida pure, purché regni!"

Questa è la sostanziale differenza con Messalina: la terza moglie di Claudio era stata avida, crudele e, alla fin fine, piuttosto stupida. Agrippina no: aveva un progetto, salire dove nessuna donna romana era mai arrivata. E cercò di realizzarlo con lucidità.

Per prima cosa organizzò il fidanzamento di suo figlio, allora undicenne, con la figlia di Claudio, Ottavia, che aveva 9 anni ed era già promessa a Lucio Silano. Il povero ex fidanzato fu fatto allontanare dalla corte con l'accusa di incesto. Poi Agrippina riuscì a ottenere la condanna a morte di Sosibio, il precettore di Britannico, figlio ed erede di Claudio, con il pretesto che aveva complottato contro Nerone. Quindi affidò Britannico ai suoi fedeli e di fatto lo chiuse in una gabbia dorata, impedendogli di incontrare il padre.[9]

Seguirono altri delitti, tutti destinati a eliminare i possibili avversari. Ma nello stesso tempo Agrippina lavorò anche al consolidamento della propria immagine. Si presentava per esempio in Campidoglio su un cocchio, privilegio un tempo riservato ai sacerdoti e alle raffigurazioni degli dei. Limitò le spese e gli eccessi dei liberti, dando l'idea di mettere finalmente ordine a palazzo. Volle per sé una guardia personale di germani, comandati dal fedele Sestio Afranio Burro; la loro sfilata lungo la via Sacra fu uno spettacolo imponente perfino per i romani, abituati allo sfarzo e alle esibizioni di potere.

Riuscì anche a salvare un suo fedelissimo, Vitellio, dall'accusa di complottare contro Claudio: l'accusatore, il senatore Giunio Lupo, fu "solo" mandato in esilio, a dimostrazione della clemenza della nuova imperatrice. Agrippina si fece poi dare il titolo di *Augusta*, il massimo a cui una donna potesse aspirare. Diventò così, su tutti i documenti ufficiali, *Julia Augusta Germanici Caesaris filia Agrippina*, Giulia Augusta Agrippina, figlia di Germanico Cesare.

Il vero colpo, però, fu ottenere, il 25 febbraio 50, l'adozione di Nerone da parte dell'imperatore Claudio. Lucio Domizio Enobarbo prese allora il nome di Tiberio Claudio Nerone Domiziano Cesare. Nerone, in sabino, significava "forte e coraggioso". Per farne un degno erede al trono Agrippina aveva richiamato dall'esilio, come suo precettore, Lucio Anneo Seneca, il più bril-

[9] Cfr. Dione Cassio, *op. cit.*

lante intellettuale che Roma, all'epoca, potesse vantare. Di lui Agrippina apprezzava in particolare l'opera *De ira*, in cui Seneca insegnava come dominare la rabbia.

Anche la proclamazione, sempre nel 50, della Colonia Agrippina nel suo luogo natale non aveva nulla di sentimentale: la città avrebbe accolto tutti i veterani di Germanico, ovvero sarebbe stata una sicura riserva di soldati pronti a morire per lei. Agrippina volle che le insegne di Colonia fossero piantate proprio alla testa di quel ponte su cui la madre, con lei in braccio e Caligola per mano, aveva fermato le truppe romane fuggiasche.

Per quanto, osservando il figlio, Agrippina si accorgesse sempre di più di aver generato un infido Enobarbo, in lei ancora si agitava la speranza di garantire alla stirpe coraggiosa di Germanico, di Ottaviano Augusto e anche di Marco Antonio, lo scettro di Roma. Il figlio in apparenza l'adorava, tanto che, il primo giorno del proprio impero, avrebbe scelto come parola d'ordine per il tribuno di guardia: "Ottima madre". Svetonio dice anche che sognò di giacere con lei ma ne fu dissuaso dai nemici di Agrippina, che temevano di veder diventare troppo potente quella donna "fiera e tirannica".[10] Di certo la temette fino alla fine.

Intanto, ovunque, in Germania, i soldati presero a innalzare statue di Agrippina. A questo punto il pavido Claudio cominciò a spaventarsi. E le accordò un ennesimo onore, del quale non aveva goduto neanche Livia Augusta: l'omaggio dei sacerdoti sul Campidoglio. L'entusiasmo della folla fu tale che, nonostante la perfetta organizzazione della cerimonia, ci furono morti e feriti per la ressa. Il popolo scandiva la parola *Augusta* come se, per la prima volta, sognasse davvero

[10] Svetonio, *op. cit.*, *Nerone*.

un'imperatrice, sola, al comando. Claudio ne rimase sconvolto. Ma era tardi. Le aveva concesso troppo potere: ormai Agrippina appariva su tutte le monete e sui monumenti, al fianco di Claudio, vera *domina*, padrona, dell'impero.

Nel 51 l'*Augusta* fece esonerare dal comando delle coorti pretorie Lusio Geta e Rufrio Crispino, che riteneva devoti alla memoria di Messalina e legati al figlio di lei, Britannico. Con la scusa che un comando unificato avrebbe rafforzato la disciplina, fece nominare da Claudio, al loro posto, il suo fedele Afranio Burro.

Fittissima fu poi l'attività diplomatica e propagandistica: Agrippina bandì giochi in suo onore in tutto l'impero, da Mitilene alla Giudea, e scrisse con regolarità ai sovrani sottomessi a Roma, che aveva conosciuto da ragazza. Nel frattempo prese parte a tutte le decisioni politiche a fianco di Claudio, in un periodo denso di problemi per l'impero, soprattutto in Giudea. Claudio non poteva negarle la parola: durante un'improvvisa rivolta popolare a Roma, era stato solo l'arrivo di Agrippina in lettiga a salvare l'imperatore dall'ira della folla.

A Nerone riservò cariche e onori crescenti, fino a farlo proclamare *Princeps iuventutis*, principe dei giovani della classe dei senatori e dei cavalieri. Tanto splendeva Nerone tra la folla e nei suoi primi discorsi al Senato, tanto Britannico, erede legittimo dell'impero, sembrava come scomparso. Nel 53 Agrippina riuscì a far sposare Nerone e Ottavia. Intanto il rapporto con Claudio si incrinava: l'imperatore cominciò a rimproverarsi in pubblico di aver impalmato la figlia di Germanico e di averne adottato il nipote. Di più, Claudio disse, forse dopo una bevuta eccessiva, che il destino gli imponeva di sopportare le scelleratezze delle mogli e poi di punirle.

Il 54 si aprì tra sinistri presagi: i romani erano molto

superstiziosi e il succedersi di incidenti di vario genere non li lasciò indifferenti. Narcisso, il liberto nemico di Agrippina, fu indotto al suicidio per uno scandalo di appalti legato al prosciugamento del Fucino. Fu la stessa *Augusta* ad accusarlo. Aveva deciso che bisognava liberarsi dei fedelissimi di Claudio e magari dello stesso marito. Il 12 ottobre 54 l'imperatore morì. Aveva 64 anni, di cui 13 spesi al comando di Roma. Pochi allora ebbero dubbi che ad avvelenarlo, con i funghi e poi ordinando al medico Senofonte di somministrargli una sostanza fatale anziché un antidoto, fosse stata Agrippina. Per farlo, l'imperatrice avrebbe pagato la più celebre avvelenatrice dell'epoca e forse della storia, Locusta, che avrebbe poi ucciso anche Britannico.

L'accusa resta fondata anche oggi, benché autorevoli cronisti antichi come Giuseppe Flavio[11] l'abbiano cautamente messa in dubbio. L'*Augusta* doveva aver intuito che i peggiorati rapporti col marito non le avrebbero permesso di scalzare Britannico a favore di Nerone nella corsa al trono. Bisognava uccidere Claudio. E magari togliere di mezzo anche Britannico, cosa di cui si incaricò Nerone, appena un anno dopo.

Ma nel frattempo lo scenario era inaspettatamente cambiato. Agrippina vide realizzarsi solo per poco i suoi sogni. Nerone era stato proclamato imperatore già il 13 ottobre dai pretoriani di Afranio Burro. E per quanto, almeno all'inizio, sembrasse sopportare il potere della madre, la sua condotta, come racconta Svetonio,[12] si rivelò subito feroce e immorale. A parte il sesso con i fanciulli e il concubinato con le donne sposate, violentò una vestale, Rubia, che ovviamente era

[11] Giuseppe Flavio, *Antichità giudaiche*, Unione-Tipografico-Editrice, Torino 2000.

[12] Svetonio, *op. cit.*, *Nerone*.

vergine, secondo le norme sacerdotali. Fece tagliare i testicoli a un ragazzo, Sporo, e ordinò che fosse acconciato come una sposa per condurlo a nozze. Ma ciò che più di tutto indignò Agrippina fu il tentativo di prendere in moglie una liberta, Claudia Atte, già schiava di Claudio.

La caduta di Pallante, ministro delle finanze e fedele di Agrippina, fu il primo segnale che il tempo dell'imperatrice stava scadendo: Seneca, che ne prese il posto, non fu estraneo al complotto. Agrippina, furibonda, minacciò Nerone di farlo sostituire con Britannico; in qualche modo firmò così la condanna a morte del giovane, al quale si era negli ultimi tempi riavvicinata.

Subito dopo Giunia Silana, che era stata sua amica e che ora la odiava per aver impedito il suo matrimonio con Sestio Africano, l'accusò di congiura, con l'aiuto di due suoi *clientes*, Iturio e Calvisio, e la complicità di Domizia Lepida maggiore, sorella della madre di Messalina, che Agrippina aveva fatto uccidere. In particolare l'*Augusta* fu accusata di voler sposare e portare sul trono Rubellio Plauto, pari a Nerone, in linea paterna, nella discendenza da Ottaviano Augusto. Ma Agrippina si difese benissimo e si salvò.

Il ripudio di Ottavia e il matrimonio di Nerone con Poppea Sabina, nel 58, fecero però precipitare la situazione. Poppea era stata moglie di Rufrio Crispino, il capo della guardia pretoriana fatto esautorare e poi condannare a morte da Agrippina. Poppea si era dunque risposata con un solo obiettivo: legarsi a Nerone, assumere il potere e far fuori Agrippina.

Ci riuscì, anche perché Nerone era sempre più stanco, come racconta Svetonio, della madre, che non smetteva di rimproverarlo per il suo comportamento. In un primo momento l'imperatore cercò di renderla impopolare minacciando di ritirarsi a Rodi e abdicare. Non funzionò. Allora le tolse via via tutti gli onori e i privilegi e la privò della scorta dei germani. Finì non solo con l'allontanarla dalla corte ma anche col pagare calunniatori di professione affinché le intentassero dei processi. La perseguitava perfino quando lei si ritirava in luoghi distanti da Roma.

Agrippina, proprio come sua madre, non si lasciò intimorire: rispose alle minacce con altre minacce. Fu per questo che Nerone, spalleggiato da Seneca e Burro, decise di ucciderla. Tentò tre volte di avvelenarla, ma lei si era premunita con degli antidoti. Quindi progettò un finto naufragio e la invitò, con una lettera affettuosissima, a Baia, perché andasse a festeggiare con lui le Quinquatrie, cerimonia in onore di Minerva. Era il 20 marzo 59.

Agrippina salì ignara sulla barca che la riconduceva a casa dalla festa e, sebbene ferita dal rovesciamento provocato dai marinai, si salvò mettendosi a nuotare. Riuscì perfino a eludere il tentativo dei sicari di finirla con un remo. Al suo posto fu uccisa l'ancella Acerronia che, nella speranza di essere ripresa a bordo, aveva gridato di essere lei l'imperatrice. Quando il liberto Lucio Agermo, ignaro dell'inganno, corse da Nerone per annunciargli la felice notizia che Agrippina si era salvata, l'imperatore gettò di nascosto ai suoi piedi un coltello, lo accusò di aver tentato di ucciderlo, proclamò che la mandante era l'*Augusta* e ordinò che la si mettesse subito a morte. Se ne incaricò Aniceto, comandante della flotta di stanza al capo Miseno e già precettore di Nerone fanciullo. Con i suoi uomini circondò la villa sul lago di Lucrino dove Agrippina si era rifugiata e fece irruzione. Un sicario colpì la matrona alla testa e lei, benché ferita, ad Aniceto che si avvicinava per finirla riuscì ancora a dire: "*Ventrem feri!*",[13] cioè "colpisci il ventre" che ha generato Nerone.

L'imperatore volle andare a vedere di persona il cadavere martoriato della madre e ne lodò la bellezza. Scrive Tacito che venne cremata la notte stessa su un triclinio da banchetto, con esequie modestissime, e finché Nerone fu al potere, non ebbe nemmeno una pietra sepolcrale. Solo più tardi, a cura dei suoi domestici, poté avere un piccolo tumulo sulla via di Miseno. Oggi il sepolcro è perso: quella che viene chiamata Tomba di Agrippina, a Bacoli, è in realtà un teatro musicale.

Acceso il rogo, un suo liberto di nome Mnestere si trafisse col pugnale, non sappiamo se per amore verso la patrona o nel timore d'essere ucciso. "Agrippina, molti anni avanti, aveva previsto questa sua fine", ricorda ancora Tacito, "ma non se n'era data pena."[14]

[13] Tacito, *op. cit.*, Libro XIV.
[14] Tacito, *op. cit.*, Libro XIV.

Giulia Maesa
L'imperatrice occulta

"Quando [Eliogabalo] andava all'accampamento o al Senato, portava con sé sua nonna... in modo da ottenere più rispetto, grazie al prestigio di lei... E, cosa che non era mai successa, permise a una donna di accedere nella sala del Senato o di ricevere un invito per prendere parte alla stesura di un decreto ed esprimere la sua opinione nel dibattito..."

Elio Lampridio, *Vita di Antonino Eliogabalo*

Non salì mai sul trono. Ma Giulia Maesa fu la padrona dell'Impero romano in uno dei periodi più tormentati e corrotti. È stata lei a "creare" e poi a far uccidere il nipote Eliogabalo, un imperatore così eccentrico e dissoluto da aver acceso per secoli la fantasia di poeti, pittori e scrittori. Dei suoi eccessi, dei fasti orientali della sua corte, ma anche della raffinata cultura del suo mondo, Giulia Maesa condivise tutto. Meglio, fu lei la regista del gioco.

Giulia Maesa non era romana, né tanto meno latina. Era una sacerdotessa, figlia di Giulio Bassiano, consacrato al dio Sole, la divinità protettrice di Emesa, una splendida città i cui resti sorgono oggi in Siria.

Nacque tra il 165 e il 170 d.C. Sua sorella minore, Giulia Domna, anche lei sacerdotessa, sarebbe stata, e prima di lei, un'altra *domina*, padrona, dell'Impero romano: avrebbe sposato l'imperatore Settimio Severo. Il matrimonio l'avrebbe condotta a Roma, ma soprattutto avrebbe permesso alla sua famiglia un'incredibile scalata sociale.

Non sappiamo quasi nulla della giovinezza delle due ragazze se non che, come figlie di un potente sacerdote, furono cresciute negli agi, ben educate e iniziate presto ai culti orientali. La loro fortuna però fu incredibilmente legata a un oroscopo.

Settimio Severo, rampollo di una ricca famiglia romana dell'ordine equestre, nato in Africa a Leptis Magna e protagonista di una rapida e brillante carriera politica, nel 187 era diventato governatore della Gallia Lugdunensis. Proprio in quel periodo aveva perso sua moglie. Decise di risposarsi subito e pretese che la nuova consorte fosse la migliore possibile. Così chiese informazioni sugli oroscopi delle donne in età da marito più appetibili dell'intero impero, o almeno questo è quanto ci racconta la *Historia Augusta*.[1] Quando seppe che in Siria ve n'era una le cui congiunzioni astrali predicevano che avrebbe sposato un re, decise di chiederla in moglie e mandò i suoi amici a trattare. Era la sedicenne Giulia Domna, bellissima e di grande intelligenza, qualità che condivideva con la sorella. Il matrimonio fu rapidamente combinato e, un anno dopo, il 4 aprile, Giulia Domna diede alla luce un bambino a Lione. Lo chiamò Bassiano Antonino, ma sarebbe passato alla storia come l'imperatore Caracalla. Tre anni dopo, a Milano, partorì Geta.

Giulia Maesa intanto aveva sposato un cavaliere romano, Caius Julius Avitus Alexianus, dal quale ebbe molto presto due figlie: Giulia Symiamira o Soemia,

[1] Cfr. Elio Sparziano, *Vita di Settimio Severo*, in *Scriptores Historiae Augustae*, a cura di Ernestus Hohl, Teubner, Leipzig 1955. Su Internet, l'originale latino si trova all'indirizzo: http://www.intratext.com/X/LAT0229.htm. In inglese su http://penelope.uchicago.edu/Thayer/L/Roman/Texts/Historia_Augusta.

madre del futuro imperatore Elagabalo o Eliogabalo,[2] e Giulia Mamaea, madre di Alexionos, che sarebbe diventato l'imperatore Alessandro Severo. Le biografie riportano come data di nascita di Giulia Mamaea il 180 d.C. e per Giulia Soemia lo stesso anno o uno imprecisato, ma di poco successivo: per quanto le romane si sposassero adolescenti è improbabile che Giulia Maesa abbia partorito a 10 anni e questo rende più plausibile che fosse nata nel 165 anziché nel 170.

Il 28 marzo 193, l'imperatore in carica, Pertinace, successore di Commodo, venne assassinato dai pretoriani, le sue guardie del corpo, che misero il trono all'asta. Lo acquistò il senatore Didio Giuliano, che però durò pochissimo. Le legioni avevano scelto in Rezia, l'attuale Baviera, il loro campione: Settimio Severo. Una commissione di cento senatori gli andò incontro proclamandolo nuovo imperatore di Roma. Settimio e la delegazione dalla capitale si incrociarono a Interamna, oggi Terni, sulla via Flaminia. Giulia Domna, sfolgorante, era accanto al marito, e lo affiancò anche quando fece il suo trionfale ingresso nell'Urbe.

Nel 194 Settimio Severo nominò suo cognato, Caius Julius Avitus Alexianus, pretore, una carica molto importante. Se Giulia Maesa non si era ancora trasferita a Roma, dovette di sicuro farlo per quella data. Si trovò così a vivere fianco a fianco con la sorella.

Una digressione su Giulia Domna è necessaria perché in quegli anni Giulia Maesa visse sempre all'ombra

[2] L'*Historia Augusta* è la fonte principale di notizie anche per quanto riguarda Eliogabalo: cfr. Aelius Lampridius, *Vita di Eliogabalo. Delirio e passione di un imperatore romano*, Mimesis, Milano 2001. Oggi viene messa in discussione non solo la veridicità delle notizie narrate, tutte a sfavore di Eliogabalo, ma perfino l'esistenza dell'autore. Il sito dell'Università di Bologna suggerisce le migliori versioni online: http://www.rassegna.unibo.it/autlat.html.

della sua bella, colta e spregiudicata sorella. Settimio Severo, che era nato l'11 aprile 146 e aveva quindi 47 anni alla presa del potere, passò lontano da Roma quasi tutto il suo regno: dovette combattere altri pretendenti alla massima carica dell'impero e in seguito scontrarsi con i nemici storici dei romani, i Parti. Conquistata la loro capitale, Ctesifonte, gli toccò correre a difendere il vallo di Adriano in Britannia, e lì morì, a Eboraco, l'attuale York, il 4 febbraio 211.

Mentre il marito combatteva, Giulia Domna, a seconda degli storici, si dedicava all'adulterio, partecipava a una congiura a suo danno, oppure, più semplicemente, non coltivava la castità come sua prima virtù. Dione Cassio racconta che, dopo il trattato di pace con il re scozzese Argentocoxus, Giulia Domna, che evidentemente, aveva seguito il marito in guerra, prese in giro la regina sconfitta rimproverandole la libertà sessuale delle donne del suo popolo. E quella, fiera almeno quanto la siriana, rispose: "Noi assecondiamo le leggi di natura in modo molto più giusto delle donne romane perché noi ci uniamo alla luce del sole con i nostri uomini più validi, mentre voi vi fate corrompere in segreto dai più vili".[3]

Nonostante una certa misoginia, Dione Cassio si scaglia duramente contro chi si permetteva di sparlare di Giulia Domna con l'imperatore, in particolare Caio Fulvio Plauziano, consuocero di Settimio Severo e padre della moglie di Caracalla, Plautilla. Lo storico sottolinea che Giulia, come risposta alle calunnie, si mise a studiare filosofia[4] e a frequentare i sofisti. In realtà il

[3] Dione Cassio Cocceiano, Libro LXXVII delle *Istorie Romane*, tradotte da Giovanni Viviani, Tipografia de' Fratelli Sonzogno, Milano 1823 (5 volumi, Libri LXXI-LXXX). Su Internet: http://www.gutenberg.org/etext/12061.

[4] Dione Cassio Cocceiano, Libro LXXVI, *op. cit.*; su Internet: http://www.gutenberg.org/etext/10890.

suo potere fu ben maggiore: riuscì a eliminare i principali consiglieri africani del marito e imporre quelli di origine orientale, prevalentemente giuristi della scuola di diritto di Berytus, l'attuale Beirut.

La passione per la filosofia e la giurisprudenza deve essere stata condivisa da Giulia Maesa, come rivelano l'abilità e la sapienza mostrate in seguito nell'amministrare gli affari dell'impero. Di sicuro la giovane sposa ebbe modo di conoscere e frequentare gli scrittori e gli intellettuali protetti e sostenuti dalla sorella.

A dire il vero la prima cosa di cui si occupò Giulia Maesa nei suoi venti anni a Roma fu diventare ricca: era una spregiudicata e abile donna d'affari. La legislazione romana, pur limitando fortemente le donne in campo matrimoniale e negando loro la possibilità di percorrere la carriera politica e amministrativa, oltre che di votare, non aveva mai impedito loro di ereditare, di gestire latifondi, fabbriche, traffici commerciali, miniere e usura. Il motivo era semplice: il lavoro, e quindi l'imprenditoria, erano giudicati attività non onorevoli, quasi da schiavi. Agli uomini di alto rango erano riservate le ben più nobili arti del governo e della guerra, e la cultura. A questo, poi, si aggiungeva, tra i personaggi di corte, una spiccata vocazione a vendere benefici, cariche e favori, oppure a impossessarsi dei beni dei personaggi caduti in disgrazia. Ciò permetteva di accumulare immense fortune. Giulia Maesa non si tirò indietro.

Però, prima di poter mettere a frutto le sue capacità e soprattutto la sua predisposizione alla corruzione, Maesa dovette assistere a un evento drammatico. Giulia Domna, che in seguito sarebbe stata addirittura accusata di aver sposato il suo stesso figlio, Caracalla, si trovò a gestire la crisi seguita alla morte di Settimio Severo. L'imperatore avrebbe voluto che i suoi figli regnassero insieme, invece Caracalla uccise Geta nella camera, anzi addirittura tra le braccia di Domna, che rimase anche ferita. A lei e a tutte le donne di casa fu vietato di piangerlo.

L'anno dopo, nel 213, Caracalla lasciò Roma per non farvi più ritorno. Fu ucciso l'8 aprile 217 durante un pellegrinaggio che conduceva dalla città di Giulia Domna e Giulia Maesa, Emesa, fino a Carre, presso un celebre tempio del dio lunare maschile. Domna, che era stata costretta a seguirlo in Oriente e viveva ad Antiochia, appresa la notizia, si lasciò morire di fame.

Giulia Maesa, che si trovava con lei ad Antiochia, trasformata negli ultimi tempi da Caracalla in una sorta di "nuova Roma", avrebbe voluto prendere in mano la situazione, almeno nei tre giorni in cui l'impero rimase vacante. Ma non fece in tempo: Marco Opellio Macrino, prefetto del pretorio, nato a Cesarea, in Mauritania, e primo cavaliere a conquistare il titolo di imperatore, si impossessò del potere l'11 aprile e proclamò subito suo figlio Diadumeniano, che aveva 9 anni, suo successore. Forse era stato lo stesso Macrino a ordinare l'attentato contro Caracalla. Giulia Maesa, in ogni caso, non aveva alcuna intenzione di abbandonare l'impero nelle sue mani e, ritenendolo responsabile anche della morte della sorella, giurò vendetta.

Macrino obbligò Giulia Maesa ad abbandonare la corte di Antiochia e le impedì di rientrare a Roma. Commise però un doppio errore:[5] non le espropriò le immense ricchezze e la lasciò nel suo Paese natale, la Siria, in particolare a Emesa, dove la donna aveva solide radici ed erano di stanza numerose legioni romane.

[5] Su questo argomento cfr. un classico della storiografia, del 1776: *Declino e caduta dell'Impero romano* di Edward Gibbon, Oscar Mondadori, Milano 1998.

Da lì Giulia Maesa seppe abilmente sfruttare il malcontento dei soldati verso Macrino. Anzi, lo alimentò. Il suo obiettivo era portare sul trono il maggiore dei suoi nipoti, figlio di Giulia Symiamira, Vario Avito, detto Eliogabalo, che allora aveva 13 anni. Alessandro, invece, figlio di Giulia Mamaea e di suo marito Gessius Marcianus, aveva solo 9 anni, poiché era nato nel 208. Eliogabalo, che viveva con lei e con la madre a Emesa, era bellissimo, così bello da sembrare una donna. All'epoca aveva già ricevuto l'investitura a sacerdote supremo nel tempio del dio Sole, El Gabaal o Elagabalo, carica che veniva ricoperta per via ereditaria.

La prima mossa di Giulia Maesa fu di far passare sua figlia Giulia Symiamira, già vedova come la sorella, per adultera: disse che Eliogabalo, anche lui nato in Siria, era figlio naturale di Caracalla. L'ipotesi non era così improbabile: l'ex imperatore e l'affascinante Symiamira erano cugini e si erano frequentati a lungo a Roma e poi in Oriente; entrambi godevano fama di scarsa morigeratezza. In particolare, la mamma di Eliogabalo era bella, sensuale, proprio come la zia Giulia Domna. Il marito, il console e senatore di origine siriana Sesto Vario Marcello, aveva dovuto tollerare, almeno a quanto riferisce la *Historia Augusta*, che suo figlio fosse preso in giro dai compagni di scuola, secondo i quali il nome "Varius" di Eliogabalo non derivava dal genitore ufficiale, ma dal fatto che era stato generato da "varii" padri. Symiamira fu definita tout court una prostituta dallo storico Elio Lampridio e accusata di praticare ogni forma di perversione. Lampridio le attribuisce tuttavia l'ascesa di Eliogabalo e un'influenza enorme sul figlio. In realtà fu la nonna, Giulia Maesa, a orchestrare la presa del potere e a gestirlo.

Maesa non si limitò ad affermare che il ragazzo era

figlio di Caracalla: pagò lautamente le legioni di stanza a Emesa affinché lo sostenessero; cosa che avrebbe continuato a fare per tutto il tempo in cui avrebbe amministrato l'impero. Maesa pagava, con intelligenza, con giudizio, sapendo quali fossero gli ufficiali giusti da corrompere, ma pagava senza alcuno scrupolo.

Pare anche che, per ingraziarsi i soldati, abbia svuotato le casse del tempio del dio Sole, che giudicava quasi una proprietà di famiglia. Ad aiutarla in questa fase fu un eunuco, Gannys, che forse era anche l'amante di Giulia Symiamira e che sarebbe rimasto fedele alle due donne.

Macrino non sembrò preoccuparsi troppo della crescente turbolenza delle legioni di Emesa. Ma quando, il 16 maggio 218, la terza legione gallica si "convertì" alla causa di Giulia Maesa e proclamò Eliogabalo imperatore, decise che era il momento di agire. Mandò allora la seconda legione partica, guidata dal fido Ulpio Giuliano, contro i rivoltosi. Ma anche la legione partica, raggiunta forse provvidenzialmente dall'oro dell'energica matrona, scelse il "figlio bastardo" di Caracalla. I soldati linciarono Ulpio Giuliano e si diressero, insieme con quelli della terza legione gallica, verso Antiochia, a nord. L'8 giugno 218 l'esercito regolare di Roma e le truppe ribelli condotte da Eliogabalo si scontrarono. L'esito appariva incerto, ma Giulia Maesa e Giulia Symiamira, che osservavano la battaglia da un carro, sbarrarono il passo ai legionari che volevano battersela a gambe e li spinsero di nuovo nella mischia. Lo stesso Eliogabalo, che tutto era e sarebbe stato fuorché un valoroso soldato, si precipitò dove infuriava la battaglia. Ma forse, più che il suo valore, furono ancora una volta le promesse della nonna e la viltà di Macrino a decidere le sorti del conflitto: l'imperatore in carica fuggì, fu inseguito e ucciso. Il quattordicenne Eliogabalo diventava il primo imperatore asiatico di Roma. Nella capitale suscitò grande entusiasmo la notizia che avesse scelto di chiamarsi Antonino, il che ne avrebbe fatto l'ultimo esponente della dinastia degli Antonini, gloriosamente iniziata da Traiano.

Il terzetto composto da Eliogabalo, Giulia Maesa e Giulia Symiamira arrivò a Roma soltanto un anno dopo, nel luglio 219. Entrambe le donne furono proclamate *Augusta*, il titolo massimo al quale potesse aspirare una donna. Symiamira, in particolare, fu chiamata *Clarissima* mentre Maesa ricevette il nuovo appellativo di *Mater Castrorum et Senatus*, madre degli accampamenti e del Senato. In più Giulia Maesa apparve subito sulle nuove monete coniate dall'imperatore. Era un onore, ma anche, curiosamente, il simbolo stesso del suo potere. I denari d'argento col suo profilo oggi ci permettono, sia pure sommariamente e confrontandoli con le statue delle altre donne di famiglia, di intuirne il volto: il naso lungo e dritto, gli occhi grandi, la fronte un po' bassa, le occhiaie profonde, due solchi ai lati della bocca. Maesa ha un'aria quasi rassegnata, sottolineata dalla pettinatura severa, con la scriminatura centrale e i capelli legati semplicemente sulla nuca. Sua sorella, Giulia Domna, era stata ancora più austera nell'acconciatura, ma di sicuro le due donne importarono nuove mode a Roma, dalla Siria.

L'anno di viaggio di Eliogabalo, della madre e della nonna verso la capitale era bastato a diffondere una pessima fama del giovane imperatore. Appena quattordicenne era già così vizioso da stupire e scandalizzare una città ormai aliena da qualsiasi stupore come Roma. In un mix di sacralità, misticismo e atmosfera da harem con tanto di eunuchi, mimi, ballerini e travestiti, Eliogаbalo portava a Roma il suo fastoso culto solare e la sua ostentata femminilità. Girava truccato, depilato e ingioiellato, e non a caso oggi è una icona del mondo gay e transessuale. A lui si sono ispirati, per esempio, Alberto Arbasino per il romanzo *Super-Eliogabalo*, del 1969; Antonin Artaud per *Eliogabalo o l'anarchico incoronato*, del 1991, e perfino Oscar Wilde per *Il ritratto di Dorian Gray*, del 1890. Eppure troppo spesso ci si dimentica che vestirsi da donna e simulare la castrazione faceva parte di molti riti misterici mediorientali già arrivati da tempo in Italia, come il culto di Attis e Cibele.

Eliogabalo però è andato oltre, passando alla storia per aver "sposato" un suo muscoloso schiavo, l'auriga biondo Ierocle, della Caria, e per aver dichiarato di essere "deliziato a sentirsi chiamare la signora, la sposa, la regina di Ierocle".[6] L'imperatore giunse pure a minacciare la temuta nonna che lo invitava a limitare i favori concessi all'ex schiavo. Si narra anche che il giovane sovrano avesse offerto la metà dell'Impero romano al medico che gli avesse ricostruito genitali femminili. La verità è che i romani, ancora legati a un concetto rigidissimo della virilità, nonostante le perversioni e l'evidente omosessualità di condottieri e imperatori, da Giulio Cesare in poi, inorridirono davanti a un imperatore che non solo si truccava e vestiva all'orientale, ma, tralasciando gli affari di Stato, stabilì il culto del dio Sole sul Palatino, gli dedicò un tempio e dichiarò di voler convertire i suoi sudditi al monoteismo. Voleva obbligarli a raggruppare le loro divinità tradizionali, Vesta compresa, sotto il culto del Sole, del quale Eliogabalo stesso sarebbe stato il massimo sacerdote. Di più, l'imperatore pretendeva che anche cristiani ed ebrei si trasferissero sotto le sue

[6] Dione Cassio Cocceiano, Libro LXXIX, *op. cit.*

insegne. Insomma, era, agli occhi dell'Urbe, un pervertito e uno spergiuro, reo di voler fondare una religione universale che unificasse i culti dell'impero. Fino a quel momento, invece, Roma aveva allargato senza pregiudizi e gerarchie il suo pantheon, a mano a mano che le conquiste inglobavano nuovi popoli e religioni.

Se lo storico Dione Cassio dà un giudizio estremamente negativo di questo tentativo, più aperto si rivela invece Erodiano, che offre anche una valutazione meno severa del potere di Giulia Maesa, e la definisce il "vero imperatore".[7] Anche delle due figlie di Maesa si può oggi dare un giudizio più benevolo: Symiamira fu per esempio una fiera oppositrice della guerra e delle tradizioni militaresche dell'Impero romano.[8]

Mentre Eliogabalo pensava alla religione e al sesso, a occuparsi dello Stato era appunto sua nonna. Solo nel tempo libero Maesa si prestava a guardarlo "giocare" o partecipare alle gare, cosa che d'altra parte facevano per viltà e piaggeria senatori e funzionari d'alto rango.

Tutti coloro che l'avevano aiutata nel colpo di Stato vennero lautamente ricompensati e fu proclamata l'amnistia. Forse il giudizio su quell'amministrazione non sarebbe stato così duro[9] se Eliogabalo, in improvvisi e sempre più numerosi impeti d'autonomia, non si fosse ostinato a promuovere la carriera dei suoi favoriti, soltanto per le loro prestazioni sessuali e per le dimensioni degli organi genitali. Tra i superdotati, da lui chia-

[7] Erodiano, cronista greco della prima metà del III secolo e autore di una *Storia dell'Impero romano da Marco Aurelio*, è molto poco tradotto e pubblicato. Recente un'edizione tedesca con originale greco a fronte a cura di Friedhelm L. Müller, *Herodian. Geschichte des Kaisertums nach Marc Aurel*, Franz Steiner Verlag, Stoccarda 1996.

[8] Santo Mazzarino, *L'Impero romano*, vol. II, Universale Laterza, Bari-Roma 1973.

[9] Cfr. Jules Michelet, *Storia di Roma*, Rusconi, Milano 2002.

mati *onobeli*, divenne famoso un atleta, Zoticus, elevato a *cubicularius*, cameriere personale dell'imperatore.

Nel valutare la condanna unanime che gli storici, sia contemporanei sia successivi, hanno decretato per Eliogabalo va considerato anche lo scandalo che suscitò il suo atteggiamento "femminista": fino al suo regno nessuna donna aveva potuto sedere in Senato. Agrippina, grazie a Nerone, aveva sì assistito alle riunioni dei senatori, ma da dietro a una tenda. Giulia Maesa e Giulia Symiamira furono invece nominate senatrici e sedettero su uno scranno. Grazie a loro, in particolare alla prima, la legislazione cambiò a favore del gentil sesso. L'*Historia Augusta* definisce i decreti adottati "assurdi" e insiste che le nuove norme si occupavano solo di definire nel dettaglio come le donne dovessero andare vestite o su quali lettighe e carri potessero salire o in che modo. In realtà, come testimonia la stessa *Historia*, furono realizzate riforme importanti, e sul Quirinale fu perfino istituito un *senaculum*, ovvero un senato di sole matrone.

Per qualche tempo Giulia Maesa lasciò che il nipote si dedicasse ai suoi strani riti, tra i quali l'antico culto mediterraneo della Grande Madre. Volle però che si sposasse e il ragazzo lo fece quattro volte, ma a modo suo e due volte con la stessa donna: si unì in matrimonio nel 219 con Giulia Cornelia Paola, e pretese che le nozze fossero una sorta di rappresentazione religiosa in cui lui incarnava il dio Baal e lei la dea Tanit. Dopo neanche un anno Eliogabalo ripudiò la moglie sostenendo che avesse alcuni difetti fisici. Subito dopo fece quello che l'avrebbe condannato definitivamente agli occhi dei romani: sposò una vestale, ovvero una vergine consacrata, Giulia Aquilia Severa, nel 220. Forse, nella sua mente, era un tentativo di introdurre a Roma la tipica istituzione mesopotamica dell'unione carnale con le sacerdotesse della dea dell'amore Ishtar.

Fu probabilmente su pressione della nonna, preoccupata dello scandalo, che Eliogabalo lasciò Aquilia Severa e impalmò, dopo averne fatto uccidere il marito, Annia Faustina, bisnipote di Marco Aurelio e quindi vera erede degli Antonini. Giulia Maesa capiva che l'imperatore aveva bisogno di rafforzare la propria legittimità. Ma Eliogabalo non resse e tornò dalla sua Aquilia Severa. Difficile comprenderne il motivo, visto che le donne non gli interessavano affatto e le sue orge erano maschili. Si racconta anche che si offrisse come "prostituta" in abiti femminili, salvo poi farsi frustare dal "marito" Ierocle per le sue cattive azioni.[10]

Giulia Maesa lo rimproverò spesso per i suoi atteggiamenti. Forse non era affatto scandalizzata, semplicemente si rendeva conto che così la famiglia rischiava di perdere tutto. Nel 221, persuasa che il comportamento di Eliogabalo gli avesse ormai alienato le simpatie di Senato, popolo e pretoriani, ovvero del più potente e pericoloso corpo armato all'interno della capitale, Giulia Maesa obbligò l'imperatore ad adottare il cugino Alessandro Severo e proclamarlo "cesare" e quindi suo successore. Fu allora che il ragazzo, che fino ad allora aveva conservato il suo nome, Alexionos, assunse quello di Marco Aurelio Alessandro Severo.

Era una scelta guidata dalla madre e dalla nonna, e piuttosto curiosa poiché era un omaggio ad Alessandro il Grande, il re macedone tanto ammirato da Caracalla. Almeno in teoria avrebbe dovuto essere Eliogabalo, in-

[10] Dione Cassio Cocceiano, Libro LXXXVI, *op. cit.* Vedi anche Michael Grant, *Gli imperatori romani*, Newton & Compton, Roma 2005.

dicato da Giulia Maesa come figlio di Caracalla, a scegliere quel nome.

L'imperatore accettò l'adozione, ma poi si accorse che si trattava di una trappola, anche perché Giulia Maesa gli proibiva di avvicinare il ragazzo e si occupava personalmente della sua formazione e della sua sicurezza. Sua alleata la madre di Alessandro, Giulia Mamaea: lo scontro tra i due giovani divenne allora una lotta all'ultimo sangue tra le loro madri.

Giulia Maesa non fece nulla per sedare il conflitto. Al contrario, lo alimentò.

Per questo Eliogabalo decise di assassinare il cugino. Maesa glielo impedì ponendo l'altro nipote sotto la protezione dei pretoriani. In più gli impose, minacciandolo di destituzione, di associare Alessandro Severo al trono. Eliogabalo accettò, o finse di accettare, e poi tornò a progettare l'assassinio. O almeno così Giulia Maesa e i suoi complici fecero credere in giro.

Fu a questo punto che la nonna passò all'azione. Ordinò ai pretoriani, sempre lautamente ricompensati, di acclamare Alessandro Severo imperatore e, forse solo implicitamente, di uccidere Eliogabalo e la stessa Giulia Symiamira. La madre era l'unica a essergli rimasta fedele e, secondo quanto raccontano gli storici antichi, ad aver condiviso tutti i suoi lussi, svaghi e perversioni. L'agguato scattò quando l'imperatore si presentò a Castro Pretorio, caserma dei pretoriani, e denunciò un presunto complotto del cugino. Non aveva tutti i torti, visto che in città si era già scatenata una furiosa caccia ai suoi favoriti.

I pretoriani assalirono la tribuna dalla quale parlava. Si racconta che madre e figlio furono inseguiti e trucidati nelle latrine dove si erano rifugiati, ma è più probabile che l'aneddoto faccia parte della successiva campagna diffamatoria. Era il 6 marzo 222. I cadaveri furono trascinati nudi e decapitati per le vie di Roma; quello di lei finì non si sa dove; quello di Eliogabalo fu gettato nel Tevere.

Giulia Maesa non fece una piega. Posto il timido ma morigerato Alessandro Severo sul trono e assicurato così di nuovo il predominio alla sua famiglia, la matrona non perse l'abitudine di gestire il potere in prima persona e di presiedere le sedute del Senato. Al momento della proclamazione a imperatore, Alessandro aveva solo 14 anni. Anche lui, che era nato in Siria, ad Asca, aveva ricevuto l'investitura come sacerdote del dio Sole. Ma la nonna sapeva bene come indirizzarlo: gli eunuchi, i favoriti, gli attori e tutto il circo di personaggi che Eliogabalo aveva colmato di onori furono allontanati immediatamente dalla corte. L'aerolite nero sacro al dio Sole[11] che era stato trasportato sul Palatino fu rispedito a Emesa, e tutte le statue degli dei che erano state riunite e poste sotto El Gabaal vennero restituite ai loro santuari. Il tempio *Elagaballium* fu ridedicato a Giove. Il fasto, le cerimonie orientali che tanto avevano scandalizzato i romani, e i sacrifici umani che erano stati attribuiti a Eliogabalo vennero messi al bando. Questo non vuol dire che si ritornò al vecchio paganesimo: Alessandro Severo conservò una fede sincretica, ovvero onorò insieme, tra gli altri, Orfeo, Abramo e Gesù, mischiando gli antichi miti, i culti misterici e il nuovo cristianesimo. Un banditore fu però collocato alla porta del palazzo imperiale nelle ore delle udienze pubbliche per ricordare che era vietato l'ingresso a chi non avesse l'animo puro e innocente.

[11] Sui complessi e affascinanti riti orientali e siriaci approdati a Roma, cfr. *Storia delle religioni*, vol. 4, *L'Impero romano e l'Oriente*, a cura di Henri-Charles Puech, Universale Laterza, Bari-Roma 1977.

Curiosamente, prima di morire, Giulia Maesa volle che fosse emesso un decreto che proibisse, in futuro, a qualsiasi donna di entrare in Senato, pena la morte per trasgressori e complici. Probabilmente non si trattava di un attacco di misoginia, ma di un gesto di sfiducia verso l'ambiziosa seconda figlia. Giulia Mamaea, appena salito sul trono Alessandro, si era affrettata ad appropriarsi di tutti i titoli un tempo appartenuti alla sorella, pur consigliando al figlio di non accettare troppi onori dal Senato. Era divenuta così *Iulia Augusta*, *mater Augusti nostri et castrorum et Senatus et patriae*, Giulia Augusta, madre del nostro Augusto e degli accampamenti e del Senato e della patria.

Non si sa con esattezza quando Giulia Maesa morì; si pensa tra il 223 e il 226. Da *Augusta avia Augusti*, com'era stata proclamata a inizio 218, cioè Augusta nonna dell'Augusto, salì "di grado" e venne divinizzata come *Diva Maesa Augusta* o *Diva Iulia Augusta*.

Come al solito aveva visto giusto: Giulia Mamaea, che dominava totalmente il figlio, abusò del suo potere. Vietarle di andare in Senato non bastò. Nonostante Alessandro Severo fosse stato sottoposto a un consiglio di reggenza composto da sedici senatori e diretto dal celebre giureconsulto Domizio Ulpiano, Mamaea fu la vera anima del nuovo governo. Fu addirittura nominata *consors imperii*, ossia venne associata al trono, onore che non era mai stato concesso a una donna. Ma il suo carisma non era pari a quello della madre. Il malcontento, che rispuntava ormai periodicamente tra i pretoriani, non più tenuti a freno neanche dal denaro di Giulia Maesa, si indirizzò in un primo momento contro Ulpiano, che sarebbe stato assassinato nel 228.

Giulia Mamaea tentò in tutti i modi di controllare i crescenti disordini e gli scontri di piazza. Nel 225 organizzò il matrimonio del figlio con la nobile Gnaea Seia Herennia Sallustia Orba Barbia Orbiana, che però poco dopo fece mandare in esilio in Africa per sventare un possibile complotto. Da allora non volle più possibili rivali donne a palazzo.

Appassionata di filosofia, al pari della madre e la zia; amica di Origene, lo scrittore e teologo cristiano; coraggiosa, proprio come tutte le donne di famiglia, Giulia Mamaea non desistette dalla sua supervisione sul trono, che tanto malumore suscitava tra i senatori, e accompagnò il figlio nella campagna contro i Parti, nel 230-231. Nel 235 era al suo fianco nell'attuale Germania, a Magonza, quando le truppe si sollevarono e uccisero entrambi.

Alla breve dinastia siriana, tutta dominata dalle donne, sarebbe seguito il regno di Massimino il Trace, il quale ordinò la *damnatio memoriae*, ossia la cancellazione di tutti i documenti, le statue, le iscrizioni e i monumenti che ricordassero Giulia Mamaea.[12]

[12] Su tutta la dinastia, da Giulia Domna a Giulia Mamaea, cfr. Jean Babelon, *Impératrices syriennes*, Albin Michel, Parigi 1957, e Godfrey E. Turton, *The Syrian Princesses: the Women Who Ruled Rome, AD 193-235,* Cassell, Londra 1974. Entrambi i volumi si trovano oggi solo nelle biblioteche. In italiano, meno approfondito, Furio Sampoli, *Le grandi donne di Roma antica. Le siriane,* Newton & Compton, Roma 2003.

FREDEGONDA
LA CONCUBINA BRUTALE

"La bontà divina sopporta da molto tempo le nostre cattive azioni; spesso infatti ci ha puniti con febbri e altri mali, ma noi non ci siamo pentiti. Ecco! Ora ci toglie i nostri figli..."

Fredegonda, secondo GREGORIO DI TOURS,
Historia Francorum, Libro V

È difficile stabilire chi, tra le due grandi rivali della Francia merovingia, Fredegonda e Brunilde, sia stata più perfida. La palma va a Fredegonda, prima serva e poi terza moglie di Chilperico di Neustria, non perché Brunilde, figlia del re dei visigoti e sposa di Sigeberto d'Austrasia, sia stata meno crudele o vendicativa. Ma semplicemente perché, almeno all'inizio, l'intelligente e determinata principessa visigota si rivelò un'ottima sovrana.[1]

Fredegonda nacque a Montdidier, nell'attuale Picardia, nel 543, in uno dei secoli più tormentati e decisivi del Medioevo. La sua fama e quella della rivale Brunilde, Brunechildis, Brunhilda o Brunehaut, a seconda di come il suo nome venne scritto, sono rimaste impresse nella memoria dei francesi tanto che, quando fu condotta in

[1] Cfr. Gregorio di Tours, *Historia Francorum*. Si trova su Internet all'indirizzo http://www.thelatinlibrary.com/gregorytours.html, il sito di letteratura latina della Ad Fontes Academy, un'università cattolica del Nord Virginia. Oppure: Gregorio di Tours, *La storia dei Franchi*, a cura di Massimo Oldoni, Fondazione Lorenzo Valla, A. Mondadori, Milano-Roma 1981.

giudizio dai rivoluzionari nell'ottobre del 1793, la regina Maria Antonietta fu accusata di essere al contempo una novella Fredegonda e una rediviva Brunilde; oltre che un'emula di Messalina e Caterina de' Medici, benché quest'ultima nell'elenco non c'entrasse nulla.

A differenza di Brunilde, che era più giovane di sette anni e di stirpe nobilissima, Fredegonda entrò nella storia come una comparsa. Nel 486 Clodoveo, capo dei franchi salii, aveva conquistato Soissons, capitale dell'ultimo lembo di Francia settentrionale rimasto sotto il controllo romano e affidato al generale Siagrio. Da allora Clodoveo aveva guidato le varie tribù franche, sconfiggendo anche le altre popolazioni barbariche, visigoti, Burgundi e Alamanni, che, dopo la deposizione di Romolo Augustolo nel 476, si erano spartite ciò che restava dell'Impero romano d'Occidente.

Clodoveo era morto nel 511 dopo essersi convertito al cristianesimo. La sua dinastia, detta dei Merovingi dal nome di un leggendario antenato, Meroveo, avrebbe regnato sulla ex Gallia fino all'avvento dei Carolingi, ovvero fino al 751, e sarebbe stata caratterizzata da una serie infinita e sanguinosa di lotte fratricide. Clodoveo aveva avuto dalla moglie Clotilde, figlia del re dei Burgundi, quattro figli maschi. Il più giovane, Clotario I, regnò fino al 561 ed ebbe sei mogli, tra le quali santa Radegonda. A ereditare la sua passione per le donne sarebbe stato il più giovane e scapestrato dei suoi quattro figli, Chilperico, nato nel 539 circa e, in seguito, marito di Fredegonda.

Ben più moderato fu invece il terzo figlio di Clotario, Sigeberto I, nato nel 535 e re d'Austrasia tra il 561 e il 575, oltre che marito di Brunilde. Il padre Clotario I aveva appunto diviso il regno tra i suoi quattro figli, onde evitare lotte simili a quelle che già l'avevano opposto ai suoi fratelli: a Chilperico era andata la Neustria, lungo il bacino della Senna; a Sigeberto l'Austrasia, corrispondente al bacino della Mosa; a Gontrano la Burgundia, lungo il Rodano, e a Cariberto l'Aquitania, al confine con i Pirenei.

Ma già nel 562 Chilperico attaccò Sigeberto e tra i due si aprì uno scontro senza esclusione di colpi. A questa lotta fratricida Brunilde e Fredegonda avrebbero dato un contributo fondamentale.

Il loro odio aveva una radice seria. Mentre i suoi fratelli folleggiavano, Sigeberto, in apparenza il più posato di tutti, aveva deciso di chiedere al re dei visigoti Atanagildo, che aveva due figlie in età da marito, la più giovane delle due, Brunilde, già famosa per la sua bellezza. Aveva dunque mandato una nutrita delegazione carica di doni, da Metz, la sua capitale, a Toledo, città-base dei visigoti. Il capo dell'ambasciata si chiamava Godeghisel, o Gog, ed era un abile negoziatore: riuscì a ottenere la fanciulla e la riportò con sé dalla Spagna. Tutti, al passaggio della principessa, sulla via del ritorno, ne notarono non solo la bellezza ma anche il portamento regale, la grazia, la sensatezza dei discorsi. Sigerberto se ne innamorò e l'amò per tutto il resto della vita. Si sposarono a Metz nel 566 con una festa magnifica a cui parteciparono tutti i nobili dell'Austrasia; arrivarono anche i capi delle vecchie tribù di franchi che vivevano al di là del Reno, i duchi degli Alamanni e dei Turingi, in un scenografico insieme di barbarie e civiltà, di vesti raffinate e pellicce da re della foresta, tra piatti d'oro, frutto dei saccheggi, e fiumi di vino e birra bevuti a volte in coppe ornate di pietre preziose a volte in corni di bufalo.

Questa era la caratteristica dei nuovi regni che si andavano formando in Europa: avevano distrutto Roma e già la rimpiangevano per la raffinatezza e l'ordine amministrativo. Non a caso, durante le nozze, si levò a leggere il suo componimento su Venere, Amore, Sigeberto e Brunilde un poeta latino: si chiamava Venantius Honorius Clementianus Fortunatus e, sebbene quasi nessuno lo capisse, era onorato e rispettato proprio perché portava a corte un'aura di romanità e di ricercatezza italiana.[2] In seguito sarebbe diventato vescovo di Poitiers e grande amico di Radegonda, allora badessa di un celebre monastero.

Il più impressionato dalla pompa ma anche dalla felicità del matrimonio di Sigeberto fu proprio suo fratello Chilperico. Fino a quel momento il re della Neustria aveva sposato le sue donne col semplice rito germanico e si era tenuto una sorta di harem di concubine. Tra loro si era già messa in evidenza la schiava, o serva, Fredegonda, la quale era riuscita a fargli ripudiare la prima moglie Audovera, che pure gli aveva dato sei figli. Nel 565 Fredegonda aveva perfino strappato al sovrano la promessa di sposarla. Ma Chilperico, improvvisamente, pretese di più: desiderava anch'egli uno sfarzoso matrimonio con una vera principessa. Così decise di chiedere in sposa la sorella maggiore di Brunilde, Galsvinda. Sia la ragazza sia la madre, Goisvinta, inorridirono alla richiesta. Ma il padre, Atanagildo, volle pensarci su e alla fine diede il suo consenso, a patto che Chilperico liquidasse tutte le sue donne e vivesse secondo la legge di Dio, ovvero seguisse i principi dell'arianesimo.

Poiché Chilperico accettò, Atanagildo, al quale quella doppia alleanza con i suoi turbolenti vicini Merovingi poteva solo far comodo, gli concesse la mano della figlia. Le trattative si protrassero fino al 567 e apparentemente Chilperico tenne fede agli impegni: mandò via

[2] Cfr. Augustin Thierry, *Storie dei Merovingi*, Guanda, Milano-Parma 1994.

tutte le sue donne, compresa Fredegonda, che già si fregiava del titolo di "regina". Fredegonda finse di acconsentire di buon grado. Anzi, usò tanta grazia che Chilperico ne rimase colpito: gli disse che riteneva quel "divorzio" necessario, che il matrimonio tra un re come lui e una povera donna come lei non avrebbe potuto essere preso sul serio e che era suo dovere farsi da parte davanti a una vera principessa. Chiese solo, come ultimo favore, di non essere allontanata dal palazzo e di essere riammessa come un tempo fra le ancelle della regina: lo era stata di Audovera, lo sarebbe stata di Galsvinda. Chilperico accettò senz'altro, come se il suo improvviso disinteresse rendesse Fredegonda meno pericolosa. Evidentemente non la conosceva bene.

Le nozze con Galsvinda furono celebrate magnificamente, a imitazione di quelle di Brunilde. Alla sposa vennero riservati onori anche maggiori. Tutti i franchi di Neustria le giurarono fedeltà: si misero in cerchio, sguainarono la spada e pronunciarono un'antica formula pagana. Perfino il sovrano rinnovò la sua solenne promessa di esserle fedele e di non ripudiarla o prendere altra moglie finché lei fosse stata in vita. Fu forse questo giuramento a condannarla.

I primi mesi di matrimonio furono felici, nonostante la rudezza di lui. Chilperico credeva di volerle bene e soprattutto appariva molto felice delle terre e dei tesori che la sposa aveva portato in dote. Ma Fredegonda aspettava nell'ombra. Dopo un po' Galsvinda sembrò perdere ogni fascino agli occhi del re e lei ne approfittò immediatamente: si faceva trovare, come per caso, negli angoli del palazzo dove lui passava, finché non riuscì a risvegliarne il desiderio. Presto Fredegonda fu ripresa come concubina e questo la inorgoglì al punto che iniziò a trattare quasi con disprezzo la regina.

Galsvinda, offesa, chiese di essere ripudiata: accettò addirittura di rinunciare a tutto ciò che aveva portato in dote purché le fosse concesso di tornare a casa. Chilperico, però, accolse con diffidenza la sua richiesta e, anziché soddisfare il suo desiderio, le disse che l'amava ancora. Poi, una notte, quasi di sicuro su istigazione di Fredegonda, le mandò un servo in camera e la fece strangolare. Per qualche giorno finse il lutto e poi concesse a Fredegonda sia il matrimonio sia il diritto a essere chiamata regina. Correva l'anno 568.

Un tale delitto indignò perfino il popolo, per quanto abituato alle brutalità: si diffuse subito la leggenda per cui, il giorno delle esequie, una lampada di cristallo sospesa sulla tomba di Galsvinda si era staccata dal soffitto, atterrando intatta sul pavimento di marmo che, giurarono i presenti, era diventato soffice per accoglierla.

Brunilde promise allora vendetta e convinse suo marito Sigeberto a dichiarare guerra al fratello, pretendendo la restituzione della dote. Il re d'Austrasia chiese per questo all'altro fratello, Gontrano, di schierarsi dalla sua parte, ma il sovrano di Burgundia finì col preferire una mediazione. Benché l'ira dell'irruente Brunilde crescesse, alla fine Sigeberto accettò la proposta di Gontrano di seguire l'antico costume franco e di convocare un grande consiglio, un'assemblea di giustizia formata dagli *ariman*, gli uomini d'onore. Gontrano avrebbe fatto da arbitro. Sigeberto si presentò per primo e, in nome di sua moglie Brunilde, accusò Chilperico di aver partecipato all'assassinio di Galsvinda. Gontrano decise che Chilperico dovesse rendere a Brunilde le terre portate in dote da Galsvinda poiché frattanto Atanagildo era morto.

Chilperico non accettò e tra i due fratelli si scatenò la guerra. Vinse Sigeberto, che impose al fratello la restituzione di una serie di città appartenute a Galsvinda, come Tours, Poitiers, Limoges e Cahors.

Nel frattempo, tra il 567 e il 570, Sigeberto aveva avuto da Brunilde tre figli, Ingunda, Clodosinda e Childeberto II. La nascita di un erede maschio aveva reso la regina più intransigente nel rifiutare ogni accordo con il regno di Neustria. Quando il vescovo di Parigi, il futuro san Germano, tentò di mediare e scrisse a Brunilde perché si trasformasse in ambasciatrice di pace, non ebbe alcun successo.

Nel 575 le milizie guidate da un figlio di Chilperico, Teodoberto, riguadarono la Loira per riprendere le città appartenute a Galsvinda. Lo stesso Chilperico, intanto, penetrava nel territorio di Reims, in Austrasia. Padre e figlio devastarono senza pietà le terre attraversate. Questo risvegliò l'odio di Sigeberto che, per un certo periodo, aveva ignorato le proteste di Brunilde. La moglie lo convinse allora che esisteva un'unica soluzione: uccidere Chilperico, con qualsiasi mezzo. Ma il delitto non era nelle corde del re d'Austrasia che, per il momento, si acquartierò a Parigi e, come prima mossa, mandò delle truppe contro il nipote Teodoberto, in Aquitania. In parte abbandonato da suoi, in parte sopraffatto dai contadini galli che Sigeberto gli aveva scatenato contro, Teodoberto uscì sconfitto e morì in battaglia. Chilperico, temendo il peggio, abbandonò allora le rive della Senna e si rifugiò con Fredegonda, i figli e i guerrieri più fedeli a Tournai, prima capitale del regno franco, oggi in Belgio.

Con la Neustria invasa da Sigeberto, Chilperico sembrava ormai sul punto di perdere la guerra e forse anche il regno. Brunilde, da parte sua, per evitare che il marito si accontentasse di una semplice vittoria e non portasse a termine la sua vendetta, lasciò Metz e lo raggiunse a Parigi con i figli e carri carichi di immense ricchezze. Il suo ingresso in città fu trionfale, accolto da una folla di popolani, nobili ed ecclesiastici. Solo san Germano, lo sfortunato mediatore, non si presentò a renderle omaggio.

Nel frattempo Chilperico e Fredegonda aspettavano che si compisse il loro destino: lui come piegato dal dolore, lei in preda ad attacchi di furia selvaggia. All'epoca Fredegonda era incinta; poco dopo diede alla luce un figlio e il suo primo impulso, nelle ristrettezze e nell'angoscia dell'assedio, fu di abbandonarlo e di lasciarlo morire. Poi l'istinto materno prevalse e il bambino fu battezzato dal vescovo di Tournai con un nome del tutto estraneo alla tradizione franca, Sansone, che tuttavia esprimeva la speranza in un'improvvisa liberazione. Sarebbe morto due anni dopo.

Se Chilperico sembrava rassegnato, Fredegonda, molto più intelligente di lui, non smetteva di ragionare su come tirarsi fuori da quella situazione. Pensò di evadere, fece mille progetti. Poi, guardandosi intorno, individuò due giovani di origine franca, nati nel paese di Thérouanne, che apparivano più devoti degli altri. Fredegonda li convocò, descrisse la sua triste sorte, li fece ubriacare, li sedusse, quindi propose loro di andare a Vitry, una località sulla Senna dove Sigeberto si era accampato, e di assassinarlo. I due accettarono e Fredegonda diede a ciascuno di loro, personalmente, uno *skramasax*, un lungo coltello al quale, per sicurezza, aveva avvelenato la punta.

I giovani lasciarono Tournai e si fecero passare per disertori. In questa veste, arrivati a Vitry, riuscirono a farsi ammettere alla presenza di Sigeberto, che in quei giorni tentava di mostrarsi il più affabile possibile con i suoi nuovi sudditi della Neustria. Fu un colpo da ragazzi: mentre Sigeberto ascoltava le loro parole, i due estrassero gli *skramasax* e lo colpirono ai fianchi. Al suo grido accorse della gente e alla fine i due sicari furono uccisi. Ma Sigeberto era morto e la sua armata si disperse come foglie al vento, lasciando liberi Chilperico e Fredegonda. Mosso forse da un tardivo senso dell'onore e del rispetto, per prima cosa Chilperico raggiunse Vitry e ordinò per il fratello funerali da re.

Fredegonda aveva vinto. Ma non aveva evidentemente fatto i conti con Brunilde.

Era ancora il 575. Brunilde, rimasta a Parigi, si era già vista regina anche della Neustria. Ora, lontana da Metz e con tre bambini piccoli, si sentiva invece prigioniera. Temeva che, se avesse tentato di rientrare in Austrasia, qualcuno avrebbe potuto tradirla e consegnarla a Chilperico e, soprattutto, a Fredegonda.

Decise di rimandare solo il figlioletto Childeberto a Metz, in incognito, con il duca Gondobaldo: fu una mossa azzeccata, perché la popolazione abbandonò ogni proposito di defezione. A soli 5 anni il bambino fu proclamato re dell'Austrasia da una grande assemblea di nobili e cavalieri; un consiglio, scelto dai signori di maggior spicco e dai vescovi, assunse la reggenza.

Chilperico, infuriato dalla contromossa della cognata, si precipitò a Parigi, dove trovò l'astuta Brunilde, allora ventottenne, armata solo della sua bellezza e delle sue lacrime. Brunilde sapeva mentire[3] come Fredegonda, e fu solo l'attrazione per il tesoro che distrasse Chilperico dalle sue grazie. Di lei, però, si innamorò a sorpresa il figlio di Chilperico, Meroveo, nato dalla prima moglie Audovera, che nel frattempo era stata chiusa in convento a Le Mans.

[3] Il giudizio più negativo su Brunilde ci viene da un cronista del VII secolo, lo Pseudo-Fredegario, sotto il cui nome si nascondono in realtà molte mani anonime. Cfr. *Fredegarii et aliorum chronica. Vitae sanctorum*, a cura di Bruno Krusch, in *Monumenta Germaniae Historica, Scriptores Rerum Merovingicarum*, II, Hannover 1899.

Fredegonda nutriva per i figli di primo letto del marito un odio istintivo: qualsiasi gesto di affetto che il padre compisse nei loro riguardi provocava in lei gelosia e sospetto. La morte di Teodoberto era stata per lei un sollievo. In quel momento era Meroveo, nuovo erede al trono, a suscitare il suo astio. Si accorse presto che, benché rientrato a corte, il ragazzo sognava di tornare a Rouen da Brunilde. In effetti fu il padre a concedergli di partire, non certo per raggiungere la regina, ma per riconquistare Tours. Meroveo cambiò strada, raggiunse Brunilde e le chiese di sposarlo; la donna, che avesse già dimenticato il marito o che pensasse al futuro suo e dei figli, acconsentì. Ma per la Chiesa sarebbe stato un matrimonio tra parenti: fu il vescovo di Rouen, Praetextatus, padrino di Meroveo, ad accettare di benedire segretamente la loro unione. Firmò così, agli occhi di Fredegonda, la sua condanna a morte.[4]

Chilperico, alla notizia del matrimonio, andò su tutte le furie e piombò su Rouen: i due sposi si rifugiarono allora nella piccola chiesa di San Martino, che il re di Neustria non osò violare. Riuscì però a farli uscire con la falsa promessa di non dividerli, quindi trascinò il figlio verso Soissons. Prima di arrivarvi, padre e figlio seppero che la città era stata posta sotto assedio da truppe austrasiane e che Fredegonda era riuscita a fuggire insieme con il figlio Sansone e il figliastro Clodoveo.

Chilperico ruppe l'assedio, ma Fredegonda alimentò in lui un sospetto: che fossero stati Brunilde e Meroveo a provocare quell'attacco. Inoltre, la regina insinuò che

[4] Uno dei più bei dipinti del pittore vittoriano Lawrence Alma-Tadema (1836-1912) si intitola *Fredegonda al letto di morte di Praetextatus*. L'artista inglese, che dedicò una serie di lavori ai merovingi, eseguì anche, nel 1878, un ritratto ideale di *Fredegonda* nel quale la donna appare mentre spia da dietro una tenda il matrimonio tra Chilperico e Galsvinda.

Meroveo volesse spodestarlo e regnare su tutta la Gallia insieme con Brunilde. Preso dal panico, Chilperico fece disarmare e arrestare il figlio; poi, anziché tenere prigioniera Brunilde, che temeva, la fece mandare in esilio. Infine, inflisse al ragazzo la pena peggiore per un franco di stirpe regale: ordinò che gli fossero tagliati i capelli, il che significava la sospensione dei diritti ereditari. Di più: glieli fece tagliare "alla romana", fino alla nuca, cosa che implicava la condanna a prendere i voti e chiudersi in convento.

Meroveo non si rassegnò: fuggì e si presentò al vescovo di Tours, Gregorio, che sarebbe poi stato il principale cronista di queste vicende, raccontate in uno sgangherato ma efficace latino nell'*Historia Francorum*. Il vescovo dovette denunciarlo al padre, ma, nella speranza di mitigarne la reazione, inviò a Soissons un suo parente, Nicetius, e un diacono di Tours per trovare una giusta soluzione. Pronta come sempre, Fredegonda fece irruzione nella sala delle udienze e denunciò i due messi quali spie. Ebbe la meglio e i malcapitati furono privati di tutto e riaccompagnati ai confini del regno. Impiegarono sette mesi per tornare a casa. Istigato dalla moglie, Chilperico intimò al vescovo di Tours di rispedirgli il figlio, altrimenti avrebbe messo a ferro e fuoco la città e violato il suo rifugio, la chiesa di San Martino.

Non che nel frattempo Meroveo si comportasse da monaco; anzi, viveva tra un festino e l'altro, e principale bersaglio dei lazzi suoi e dei compagni erano proprio il padre, denunciato per i delitti e deriso per la sottomissione alla moglie, e Fredegonda, messa alla berlina come "infame prostituta".

Stanca delle tergiversazioni del marito, Fredegonda decise allora di far uccidere Meroveo. Il conte di Tours, Leudaste, un uomo di umili origini desideroso di assicurarsi il favore della regina e intenzionato a vendicarsi del sacco della sua casa, avvenuto nel 576 per mano di Meroveo, accettò di incaricarsene. Tuttavia non gli riuscì di attirarlo fuori dal territorio in cui valeva il diritto d'asilo, e quindi la sua intangibilità. Fece perfino sterminare i suoi servi in città e Meroveo sarebbe di certo accorso se non l'avesse trattenuto uno degli uomini dello zio Sigeberto, Gonthramn, detto Bose, Cattivo, un abile intrigante che vantava il merito di aver ucciso l'altro figlio di Chilperico, Teodoberto. A Fredegonda, al contrario del marito, quest'uomo ambiguo piaceva; soprattutto le interessava la possibilità di usarlo contro Meroveo, che se ne fidava ciecamente.

La regina, ormai persuasa che Leudaste non avrebbe combinato niente, promise a Gonthramn un magnifico premio se fosse riuscito a far uscire Meroveo dal suo rifugio sacro. Il Bose accettò e condusse Meroveo a una partita di caccia. Ma non successe nulla: forse i sicari non erano giunti in tempo a Tours. A quel punto Gonthramn riprese il doppio gioco: giurò a Chilperico che l'avrebbe avvertito se Meroveo avesse tentato di scappare e al tempo stesso preparò la fuga del giovane nelle terre di Brunilde. L'evasione riuscì e Meroveo, tra mille vicissitudini, raggiunse la sua Brunilde, salvo scoprire che la regina, di fatto ostaggio del consiglio di reggenza d'Austrasia, non poteva aiutarlo. Nonostante le sue preghiere e lacrime, Brunilde non poté convincere i nobili a offrirgli asilo. L'Austrasia si trovava in quel momento in un caos totale e l'unica cosa che univa le fazioni rivali era l'odio verso la sovrana. Capi di questa tormentata aristocrazia erano il vescovo di Reims, Egidio, e il duca Raukhing, celebre per la sua perversa ferocia.

Meroveo cominciò a vagare di villaggio in villaggio, sperando di tornare a rifugiarsi a San Martino di Tours.

Chilperico mandò delle truppe contro la città, ma non riuscì a scovare il figlio e dovette ordinare il ritiro. Per l'ennesima volta, Fredegonda decise allora di agire per proprio conto e sfruttare l'ambizione e l'irruenza di Meroveo. Riferì il suo piano al vescovo Egidio, con cui era in ottimi rapporti e che si mostrava sempre pronto a partecipare ai suoi intrighi. Fu lui a comunicare a Gonthramn le nuove promesse della regina. Al suo assenso, Fredegonda fece partire da Thérouanne alcuni uomini che, giunti in Austrasia di nascosto, chiesero un colloquio con Meroveo. Gli consegnarono un finto messaggio in cui il suo popolo gli chiedeva di tornare, visto che gli erano ricresciuti i capelli, e spodestare suo padre. Incredibilmente, Meroveo cadde nella trappola. Rientrò in Neustria e fu fatto prigioniero in una zona che si stende a nord di Arras, verso l'oceano, e che oggi si chiama Pas-de-Calais. Subito venne avvisato Chilperico. Vistosi perduto, Meroveo si fece uccidere dal suo fido compagno d'armi Gailen.

Inevitabilmente ci fu chi pensò che il suicidio fosse l'ennesima messa in scena di Fredegonda e che il ragazzo fosse stato tradito. Ma è poco probabile. Gailen morì poco dopo in modo atroce: gli furono mozzati i piedi, le mani, il naso e le orecchie. I suoi compagni non fecero una fine migliore. Era il 577 e a Chilperico restava un solo figlio maschio adulto, Clodoveo. Sarebbe venuto anche il suo turno.

Fredegonda, che continuava a dare figli al re e sarebbe arrivata a partorirne sei, non era però ancora soddisfatta. Il suo bersaglio divenne Praetextatus, il vescovo che aveva sposato Brunilde e Meroveo. Chilperico l'aveva perdonato, ma la regina convinse il sovrano a trascinarlo davanti a un concilio episcopale. Accuse: lesa maestà e trasgressione alle leggi della Chiesa per aver sposato zia e nipote. Il vescovo fu arrestato e Chilperico gli sottrasse i tesori che Brunilde gli aveva lasciato.

Gregorio di Tours si batté come un leone in sua difesa, ma nel concilio Fredegonda aveva molti alleati, compreso il vescovo Berthramn di Bordeaux, che si sussurrava fosse suo amante e che fu scelto come presidente del tribunale. Fredegonda, per sicurezza, volle partecipare alle udienze e tentò anche di corrompere Gregorio. Il vescovo di Tours rifiutò sdegnato. Praetextatus si difese con abilità, tanto da lasciare spesso Chilperico senza risposte. Ogni sua "debolezza" provocò l'ira furibonda di Fredegonda. Si arrivò alla deposizione di Praetextatus dalla carica di vescovo, ma quando la regina si accorse che il processo andava per le lunghe fece irrompere un gruppo di armati nel concilio, prelevare il prelato e condurlo in una cella a Parigi. Praetextatus tentò di evadere, ma fu picchiato dai suoi carcerieri. Poi fu lasciato partire per l'esilio, ai confini del regno, nell'isola di Jersey, allora infestata dai pirati sassoni. Sei anni dopo, nel 584, l'assassinio di Chilperico lo avrebbe restituito alla sua terra. In seguito, la sua morte, attribuita a Fredegonda, avrebbe scatenato una sorta di ribellione antimonarchica.

Nel frattempo, Fredegonda aveva deciso di vendicarsi anche di Gregorio di Tours. E nel farlo riuscì a ribaltare una situazione che sembrava tutta a suo sfavore: fu un vero capolavoro di perfidia. Audovera, prima moglie di Chilperico, aveva conservato numerosi alleati: molti non accettavano che sul trono sedesse una regina plebea come Fredegonda. La prima moglie di Chilperico riponeva le sue speranze soprattutto nel figlio Clodoveo. Dalla sua parte si erano già schierati il conte di Tours, Leudaste, che aveva servito Fredegonda, un prete, sempre di Tours, di nome Rikulf e il solito intrigante Gonthramn-Bose. I tre presero a diffondere voci sulle infedeltà di Fredegonda in modo che arrivassero alle orecchie di Chilperico. Poiché detestavano il vescovo di Tours almeno quanto Fredegonda, attribuirono a lui le voci ingiuriose. L'obiettivo era liberarsi di entrambi e mettere sul trono Clodoveo. Nell'aprile del 580 Leudaste decise di recarsi di persona a Soissons per accusare Gregorio di tradimento e soprattutto di calunnia, sostenendo che andava in giro a dire che Fredegonda tradiva il re col vescovo di Bordeaux e chiamando a testimone il torvo Rikulf. L'ira di Chilperico fu come al solito terribile. Poi, almeno a proposito dei dubbi su Fredegonda, cominciò a sgonfiarsi. La regina da parte sua si comportò con tanta prudenza, dignità e serenità da allontanare da sé i sospetti. Sperava che il vescovo Gregorio venisse messo sotto processo, ma sapeva di non dover mostrare fretta. Non era facile neanche per Chilperico arrestare l'alto prelato, la cui fama era ottima in tutto il regno. Il re decise alla fine di tenere il concilio in un posto poco pericoloso, Braine. I vescovi furono convocati per l'agosto 580. Il processo si aprì con le accuse del vescovo di Bordeaux, parte lesa, a Gregorio, che si difese con grande dignità. E proseguì con un'affermazione perentoria di Chilperico: "L'accusa fatta a mia moglie è un'offesa rivolta a me".[5] Il re voleva che si producessero testimoni contro il vescovo, ma non se ne trovò nessuno.

La partita terminò con la vittoria di Gregorio, la condanna a morte di Rikulf, che Chilperico, su supplica dello stesso Gregorio, commutò in sola tortura, e più solidi propositi di vendetta da parte di Fredegonda. Lo stesso Gregorio avrebbe raccontato come la regina si fosse sfo-

[5] Cfr. Augustin Thierry, *op. cit.*

gata, tramite i suoi carcerieri, su Rikulf.[6] Il prete, stremato, confessò allora il complotto e il tentativo di allontanare Fredegonda dal regno per far salire sul trono Clodoveo. La regina, che in quello stesso anno avrebbe perso due figli, preferì, come sua abitudine, agire per conto proprio. Aspettò il momento giusto: nel 582 accondiscese a che Leudaste, bandito dalle sue terre per le false accuse rivolte a lei e a Gregorio, fosse perdonato e tornasse a Tours. Quando però il vescovo le chiese conferma della decisione, gli scrisse di non accordargli la sua pace e di aspettare "finché non avremo pensato bene a quel che conviene di fare".[7] Gregorio comprese che la regina covava qualcosa ed ebbe pietà di Leudaste, ma l'uomo non si fidò dei suoi ammonimenti a mettersi in fuga e, verso la metà del 583, decise di recarsi direttamente da Chilperico, che allora assediava Melun. Il re gli concesse dopo molte insistenze il suo perdono e Leudaste lo seguì a Parigi per gettarsi ai piedi di Fredegonda, durante una cerimonia nella cattedrale. Ma la sovrana ne fu indignata e lo fece cacciare dalla chiesa. L'ex conte di Tours non capì che sarebbe stato meglio per lui lasciare immediatamente la città: poco dopo, su ordine della regina, era già braccato da uomini armati. Si difese, tentò la fuga e, alla fine, gravemente ferito, fu condotto in carcere. Ormai anche Chilperico aveva deciso di sacrificarlo al buon umore della moglie. Leudaste venne perfidamente curato, ma la cancrena avanzò in fretta. A quel punto Fredegonda, anziché lasciarlo morire in pace, ordinò un brutale supplizio: lo fece distendere per terra con la nuca appoggiata a una sbarra di ferro e, con un'altra sbarra di ferro, lo fece colpire fino alla morte.

[6] Cfr. Gregorio di Tours, *op. cit.*
[7] Cfr. Augustin Thierry, *op. cit.*

Va detto che Fredegonda non passava tutto il tempo a ordire complotti. Si occupò perfino della riforma fiscale. Verso il 580, in particolare, suggerì al marito un censimento generale che permettesse il riordino del fisco che si basava ancora su una ripartizione di trent'anni prima. Non fu una riforma indolore: la città di Limoges, per esempio, si ribellò e bruciò i registri catastali mettendo in fuga l'ufficiale del re. Chilperico si vendicò ferocemente. Sempre nel 580 l'intera Gallia fu devastata da alluvioni, terremoti, tempeste e infine da un'epidemia di vaiolo. Ne fu colpito anche il re Chilperico, che però si riprese; poi cadde malato suo figlio Dagoberto, ancora piccolissimo, seguito subito dopo da un altro figlio di Fredegonda, Clodeberto, che allora aveva 15 anni. La regina fu presa, più che dall'orrore, dalla sensazione che l'ira di Dio, accresciuta dal sangue di Limoges, si stesse abbattendo su di lei. Come curiosamente le donne franche usavano fare nei momenti di dolore, una sera di settembre, mentre vegliava i due figli, si rivolse in versi a Chilperico e si lamentò dell'inutilità di accumulare tante ricchezze se la morte portava via la prole: "Quel che avevamo di più bello, ecco, noi lo perdiamo", disse.[8] Quindi bruciò tutti i nuovi registri di censimento: Chilperico, prima dubbioso, accettò di fermare la riforma fiscale. Ma questo, ovviamente, non salvò i due ragazzi. Chilperico e Fredegonda si trasferirono allora in una residenza reale a poca distanza da Compiègne, incapaci di restare dov'erano vissuti i due giovani. Era soprattutto la regina a crucciarsi: temeva per il proprio futuro, visto che l'erede al trono sembrava ormai senz'altro Clodoveo, figlio di Chilperico e Audovera.

Fu allora che decise di ucciderlo: poiché il giovane

[8] Cfr. Augustin Thierry, *op. cit.*

era sfuggito all'epidemia, chiese a Chilperico di inviarlo a Braine, dove ancora imperversava il vaiolo, con la scusa di avere notizie del palazzo reale, rimasto abbandonato. Ma Clodoveo tornò sano e salvo. In più, la sua spavalderia, la supponenza con cui vantava il suo futuro dominio su tutta la Gallia, lo resero ancora più inviso a Fredegonda: ci fu chi pescò nel torbido e alimentò i suoi sospetti. Le dissero che Clodoveo aveva una relazione con la figlia di una delle sue serve e che proprio la sua ancella si era prestata a fare malefici per ucciderle i figli. Fredegonda ci credette o finse di crederlo: fece arrestare le due donne e frustare la più giovane. Quindi le fece tagliare i capelli, pena che toccava alle adultere o alle fanciulle dissolute, poi ordinò che venisse esposta nella corte del palazzo, in una sorta di gogna, proprio di fronte all'alloggio di Clodoveo. Intanto la madre della ragazza fu torturata fino a estorcerle una falsa confessione. Forte di questa prova, Fredegonda chiese "giustizia" al re contro Clodoveo.

Chilperico, forse convinto che la sua stessa vita fosse in pericolo, non volle indagare oltre e abbandonò il figlio nelle mani della matrigna. Lo fece perfino arrestare in un'imboscata. Fredegonda si prese il suo tempo: tenne il giovane prigioniero nel palazzo di Chelles, una cittadina a una ventina di chilometri a est di Parigi, per interrogarlo lei stessa. Si confrontarono per tre giorni; Clodoveo si mostrò saldissimo nel protestare la sua innocenza, ma non resistette alla tentazione di nominare i suoi tanti amici a corte. Fredegonda trovò l'informazione preziosissima. Al mattino del quarto giorno Clodoveo, ancora incatenato, fu condotto da Chelles a Noisy, sull'altra riva della Marna. Poche ore dopo venne accoltellato a morte dai sicari della regina; il coltello fu lasciato nella ferita e il giovane venne sepolto lungo il muro di una cappella del palazzo reale di Noisy. Poi Chilperico fu avvertito che Clodoveo si era suicidato: il re, credulo come al solito, non svolse alcuna inchiesta. Anzi, sostenne che un figlio del genere non meritava sepoltura; Fredegonda lo fece allora disseppellire e gettare nella Marna. Sarebbe stato un pescatore a ritrovarne il cadavere, a riconoscerlo e dargli sepoltura.

La regina, ancora una volta, avrebbe potuto ritenersi appagata. Ma Audovera era viva. E così sua figlia Childesvinta. Risiedevano entrambe, da quindici anni, nel monastero di Le Mans. Fredegonda inviò i suoi sicari a uccidere la madre e violentare la figlia; non soddisfatta, si impossessò delle tenute che Audovera aveva ricevuto da Chilperico come compensazione per il ripudio. La ragazza, lasciata in vita per maggior sfregio, andò a chiudersi nel monastero di Poitiers, affidandosi alle cure della futura santa Radegonda, una delle mogli di suo nonno Clotario I.

Intanto era stata arsa sul rogo anche la serva che aveva confessato di aver fatto ammalare i due figli di Fredegonda: sul patibolo ritrattò, urlò che lei e Clodoveo erano innocenti, ma Chilperico non le prestò ascolto. Gli amici di Clodoveo, invece, si erano dati alla fuga. Ne catturarono solo uno, il tesoriere. Incredibilmente, la lettera che Gregorio di Tours scrisse a Fredegonda perché lo risparmiasse fece sì che la regina lo lasciasse libero e che la sua furia si placasse. Questo non segnò una conversione: nel 582 Fredegonda ebbe un altro maschio, Thierry o Teodorico, che morì nel 584. La regina accusò allora il prefetto del palazzo di Chilperico di malefici; riuscì a estorcere una confessione ad alcune ancelle e in base a queste assurde dichiarazioni il conte fu messo sotto tortura. Ma non ammise nulla e la regina dovette accontentarsi di privarlo di tutti i beni e dei titoli, e di spedirlo in esilio a Bordeaux.

Chi era rimasto colpito da queste storie di sortilegi era Chilperico: quando, nello stesso 584, nacque il suo ultimo figlio, Clotario, il re volle che fosse allevato di nascosto, a Vitry. Quattro mesi dopo il sovrano fu misteriosamente accoltellato a morte di ritorno da una battuta di caccia a Chelles.

Lasciava Fredegonda e un erede neonato. La regina, incapace di tener testa alla ribellione dei suoi numerosi nemici, si mise allora sotto la protezione del re Gontrano, fratello di Sigeberto e Chilperico e, da quel momento, re di Parigi. Gontrano non si fidava affatto di lei e il sospetto crebbe quando gli fecero ritrovare il cadavere del giovane Clodoveo, il figlio di Chilperico. Non solo, la voce pubblica indicava in Fredegonda la responsabile della morte del re: si raccontava che Chilperico l'avesse sorpresa mentre profumava i capelli di un giovanotto di nome Landry. Poco probabile: la morte del marito le fece correre pericoli mortali. Fredegonda era troppo intelligente per non saperlo. In compenso non si preoccupò di rendergli i servigi funebri; a comporre il cadavere fu il vescovo di Senlis, una cittadina della Piccardia. La sovrana si era invece affrettata a trasferire da Chelles a Parigi tutti i tesori. Per sua fortuna il piccolo Clotario venne proclamato re e questo salvò Parigi e il regno dall'invasione di Childeberto II, figlio di Sigeberto e re d'Austrasia.

Era però necessario che Fredegonda si facesse vedere poco in giro: si ritirò allora nella tenuta di Rotoialum, alla confluenza dell'Eure e della Senna, non lontano da Rouen. Proprio a Rouen era tornato Praetextatus, il vescovo da lei fatto cacciare. Prima però di preoccuparsi di lui, Fredegonda tornò a un vecchio odio: quello contro Brunilde, allora tutrice di Childeberto II. Le inviò un sicario che, prima di ucciderla, aveva l'incarico di entrare al suo servizio e conquistarne la fiducia.

Ma l'uomo fu scoperto, confessò e, incredibilmente, Brunilde si limitò a rispedirlo indietro: Fredegonda, furente, gli fece tagliare piedi e mani. Alcuni mesi dopo fece forgiare due lunghi coltelli intarsiati; la preziosa decorazione serviva semplicemente per contenere il veleno. La vittima designata, questa volta, era Childeberto, futuro re d'Austrasia. I due chierici a cui la regina affidò la missione vennero scoperti e messi a morte tra i tormenti. Si era ormai alla fine del 585. Fredegonda, forse annoiata dal ritiro, decise di recarsi a Rouen e lì, quasi inevitabilmente, finì con litigare con il vescovo Praetextatus. Bastò questo a spingerla, con alcuni complici, a progettarne l'assassinio: la data fissata era il 24 febbraio 586. Il vescovo non morì subito e Fredegonda si riservò il perverso piacere di recarsi a casa sua per vederlo agonizzare. Praetextatus trovò ancora la forza di accusarla e di predirle che sarebbe stata in tutti i secoli oggetto di esecrazione, ma anche che la giustizia divina l'avrebbe vendicato.

Di fronte a questo ennesimo delitto, la cittadinanza di Rouen decise di reagire e le inviò una citazione in giudizio. Fredegonda non perse tempo e avvelenò il capo della missione. L'omicidio diffuse un tale terrore tra i suoi improvvisati persecutori che nessuno tentò più di processarla, tranne il nuovo vescovo della città, Leudovaldo, già a capo della diocesi di Bayeux.

Fredegonda cercò di uccidere anche lui. Non le riuscì; in compenso ottenne di dilatare i tempi dell'inchiesta. Nel frattempo però la notizia era arrivata a re Gontrano, un uomo in genere bonario tanto che gli veniva addebitata una sola crudeltà: aver fatto decapitare, su richiesta della moglie morente Austrigilde, i due medici che non erano riusciti a curarla. Gontrano decise di fermare la sanguinaria cognata e chiese autorizzazione al consiglio di reggenza della Neustria di poter condurre un'inchiesta solenne sulla morte di Praetextatus. L'obiettivo era trascinare il presunto colpevole alla sua presenza. Il permesso gli fu negato e Fredegonda riuscì persino a far porre sul seggio episcopale di Rouen il suo miglior complice, Melantius. Poi fece arrestare il sicario che aveva eseguito il suo ordine di eliminare Praetextatus e lo consegnò ai parenti del vescovo assassinato. L'uomo, un servo della gleba, confessò allora di essere stato pagato dalla regina, da Melantius e dall'arcidiacono della città, ma poiché gli stessi congiunti di Praetextatus sapevano che non avrebbero potuto ottenere giustizia, venne ucciso all'istante e fu l'unico a pagare.

Fredegonda è diventata, nei secoli, per i francesi, il simbolo stesso della cattiveria femminile e quindi è difficile distinguere la verità dalla leggenda; le si attribuisce perfino il tentativo di uccidere la figlia Rigonda che costringeva a vivere in grande povertà. Un giorno le concesse di aprire uno dei suoi bauli di ricchezze al solo scopo di farla inginocchiare, lasciarle infilare la testa nel baule e cercare, invano, di soffocarla schiacciandole il coperchio sul collo.[9]

Intanto, per tutti questi anni, Brunilde aveva governato in nome di suo figlio Childeberto: il 28 novembre 587 lei, il giovane re dell'Austrasia e lo zio Gontrano avevano sottoscritto il Patto di Andelot o Andeleaüm, che garantiva a Childeberto la protezione del fratello di suo padre. Nel 591 però Gontrano, che aveva sempre aspirato a mediare tra i suoi inquieti parenti, aveva ac-

[9] Lo riferisce il trimestrale *La France pittoresque*, rivista di aspetti dimenticati o poco conosciuti della storia francese, il cui sito è stato selezionato dal portale culture. fr, pubblicato dal ministero francese della Cultura e della Comunicazione per la sezione *Histoire et archives*: http://www.france-pittoresque.com.

cettato di battezzare il figlio di Fredegonda, Clotario, suscitando l'ira e il sospetto di Childeberto che, come reazione, pensò di impossessarsi del regno di Neustria. Nel 593 lo scontro divenne inevitabile. Fredegonda fece allora sfilare il figlio, di una decina d'anni, davanti alle truppe, presso Braine, incitandole alla battaglia. L'esercito, guidato dal suo presunto amante Landry, si infiammò alle sue parole e attaccò quello di Childeberto a Tournai, ottenendo una clamorosa vittoria.

Una seconda offensiva degli austrasiani, guidati dal duca Wintrion, si risolse in una carneficina: sul terreno di Droissy restarono trentamila morti. La vittoria arrise ancora a Fredegonda. Fu lei a ricondurre il figlio in trionfo a Soissons.

Nel 595 morì Childeberto e Brunilde assunse la reggenza. La successione riaccese lo scontro. Nel 597 Clotario II sconfisse i nemici presso Sens. Ancora una volta era accompagnato dalla madre, che però morì sulla via del ritorno, vittima di una malattia sconosciuta e in preda a dolori lancinanti. Aveva 54 anni, mentre il ragazzo non ne aveva ancora compiuti 14. Nel 613 Clotario diventò re di tutti i franchi. Fedele allo spirito di sua madre, compì un gesto ignobile che l'avrebbe consegnato alla condanna della storia: catturò l'ottantenne zia Brunilde, ancora sul trono dell'Austrasia come reggente per i suoi nipoti, e, dopo tre giorni di torture, la fece attaccare a un cavallo imbizzarrito, legata per un piede, un braccio e i capelli, fino a che i calci e la corsa dell'animale non la ridussero a brandelli. Fredegonda, sia pure per mano del figlio, trionfava così sulla più temibile delle sue avversarie.[10]

[10] La storia di Fredegonda ha ispirato nei secoli molti artisti; il 4 marzo 1715, per esempio, fu presentata ad Amburgo l'opera *Fredegunda*. Il librettista era Johann Ulrich von König e il compositore Reinhard Keiser.

Irene di Bisanzio
La madre accecatrice

"È un vero peccato che i nostri sforzi di ingannarci l'un l'altro abbiano così spesso successo..."

Frase attribuita a Irene di Bisanzio
dalla tradizione popolare

Raccontata così, la vicenda non può che scandalizzare: per mantenere il potere, Irene, imperatrice di Bisanzio, fece accecare suo figlio. Poi, come al solito, la realtà è stata molto più complessa. Forse la vera, drammatica conseguenza del desiderio di Irene di governare fu che, per evitare di riconoscere l'autorità suprema a una donna, nella notte di Natale dell'800, il papa incoronò sovrano del Sacro romano impero e quindi della cristianità Carlo Magno. E divise per i secoli a venire Bisanzio e l'Asia minore dalla storia d'Europa. La battaglia dell'attuale Turchia per rientrare nell'Unione europea, in fondo, ne è un effetto lontano.

Nell'VIII secolo la corte bizantina aveva preso l'abitudine di cercare una sposa per il figlio maggiore dell'imperatore, e quindi suo successore, attraverso una selezione che assomigliava molto agli attuali concorsi di bellezza. Se la nobiltà di nascita e le alleanze internazionali che il matrimonio avrebbe creato conservavano la loro importanza, al primo posto venivano grazia, avvenenza, belle maniere e buona salute delle candidate.

Per il giovane Leone IV, figlio di Costantino V, venne scelta Irene, una ragazza ateniese della nobile famiglia dei Sarantapechys, i cui antenati erano forse slavi e che esercitavano una buona influenza sulla Grecia centrale. La futura sposa non apparteneva dunque a una stirpe regale, ma la sua famiglia offriva un'utile alleanza per i fragili confini settentrionali dell'impero; anche se ad attrarre l'attenzione dei dignitari di corte fu prima di tutto la sua bellezza.

Irene era orfana, ma suo zio Costantino Sarantapechos era un personaggio di un certo rilievo e sarebbe divenuto, per merito della nipote, lo stratega, ovvero il capo militare della provincia dell'Ellade. Suo figlio Teofilatto, cugino di Irene e da lei nominato molti anni dopo *spatharius*, alto titolo nella gerarchia nobiliare-amministrativa dell'impero, avrebbe domato una rivolta anti-imperiale nel 799. Altri membri della famiglia di Irene sarebbero diventati importanti col tempo, sempre per merito di Irene: una cugina avrebbe sposato il khan bulgaro Telerig, e la nipote Teofano il futuro imperatore bizantino Stauracio nell'808.

Irene nacque quasi di sicuro nel 752 d.C.;[1] in ogni caso non prima del 750 e non dopo il 755. Non si hanno notizie sulla sua giovinezza, ma dovette ben presto rivelare un'intelligenza pronta, vivace, non priva di ironia. Il 1° novembre 769 Irene arrivò a Costantinopoli e il 3 si fidanzò con l'erede al trono Leone, allora diciannovenne, nella cappella di Nostra signora di Pharos, nel Palazzo imperiale. Il 17 dicembre fu incoronata e subito dopo andò a nozze nella cappella di Santo Stefano, che si trovava nel Palazzo della Dafne, la magnifica residenza dell'imperatore. La descrizione di questo edificio, che prendeva il nome da una statua di Dafne,

[1] Cfr. *The Oxford Dictionary of Byzantium*, Oxford University Press, Oxford 1991.

portata da Roma, rende molto bene il lusso in cui Irene si trovò a vivere. Chiamato anche il Sacro palazzo, era la dimora privata dell'imperatore e della sua famiglia: comprendeva cinquecento sale intercomunicanti, impreziosite – così come i pavimenti – da mosaici aurei, e una trentina di cappelle lastricate di marmo. Le cappelle erano un trionfo d'oro massiccio, e d'oro era persino il soffitto delle stanze private, arredate con tappeti e tappezzerie di seta, ornate di porpora, con armadi e cassoni di ebano e madreperla incastonata. Porte d'avorio su guide d'argento chiudevano gli appartamenti imperiali. Il palazzo era collegato all'ippodromo da una galleria coperta. A servire c'erano centinaia e centinaia di servi ed eunuchi.

Quando Irene vi arrivò, sul trono sedeva ancora Costantino V Copronimo, che apparteneva alla dinastia Isauriaca, la quarta da quando, nel IV sec. d.C., Costantino il Grande aveva spostato la capitale dell'impero da Roma a Costantinopoli. L'imperatore si era rivelato un brillante condottiero, sebbene, con scarsa lungimiranza, avesse prestato molta più attenzione ai suoi confini orientali anziché a quelli, fragilissimi, d'Occidente. La Chiesa però l'odiava perché aveva proseguito la politica iconoclasta del padre Leone III Isaurico, ovvero aveva vietato e punito ferocemente il culto delle immagini sacre. Questo ne avrebbe minato la fama per secoli, oscurando anche le sue sfolgoranti vittorie: il 30 giugno 763, per esempio, era riuscito a sbaragliare l'esercito invasore bulgaro, guidato dal re Teletz.

Pur crudele contro i cosiddetti "iconoduli", gli adoratori di icone, a loro volta violentemente fanatici, il suocero di Irene era tutt'altro che un bigotto: amava le arti e la pittura profana. Era anche un buon suonatore d'arpa e, nonostante ostentasse una solida fede, non nascondeva la sua passione per i giovanetti. La lotta contro le icone era in realtà una battaglia politica contro i conventi, che si moltiplicavano a vista d'occhio, e contro il potere crescente di monaci e suore.

A dispetto del suo amore per i ragazzi, Costantino si era sposato tre volte; aveva avuto una figlia, Antusa, e sei figli maschi, il maggiore dei quali era appunto Leone IV. La madre dell'erede al trono, che si chiamava Irene proprio come la moglie, ed era soprannominata la Kazara, non condivideva, come molte donne della famiglia, la guerra alle icone.[2] Lo stesso valeva per la principessa Antusa, fervida veneratrice di immagini sacre. Molto probabilmente a Costantino non importava nulla delle convinzioni religiose delle dame di corte, tanto che scelse per il figlio proprio Irene, iconodula convinta. Qualche storico tuttavia ritiene che, fino alla presa del potere, Irene abbia abilmente mascherato la sua iconofilia. In realtà, conoscendone l'ambizione e la capacità di dissimulare, non potremo mai sapere se fosse sinceramente devota.

Finché Costantino visse, Irene non esercitò alcuna influenza. Suo marito Leone era stato associato dal padre al trono sin dal 751, ma anche lui non ebbe alcuna possibilità di governare fino alla morte del padre, che avvenne nel 775. Fu una scomparsa improvvisa: nell'agosto di quell'anno, durante l'ennesima marcia con i suoi soldati, Costantino cominciò a soffrire di un grave disturbo alle gambe, che gli si gonfiarono al punto da non permettergli più di camminare. Spirò il 14 settembre a 57 anni, e Leone ne prese subito il posto.

[2] Cfr. *The Chronicle of Theophanes. An English Translation of Anni Mundi, 6095-6305 (602-813 d.C)*, traduzione di Harry Turtledove, University of Pennsylvania Press, 1982. Si tratta di una serie di testi raccolti sotto il nome convenzionale di Teofane Continuato, ma di autori e stili diversi.

Di lui si è detto che non fu all'altezza del padre per due motivi: la malattia che l'avrebbe ucciso a 31 anni e la moglie Irene.[3] Tesi in parte non condivisibile perché Leone, che regnò appunto sotto l'influenza decisiva della consorte, mitigò all'inizio le feroci persecuzioni religiose del genitore. Però ebbe poco tempo a disposizione: riuscì solo a far battezzare il re dei bulgari, il khan Telerig, e combatté gli arabi in Siria nel 778 e in Anatolia nel 779. Secondo lo storico antico Georgius Cedrenus,[4] nel 780, poco prima di morire, l'imperatore trovò nell'appartamento di Irene due icone che le erano state regalate da eunuchi iconofili. La rabbia per essere stato "tradito" dalla donna a lui più vicina si trasformò in un violento atteggiamento iconoclasta. Può essere tuttavia che l'aneddoto sia stato confezionato in seguito per attenuare la fama di doppiezza dell'imperatrice e giustificare la sua proclamazione addirittura a santa. Alla scoperta delle icone, comunque, seguì una feroce repressione a corte.

L'8 settembre 780, Leone morì dopo essere stato colto da una febbre violenta e improvvisa: si parlò inevitabilmente di avvelenamento e chi se non Irene poteva essere sospettata? La furia iconoclasta del marito era un ottimo movente. Non ci sono però prove a suo carico: ufficialmente Leone passò a miglior vita per colpa dei foruncoli provocati da una pesantissima corona che lo stesso imperatore, appassionato di gioielli, aveva rubato nella chiesa di Santa Sofia e che

[3] È la tesi di John Julius Norwich, diplomatico e studioso, autore di una trilogia sull'Impero bizantino. In Italia la sua opera appare, in versione ridotta, in *Bisanzio. Splendore e decadenza di un impero*, Mondadori, Milano 2000.

[4] Cfr. Giorgio Cedreno, *Cronaca universale*, in *Corpus Scriptorum Historiae Byzantinae – Georgius Cedrenus*, a cura di Immanuel Bekker, ed. Weber, Bonn 1838-39. È un testo che si trova solo nelle biblioteche antiche: all'Archivio di Stato di Torino, per esempio, ne esiste una preziosissima copia del 1566.

pretendeva di portare sempre sul capo. Ne era seguita una febbre perniciosissima.

Leone lasciava un figlio, Costantino VI, al quale era destinato il trono. Ma il ragazzo aveva solo 9 anni. Irene si proclamò subito reggente e fino al 791 sarebbe stata padrona assoluta dell'impero. Non a tutti però il suo "colpo di Stato" andò a genio. Le truppe dell'Anatolia, che erano in gran parte iconoclaste, si ammutinarono e proclamarono imperatore uno dei cinque fratelli di Leone, tutti decisamente inadatti al trono. Irene seppe contrastare e domare velocemente la ribellione e fece punire i presunti colpevoli: i cinque fratelli furono tonsurati e chiusi in convento, pena che, pur equivalendo al carcere a vita, non era feroce come i supplizi inflitti all'epoca ai traditori.

Tuttavia, poiché Irene conosceva benissimo il potere dell'immagine e dei simboli, organizzò una fastosa cerimonia in Santa Sofia, per il Natale del 780, durante la quale restituì la pesante corona che aveva "ucciso" Leone e obbligò i cinque ex cesari, cioè i fratelli cospiratori, a distribuire l'ostia come semplici monaci, mentre lei riluceva in abiti e paramenti imperiali. Irene fu sempre molto abile a eccitare la credulità popolare: racconta Teofane che durante il suo regno fu trovato, lungo il confine tracio, un sarcofago sul quale era scritto: "Cristo nascerà dalla Vergine Maria e io credo in Lui. O sole, mi rivedrai durante il regno di Costantino e Irene". Una consacrazione divina, in pratica.

Eliminati i cognati, Irene dovette affrontare un problema ben più grave: le più alte cariche dello Stato, amministrative, ecclesiastiche e militari, erano ancora in mano agli iconoclasti. Decisa a ripristinare il culto delle immagini, ma soprattutto a consolidare il proprio potere contro l'aristocrazia tradizionale, l'imperatrice seppe muoversi con astuzia e prudenza, mettendo i suoi eunuchi nei posti chiave. Questo le permise di reprimere via via le numerose rivolte e le defezioni che si verificarono sia a Oriente sia a Occidente. Nel gennaio 784 l'eunuco Staurakios, il più potente, insieme con il *sakellarius* Giovanni, riuscì a riscattarsi dalle sue precedenti sconfitte contro gli arabi battendo gli slavi. Irene e il figlio celebrarono il loro trionfo e ribattezzarono Irenopolis la cittadina tracia di Veroia. In più diedero vita a una nuova regione: la Macedonia.

Il 31 agosto 784 si dimise, o più probabilmente fu obbligato a dimettersi da Irene, il patriarca di Costantinopoli, Paolo, che era appunto iconoclasta. Al suo posto venne eletto, durante una curiosa votazione popolare organizzata dalla stessa Irene a palazzo Magnaura, il segretario dell'imperatrice, Tarasio, un laico colto e prudente, esperto in diplomazia ma anche in questioni teologiche, e soprattutto alleato docile e prezioso della sovrana. Tarasio ripristinò il culto delle immagini e poi si mise al lavoro per riannodare i fili tra Costantinopoli e Roma.

Irene e il figlio mandarono al papa Adriano I l'invito a organizzare un concilio che abrogasse le norme iconoclaste imposte da Costantino V durante una precedente assemblea conciliare, che si era tenuta senza il consenso pontificio. Adriano accolse con piacere la richiesta, anche se non si azzardò a parteciparvi di persona.

Il 17 agosto 786, nella chiesa dei Santi Apostoli a Bisanzio, si aprì un concilio alla presenza dei rappresentanti del papa e dei tre patriarchi orientali. Sembrava scontato che ne sarebbe emersa una vittoria dell'iconodulia, ovvero del culto delle icone. Ma la guardia imperiale, tradendo la stessa Irene, fece irruzione e sciolse l'assemblea, tra le grida di gioia dei vescovi iconoclasti. I legati papali ripartirono per Roma terrorizzati, anche se, racconta Teofane, "grazie a Dio, malgrado la forte agitazione, nessuno ebbe a subire danni".[5]

Irene, con l'aiuto di Tarasio, dimostrò di sapere ancora una volta prendere in mano la situazione: finse di accettare il colpo di mano dei soldati, dopo di che proclamò una campagna contro i musulmani e spedì le truppe ribelli a combattere in Asia. Quando però i soldati giunsero nel tradizionale punto di partenza per le campagne contro gli islamici, Malagina, in Asia Minore, Irene comunicò loro che era tutto sospeso, li pagò e li licenziò, non senza aver prima espulso da Costantinopoli le loro famiglie. Al posto dei ribelli furono chiamati soldati di provata fede dalla Tracia e dalla Bitinia.

Poi l'imperatrice e il patriarca convocarono un nuovo concilio, questa volta a Nicea: l'incontro ebbe luogo il 24 settembre 787 e ai due legati pontifici fu riservato il posto d'onore. Erano presenti ben trecentosessantacinque vescovi da tutto il mondo cristiano. L'iconoclastia fu condannata come eresia, ma si chiarì pure che le icone andavano venerate e non adorate. L'ultima seduta del concilio si tenne a Costantinopoli, nel palazzo della Magnaura, il 23 ottobre, e fu presieduta dalla stessa Irene e dal figlio, entrambi riconosciuti "imperatori" su un piano di parità. Meglio: Costantino VI fu acclamato il novello Costantino il Grande e Irene la novella Elena, sua madre. I due firmarono tutti gli atti e i delegati ripresero la via di casa. Sarebbe stato l'ultimo concilio riconosciuto sia dalla Chiesa cattolica sia da quella ortodossa. Irene lo giudicò un suo personale trionfo: a lei sarebbe spettato mettere in atto le prescrizioni del concilio. Il che voleva dire non soltanto per-

[5] In Teofane, *op. cit.*

mettere di nuovo il culto delle icone, ma anche imporre la riforma dei costumi corrotti del clero e in primo luogo porre fine agli abusi e condannare i simoniaci, ossia chi vendeva le cariche ecclesiastiche. A Roma invece restarono piuttosto delusi: non solo non era stata letta in assemblea la lettera del papa, ma nemmeno la sua autorità appariva pienamente restaurata.

Intanto Irene andava conducendo lunghe trattative per far sposare Costantino VI con una figlia di Carlo Magno, Rotrud, alla quale venne inviato l'eunuco Elissaios perché imparasse il greco. Poi, nel 788, l'imperatrice decise di non andare oltre, scelta che provocò uno dei tanti scontri tra madre e figlio.[6] Nello stesso anno, a novembre, Irene gli diede in moglie Maria d'Amnia. La ragazza, ancora tredicenne, veniva dalla Paflagonia, una regione dell'attuale Turchia settentrionale, ed era stata scelta dall'eunuco Staurakios, braccio destro di Irene. Staurakios l'aveva individuata tra una serie di candidate, col sistema del "concorso di bellezza" già adottato per l'imperatrice. In questo modo Irene ribadiva davanti all'opinione pubblica e agli ambasciatori stranieri che l'Impero bizantino non aveva bisogno di alleanze matrimoniali internazionali. Maria era nipote di Philaretus, un notabile armeno che doveva la sua posizione a Irene e che poi sarebbe stato proclamato santo. Non fu mai amata da Costantino, al quale diede due figlie, Irene ed Eufrosine. Quest'ultima, da adulta, avrebbe lasciato il velo monacale per diventare la seconda moglie di Michele II l'Amoriano, imperatore dall'820 all'829.

Nel frattempo l'erede era diventato maggiorenne.

[6] Lo racconta il cronista del XII secolo Michele Psello nella sua *Historia Syntomos*, di cui è uscita nel 1990 un'edizione, *Michaelis Pselli Historia Syntomos (Corpus Fontium Historiae Byzantinae)*, a cura di Willem J. Aerts, pubblicata dall'editore tedesco Walter De Gruyter.

Nel 790, a 17 anni, avrebbe avuto tutti i requisiti per salire sul trono. Ma Irene, che fino a quel momento, almeno formalmente, si era comportata come semplice reggente in nome del figlio, iniziò ad agire da vera sovrana e tentò di escluderlo da qualsiasi decisione. Intorno al principe si coagulò allora tutta l'opposizione, compresa la vecchia guardia iconoclasta. Venne progettata una congiura per far fuori il potente Staurakios, ma Irene, scaltra come al solito, lo venne a sapere per tempo: punì i responsabili, torturandoli e mandandoli in esilio, frustò il figlio e lo mise sotto chiave.

Stabilì quindi che nelle acclamazioni il suo nome venisse prima di quello di Costantino, e chiese all'esercito di giurare fedeltà a lei soltanto. Le truppe di Costantinopoli e delle province europee obbedirono senza fiatare. Quelle dell'Asia Minore invece si rifiutarono, seguendo l'esempio dei soldati armeni. L'ammutinamento si estese in breve a macchia d'olio, coinvolgendo metà dell'esercito. Costantino VI, rimesso in libertà dalla madre, fu proclamato unico sovrano legittimo dai ribelli, nell'ottobre 790. Il "logoteta del dromo" Staurakios, la cui carica era simile a quella di capo della polizia e ministro degli Esteri insieme, fu frustato, tonsurato e messo al bando. L'imperatrice fu confinata nel palazzo di Eleutherios, che lei stessa aveva costruito e nel quale aveva nascosto enormi somme di denaro. Il potere passò nelle mani di Costantino, anche se Irene non venne destituita, né il suo volto cancellato dalle monete.

All'imperatore sarebbe allora bastato mostrare un po' di determinazione.

Invece, quando nel 791 il califfo Harun al-Rashid invase le province orientali, il nuovo sovrano si affrettò a firmare una pace umiliante, impegnandosi a pagare un onerosissimo tributo che l'impero non sarebbe stato in grado di sostenere. Subito dopo anche i bulgari attaccarono: Costantino, che era anche a capo dell'esercito, fuggì ignominiosamente dal campo di battaglia. Nel 792 restituì lo scettro alla madre, dichiarandola associata al governo come *Augusta* e permettendole di richiamare anche Staurakios. Di fatto, Irene riprese a governare e il figlio si dedicò ai suoi svaghi. Ma la sua rinuncia fece montare su tutte le furie gli iconoclasti, che organizzarono un nuovo complotto, questa volta scegliendo come sovrano Niceforo, uno dei cinque fratelli di Leone IV. L'uomo era stato costretto a prendere gli ordini una dozzina d'anni prima dall'imperatrice. Di nuovo Irene fu avvertita per tempo, ma questa volta Costantino reagì in maniera decisa: fece accecare Niceforo e tagliare la lingua agli altri quattro zii, quasi di sicuro su suggerimento della madre. Fu accecato anche il comandante delle truppe armene, Alessio Mousoulem, che a suo tempo aveva guidato la ribellione contro Irene: l'imperatrice riuscì a convincere il figlio che il suo vecchio nemico mirava al trono. In effetti, una vendetta tardiva. L'accecamento provocò però una violenta rivolta, soffocata nel sangue nella primavera del 793. Così Irene era riuscita a privare il figlio di preziosi alleati.

L'atteggiamento di Costantino, che sembrava non rendersi conto delle manovre della madre, lo rese inviso a tutti, tranne ai potentissimi monaci, contro i quali il nonno aveva scatenato la campagna iconoclasta e che invece il giovane imperatore aveva sempre trattato con deferenza. Finì però col perdere anche le loro simpatie quando, nel 795, ripudiò la moglie Maria d'Amnia e convolò a nuove nozze. Per i monaci quella scelta era inaccettabile, anche perché il pretesto accampato da Costantino, ossia che Maria non aveva generato un erede maschio, era troppo debole: gli aveva già dato due bambine e quindi non era sterile. L'imperatore affermò allora che aveva tentato di avvelenarlo. In realtà Costantino era da tempo legato a una dama di corte, Teodotea, forse una semplice cameriera di Irene, una *cubicularia*. Alla fine il patriarca Tarasio cedette alle richieste del sovrano e Maria fu chiusa in convento; Costantino e la sua amante, proclamata nel frattempo *Augusta*, onore mai concesso a Maria, si sposarono nell'agosto del 795, con una pompa e un'ostentazione che suscitarono l'indignazione del popolo, sempre molto "pio" in simili frangenti. Dopo quattordici mesi nacque un maschio, Leone. Irene, nonostante avesse in passato imposto Maria al figlio, aveva poi incoraggiato la relazione adulterina. Il motivo era evidente: voleva mettere contro Costantino i monaci che non si arrendevano a quel ripudio, consideravano non valido il matrimonio e quindi asserivano che il bambino non fosse il legittimo erede al trono. A ripudio avvenuto, l'imperatrice si schierò invece con i monaci, contro il figlio.

L'ira dei religiosi si estendeva anche a Tarasio, che in realtà non aveva celebrato il matrimonio, pur avendolo autorizzato forse per paura che Costantino si schierasse con gli iconoclasti. Il caso, però, era tutt'altro che "matrimoniale": si stava di fatto riaprendo il problema dell'immenso potere dei monasteri e perfino gli iconoduli moderati, come Tarasio, si rendevano conto che il fenomeno andava arginato per la salvezza dell'impero. Bisognava trovare un compromesso con Roma, che invece caldeggiava l'ingerenza dei monaci.

Con il secondo matrimonio, intanto, il giovane imperatore si era alienato i suoi ultimi sostenitori, lasciando campo aperto alla sua più acerrima nemica: la madre. Irene riteneva, o sapeva, che sotto sotto Costantino nutrisse simpatie iconoclaste, cosa che, secondo lei, l'avrebbe prima o poi spinto a un nuovo colpo di mano.

Finché fosse rimasto in vita, dunque, il figlio avrebbe costituito un problema per lei e per l'iconodulia. Così decise di tendergli un agguato. Non correva pericoli: l'imperatrice era stata la regista dell'isolamento di Costantino e dell'odio crescente che lo circondava.

Costantino si sentiva minacciato, ma al tempo stesso non appariva consapevole della gravità della situazione. Irene era arrivata a distribuire oro e soprattutto ossicini miracolosi, e falsi, di sant'Eufemia tra i generali e gli iconoduli perché l'appoggiassero contro di lui. Il 1° maggio 797 morì il piccolo Leone. Subito dopo Costantino, sentendosi pedinato dagli amici della madre, tentò di lasciare la città, forse per ricongiungersi alle truppe fedeli dell'Anatolia. Non ci riuscì: fu catturato e condotto a palazzo. Il 15 o il 19 agosto, su ordine dell'imperatrice, gli furono cavati gli occhi nella stessa camera della Porpora dov'era nato. Irene, sempre così attenta ai simboli, non aveva scelto a caso quel luogo: la camera della Porpora era una sala destinata unicamente al parto dell'erede imperiale. Rivestita di seta e tappezzata di pietre preziose, aveva le pareti rosse, che ricordavano, in modo un po' inquietante, il colore del sangue.

La mutilazione fu condotta in modo così brutale che Costantino morì. Aveva 26 anni. Alcuni storici dicono che invece sopravvisse altri sette anni, in esilio sulle Isole dei Principi, nel Mar di Marmara, e venne curato solo da Teodotea. Il dubbio non è mai stato sciolto. La tradizione popolare, però, racconta che il cielo fu così indignato dal suo accecamento che si oscurò per diciassette giorni, dopo un'improvvisa eclissi di sole. Il che fa pensare a una morte repentina. Sarebbe poi stato sepolto accanto alla prima moglie nel monastero di Santa Eufrosine, costruito a Costantinopoli da sua madre: l'ennesima beffa dell'imperatrice?

Poiché non vi erano più eredi, Irene restava l'unica padrona dello Stato: era la prima donna, nella storia di tutto l'impero, a reggere lo scettro in suo nome. Si fece chiamare *basileus*, re, e non *basilissa*, regina, il che peraltro le permise di mantenere il titolo di capo dell'esercito che tradizionalmente spettava all'imperatore, e fece coniare monete d'oro che recavano la sua effigie su entrambe le facce. Tuttavia, non era popolare e l'accecamento del figlio aveva peggiorato la sua fama: dovette confinare ad Atene i quattro fratelli di suo marito a cui aveva fatto strappare la lingua, per paura che aspirassero di nuovo al trono. Nel marzo del 799, a seguito di un ennesimo tentativo di rovesciare il trono, fece loro cavare gli occhi. Ad avvertire l'imperatrice del complotto questa volta fu suo zio Costantino Sarantapechos, nominato *strategos* della provincia della Grecia.

Per ingraziarsi il popolo e i monasteri, Irene ridusse sensibilmente le tasse, con gravi danni per l'erario, distribuì monete d'oro alla folla e continuò, come peraltro aveva sempre fatto, a costruire edifici di pubblica utilità come ospedali, ospizi, alloggi per viaggiatori e cimiteri per i poveri. Ma non bastò. Inoltre, le truppe asiatiche, ancora in maggioranza iconoclaste,[7] dopo aver pensato a un nuovo ammutinamento per l'eliminazione di Costantino, reagirono con rabbia alla notizia che Irene aveva alzato il tributo di guerra dovuto a Harun al-Rashid. Eppure era inevitabile: gli eserciti imperiali erano stati ripetutamente sconfitti dagli Abbassidi di Bagdad. Tutte le conquiste di Costantino V, avvenute solo pochi anni prima, erano andate perdute.

[7] Sulle convinzioni religiose delle truppe e sul perché fossero così ferocemente iconoclaste cfr. Judith Herrin, *Women in Purple: Rulers of Medieval Byzantium*, Weidenfeld, Londra 2001.

Ma soprattutto i conservatori inorridivano all'idea che sul trono di Costantinopoli sedesse una donna. Lei reagì perseguitando i suoi nemici o presunti tali.

Nell'estate dell'802 accadde un evento inatteso: Carlo Magno, re dei franchi e imperatore del Sacro romano impero, mandò i suoi ambasciatori da Irene perché la chiedessero in sposa.[8]

Il nuovo papa Leone III era dello stesso parere del predecessore Adriano: nonostante il concilio di Nicea, Carlo Magno e i franchi apparivano alleati molto più affidabili dei bizantini, e soprattutto più utili alle mire espansionistiche della Chiesa. In più Leone aveva un problema molto privato. Due anni prima, di ritorno a Roma dopo un periodo di fuga sotto la protezione di Carlo, il papa aveva dovuto affrontare gravi accuse, tra le quali simonia, spergiuro e adulterio. Ma chi avrebbe potuto far da giudice in un processo al pontefice? Un tempo si sarebbe risposto: l'imperatore, intendendo senz'altro ciò che restava dell'Impero romano, e quindi Bisanzio. Ma ora su quel trono sedeva una donna: come avrebbe potuto giudicare un papa? Di fatto, per l'Occidente, il trono di Bisanzio era vacante.

Carlo Magno era un semianalfabeta, ma era dotato di straordinaria intelligenza politica: sapeva di non aver alcun diritto di giudicare il pontefice, ma sapeva anche che danni avrebbe potuto provocare questo doppio vuoto di potere, dell'impero e del papato. Leone andava riabilitato e a farlo poteva essere solo un imperatore: il 23 dicembre dell'800 Leone giurò davanti al sinodo di essere innocente di tutte le accuse. Fu miracolosamente creduto all'unanimità. Due giorni dopo Carlo si inginocchiava davanti a lui per ricevere la corona im-

[8] In Teofane, *op. cit.*

periale. La legittimità di questo gesto risiedeva nella cosiddetta *Donazione di Costantino*, un documento nel quale Costantino il Grande dichiarava di ritirarsi a Bisanzio e di lasciare al papa non solo il potere sulle terre d'Occidente, ma soprattutto il diritto di decidere a chi dovesse andare lo scettro di Roma. Il documento era falso, ma si sarebbe saputo solo nel 1440; nel frattempo il papato l'avrebbe utilizzato per sostenere le sue pretese di dominio temporale e spirituale sull'Occidente. Carlo non era un ingenuo: sapeva che accettando quella corona avrebbe riconosciuto la superiorità del papa, ma pensò che se fosse riuscito a sposare Irene, che godeva fama di essere ancora molto bella e che si era liberata di tutti gli eredi legittimi, avrebbe di nuovo riunito sotto il suo scettro l'Impero dei Cesari.

Per i bizantini le cose stavano molto diversamente: non soltanto per loro non valeva la legge salica, ossia, per quanto si scandalizzassero del regno di una donna, non avevano una legge che lo impedisse; piuttosto si ritenevano ancora i detentori dello scettro dell'impero e della cristianità. L'incoronazione di Carlo costituiva per loro un affronto, l'ennesima scorribanda di un barbaro. In più si sentivano circondati: l'abilissima madre di Harun al-Rashid, al-Khayzuran, era riuscita a stringere un rapporto amichevole con il re dei franchi e gli aveva inviato da Bagdad dei regali che l'avevano incantato.

Infine, Carlo non aveva accettato le tesi di Nicea e, nel concilio di Francoforte del 794, aveva imposto le sue idee, tra le quali il rifiuto della "venerazione" delle immagini. I dipinti sacri, sosteneva il re dei franchi riprendendo le tesi di Gregorio Magno, hanno solo uno scopo educativo.

Eppure Irene, che conosceva la rozzezza di Carlo e le sue diverse concezioni ideologiche e religiose, sembrava propendere per il sì.[9] Questo accrebbe l'indignazione dei suoi sudditi. Tuttavia, lei sapeva bene quanto il suo trono barcollasse e quanto precarie fossero le finanze statali: le casse erano vuote. Come avrebbe potuto affrontare una nuova invasione? Soprattutto, temeva nuove rivolte. I suoi eunuchi, in particolare Staurakios, che però era morto nel giugno dell'800, ed Ezio avevano conquistato tanto potere che progettavano di porre sul trono un loro familiare, non potendo aspirarvi direttamente. Le lotte fra di loro erano diventate feroci. Ezio, che fino a quel momento era stato uno dei favoriti dell'imperatrice, avversò con decisione l'ipotesi di matrimonio con Carlo Magno.

Irene era una donna concreta a cui i princìpi interessavano pochissimo. Non fece però in tempo a prendere una decisione. Il 31 ottobre dell'802, un gruppo di alti funzionari, riuniti all'Ippodromo, la dichiarò decaduta prima che potesse dare una risposta agli inviati di Carlo Magno. Il ministro delle Finanze, Niceforo, si proclamò imperatore. A incoronarlo fu il vecchio amico di Irene, il patriarca Tarasio. Non fu l'unico ex alleato a tradirla. L'imperatrice fu arrestata ed esiliata, prima sulle Isole dei Principi e poi a Lesbo, dove morì l'anno dopo, il 9 agosto. Prima fece forse in tempo a partecipare a un complotto contro Niceforo, nel luglio dell'803: a guidarlo era un suo fedele, Bardanes Tourkos, *strategos* dell'Anatolia, che tentò di proclamarsi a sua volta imperatore e finì invece in convento.

Chissà quale altro destino avrebbero avuto l'Europa

[9] Alcuni storici sostengono che questa richiesta di matrimonio sia un'invenzione di Teofane, così come il progetto di far sposare Rotrud, figlia di Carlo Magno, con Costantino VI. È il caso di Gerhard Herm in *I bizantini*, Garzanti, Milano 1997. Invece Francesco Cognasso, in *Bisanzio*, Dall'Oglio, Milano 1976, dà per certo che la stessa Irene condusse le trattative per far sposare suo figlio con Rotrud.

e il Medio Oriente se il matrimonio tra Carlo Magno e Irene avesse avuto luogo. Per Carlo Magno, certo ben più abile degli imperatori bizantini maschi della sua epoca, Costantinopoli sarebbe rimasta sempre un modello. E poi qualche anno dopo Michele I, che regnò dall'811 all'813, gli riconobbe il titolo di imperatore, dimostrando quanto Irene avesse visto giusto. Non solo, ma la Chiesa ortodossa decise di dichiarare Irene santa (da non confondere con le diverse sante omonime cattoliche e con la successiva sant'Irene imperatrice, figlia di re Ladislao d'Ungheria e moglie dell'imperatore bizantino Giovanni II). Venne premiata così per il suo impegno a favore dei monasteri: la sua festa è il 18 agosto, data sinistramente vicina al giorno dell'assassinio del figlio.

MELISENDA
LA REGINA CROCIATA

"Melisenda, la madre del re, era una donna di grande saggezza che aveva accumulato molta esperienza in tutti i campi di governo. Aveva raggiunto un potere così superiore al normale status delle donne che osò prendere misure importanti. Ebbe l'ambizione di emulare i più grandi e i più nobili tra i principi e di mostrarsi non meno saggia di loro..."

GUGLIELMO DI TIRO, *Historia rerum in partibus transmarinis gestarum*

Melisenda, regina di Gerusalemme nel XII secolo, ha avuto una fama ben peggiore di quella che meritasse. Poiché ha lottato prima contro il marito e poi contro il figlio per conservare il suo potere in un mondo all'apparenza tutto maschile, quello delle crociate, ha finito col suscitare scandalo per almeno tre motivi:[1] perché pretese di governare al posto degli uomini; perché prese le armi contro il marito a cui doveva obbedienza; e perché fece tutto ciò nel regno cristiano in Terra Santa, assediato dagli infedeli. Che le crociate siano una "questione da uomini" in qualche modo lo si crede ancora oggi, come dimostrano i tanti bestseller e i kolossal sul tema, i cui protagonisti sono immancabilmente cavalieri senza macchia, senza paura e spesso senza donne. Ma se i cronisti arabi antichi, poco inclini ad accettare l'idea di

[1] Cfr. Betty Millan, *Monstrous Regiment: Women Rulers in Men's World*, The Kensal Press, Londra 1982.

una figura femminile sul trono, hanno di fatto ignorato l'esistenza di Melisenda,[2] quelli latini si resero subito conto della sua importanza e del suo valore, come testimoniano le pagine di Guglielmo di Tiro.[3]

Melisenda venne al mondo nel 1105: era la figlia maggiore del futuro Baldovino II di Gerusalemme e di Morfia di Melitene, una principessa armena. Fu chiamata così in onore della nonna paterna, Melisenda di Montlhery, moglie di Ugo I, conte di Rethel.

Dopo di lei nacquero altre tre bambine: Alice, che sposando il biondo e bel Boemondo, nel 1126, sarebbe diventata principessa di Antiochia; Hodierna, che, come moglie di Raimondo II, sarebbe divenuta contessa di Tripoli; e Joveta o Yvetta, badessa del monastero di San Lazzaro a Betania, fondato dalla stessa Melisenda che adorava la sorella minore.

Il 2 aprile 1118, quando Melisenda aveva 13 anni, morì Baldovino I, primo re di Gerusalemme, il cui regno si era costituito nel 1100 in maniera a dir poco avventurosa, al termine della Prima crociata. L'impresa, partita dall'Europa nel 1096, più come un'avanzata di straccioni che come la spedizione di un agguerrito esercito, sembrava destinata alla catastrofe: all'inizio i crociati persero tutte le battaglie. Invece, in modo inaspettato, si concluse con l'occupazione di alcuni territori siriano-palestinesi. E soprattutto di Gerusalemme, che cadde il 15 luglio 1099.

[2] Cfr. Francesco Gabrieli (a cura di), *Storici arabi delle Crociate*, Einaudi, Torino 1987.

[3] Guglielmo di Tiro, *Historia rerum in partibus transmarinis gestarum*, oggi facilmente consultabile sulla raccolta di fonti medievali della Fordham University, Università gesuita di New York, http://www.fordham.edu/halsall/basis/GuillaumeTyr2.html.

Baldovino morì al ritorno da un'incursione in Egitto. I suoi baroni, allora, si divisero. Alcuni fecero appello al fratello di Baldovino, Eustachio, conte di Boulogne, che era stato in effetti designato dal sovrano, ma viveva in Europa e non sembrava particolarmente entusiasta dell'eredità. Altri, a suo cugino Baldovino di Bourcq, che gli era già succeduto nella contea di Edessa, territorio lungo il corso settentrionale dell'Eufrate, oggi compreso tra Turchia, Siria e Iraq. Lì era cresciuta sua figlia Melisenda. Baldovino di Bourcq, uomo molto devoto e intelligente, accettò.

Non fu una successione facile: le due fazioni si scontrarono e alla fine ad avere la meglio furono proprio i sostenitori di Baldovino di Bourcq, guidati da Josselin di Courtenay, un suo vassallo. Il nuovo re lasciò allora la sua contea allo stesso Josselin e marciò su Gerusalemme. Eustachio non fece in tempo nemmeno a salpare dall'Italia.

Ma subito, per Baldovino II, cominciarono i problemi. Ruggero di Antiochia aveva attaccato Aleppo. Il 27 giugno 1119 i turchi annientarono i crociati nella battaglia che fu chiamata Campo di sangue: Antiochia ed Edessa, prime conquiste crociate, erano così di nuovo in pericolo. Nel 1122 le truppe di Aleppo aggredirono Antiochia. I turchi riuscirono in quell'occasione a fare prigioniero anche Josselin. L'anno dopo catturarono pure Baldovino, che era accorso a salvarlo. Tra il 1123 e il 1124 Baldovino II restò prigioniero dei turchi. Alcuni nobili approfittarono della sua assenza per cercare di sostituirlo con un parente del primo re Baldovino, Carlo il Buono, conte di Fiandra.

Il colpo di Stato, però, fallì. Verso la fine del 1124 morì il signore di Aleppo e Baldovino riacquistò la libertà. Per prima cosa, al ritorno a casa, designò i suoi eredi per consolidare la dinastia. E, poiché non aveva figli maschi, fece sposare il 2 giugno 1129 Melisenda con un potente nobile francese quarantenne, da poco rimasto vedovo, Folco V d'Angiò. A lui promise il regno, da dividere con Melisenda. Papa Onorio II benedisse la scelta, sostenendo, non a torto, che Folco dimostrava un bel coraggio ad abbandonare un sicuro feudo occidentale per un incerto regno orientale, in guerra perenne. In effetti Folco, arrivato in Terra Santa nel 1120 per combattere contro i "miscredenti" e diventato grande amico dei Templari, aveva deciso di rientrare in Europa proprio quando, nel 1127, Baldovino gli inviò la sua prima ambasciata.

Non ci sono rimaste testimonianze di come Melisenda accolse la decisione del padre, ma, poiché da subito mostrò interesse per le questioni di governo, dovette forse approvarla, poiché il matrimonio costituiva senz'altro un bel colpo per il re di Gerusalemme. Folco, che gli era stato indicato dal sovrano di Francia, Luigi VI, era il padre di Goffredo Plantageneto, che aveva sposato l'erede al trono di Inghilterra, Matilda, altra straordinaria e battagliera protagonista della storia medievale. Il figlio di Matilda sarebbe poi diventato re d'Inghilterra, con il nome di Enrico II.

Baldovino II aveva però soprattutto valutato che Folco era un uomo ricco e un comandante abile ed esperto, che si era formato sul campo. Nel 1130, forse per contrastare il potere del genero e per evitare successivi dissapori, Baldovino dichiarò erede di Folco il neonato nipote, battezzato anch'egli Baldovino; quindi proclamò Melisenda sua unica tutrice.

Durante il regno di Baldovino, Melisenda agì sempre come *filia regis et regni Jerosolimitani haeres*, cioè figlia del re ed erede del regno di Gerusalemme. Ovvero precedeva, nelle cerimonie e nei cortei, tutti i nobili e i prelati. Il padre la associò sempre più spesso negli atti ufficiali, che fossero concessioni di beni e privilegi o trattative diplomatiche.

Insomma, grazie anche al supporto dell'Alta corte, una specie di consiglio reale composto da aristocratici ed esponenti del clero, Melisenda si preparò a regnare. Inevitabilmente, la scelta del padre di metterle accanto un marito-re avrebbe limitato il suo potere.

Ma quello che Melisenda non aveva potuto prevedere e che scoprì solo quando il futuro sposo le comparve dinanzi, era che Folco non le piaceva affatto: era piccolo, rosso e tozzo. Aveva piedi così malfatti che gli servivano scarpe speciali, che poi divennero curiosamente di moda col nome di "scarpe a becco d'anatra", ossia con la punta stretta e sollevata davanti.

Il matrimonio si rivelò subito un disastro: nessuno dei due sposi si mostrò conciliante. Entrambi avevano caratteri fieri e decisi.

Nel 1130, la famiglia fu scossa da un'altra tragedia: Boemondo, marito di Alice, venne sconfitto col suo esercito dai turchi. Furono tutti massacrati e la testa del principe venne mozzata, imbalsamata e spedita in omaggio al califfo. Alice prese subito il comando del principato in nome della figlia Costanza, cosa che però non le competeva, poiché la nomina del reggente andava fatta da suo padre, Baldovino. Il re di Gerusalemme si mise in marcia, ma venne avvertito che Alice non aveva alcuna intenzione di sottomettersi, anzi chiedeva aiuto contro il padre all'atabeg Zengi, il signore di Aleppo.

Avevano tutte lo stesso, indomabile carattere, le figlie di Baldovino. Finì che il re dovette porre sotto assedio Antiochia; la nobiltà franca, contraria a un governo femminile, gli aprì le porte della città: Alice, che si era barricata in un torrione, ebbe salva la vita, ma fu esiliata a Laodicea.

Il 21 agosto 1131 Baldovino II morì: Melisenda e Folco furono incoronati insieme, il 14 settembre, nella chiesa del Santo Sepolcro. Il marito prese subito nelle sue mani le redini del regno, determinato a governare da solo. Baldovino, prima di morire, glielo aveva concesso, forse a insaputa di Melisenda. Folco condusse anche con sé molti angioini che sostituì, a corte, ai fedeli del precedente re.

Melisenda, al contrario, non aveva alcuna intenzione di essere messa da parte e, almeno secondo le voci che corsero all'epoca e Folco prese per vere, cospirò per rovesciarlo insieme con il suo amante e cugino, Ugo di Puiset, conte di Giaffa. I due erano "inseparabili compagni di giochi" fin dall'adolescenza ed entrambi avevano accettato matrimoni con vedovi di mezza età. Con loro si sollevarono vari vassalli del regno. Nel 1132 Alice riprese Antiochia, grazie anche al sostegno a distanza di Melisenda, e si alleò con Pons di Tripoli e con Josselin II di Edessa per tenere Folco lontano dal nord.

Folco riuscì a stento a conservare il potere e riconquistare Antiochia. Nel frattempo Ugo di Puiset fu sfidato a duello da Gualtiero, figlio di primo letto di sua moglie Emma. Il ragazzo, che aveva quasi la sua età, lo aveva accusato di tradimento davanti a tutta la corte. Forse spinto da Emma o forse consigliato da Melisenda, Ugo rifiutò di battersi. Venne allora messo sotto accusa e fuggì. Per salvarsi, si alleò con i musulmani di Ascalona, e riuscì a respingere le forze di Folco. Ma gli egiziani, signori di Ascalona, lo abbandonarono. Melisenda convinse il patriarca di Gerusalemme, suo fidatissimo alleato, a far da paciere, e Ugo, costretto a più miti consigli, fu condannato all'esilio per tre anni. Una pena lieve. Il conte si imbarcò dunque per l'Italia.

Prima volle forse congedarsi da Melisenda e tornò a Gerusalemme. Qui tentarono di ucciderlo. Non si scoprì il mandante, ma tutti accusarono Folco che, per togliersi d'impaccio, fece condannare e squartare l'attentatore. Melisenda non si diede pace o magari approfittò dell'occasione per tentare di liberarsi del marito. Lei e il suo partito scatenarono quasi un putsch a palazzo. Folco e i suoi, secondo i cronisti dell'epoca, in particolare Guglielmo di Tiro,[4] ne furono terrorizzati. Melisenda aveva stravinto: sotto la minaccia costante, forse neanche esplicita, di uccidere lui e i suoi angioini, la regina si impose su Folco. La morte di Ugo, in Sicilia, inasprì ancora di più il suo animo.

Dal 1136 in poi tutte le decisioni passarono sotto il suo controllo. Guglielmo di Tiro scrisse che Folco non prendeva alcuna iniziativa, neanche nelle questioni più banali, senza il consenso della moglie. D'altra parte, le ire di Melisenda contro i vassalli erano note da tempo e molto temute. In qualche modo, però, la coppia riuscì a fare la pace, perché proprio in quel periodo nacque il secondo figlio, Amalrico.

Melisenda decideva e dirimeva le controversie tra i suoi sudditi più potenti. Folco continuava ad andare in guerra: i confini erano sempre a rischio e solo un'alleanza con il visir di Damasco, a sua volta in lotta contro il potente e ambizioso Imad ad-Din Atabeg Zengi, signore di Mosul e Aleppo, gli permise di consolidare il regno. Le alleanze, all'epoca, erano davvero impreve-

[4] Cfr. anche Peter W. Edbury, *William of Tyre: Historian of the Latin East*, Cambridge University Press, Cambridge-New York 1988, o *The Crusades and Their Sources: Essays Presented to Bernard Hamilton*, a cura di John France e William G. Zajac, ed. Ashgate, Aldershot 1998.

dibili: per ben due volte, nel 1137 e nel 1142, l'imperatore bizantino Giovanni II Comneno, pur cristiano, anziché preoccuparsi di fermare l'avanzata turca, scese in Siria per tentare di sottomettere il regno di Melisenda e Folco. Fallì in entrambe le occasioni e non fu neanche accolto, come aveva chiesto, a Gerusalemme.

Il 10 novembre 1143 Folco ebbe un incidente di caccia: il suo cavallo inciampò, cadde, e la testa di Folco restò schiacciata dalla sella. Fu portato di corsa ad Acri, dove morì. Gli sopravvivevano tre figli: Goffredo di Anjou, dalla prima moglie Ermengarda del Maine, Baldovino III e Amalrico. Ovviamente bisognava fare i conti con Melisenda, che, ribadendo immediatamente il proprio diritto al trono, fece sapere che non si sarebbe comportata da reggente in nome di Baldovino, allora tredicenne, ma da vera regina. Questo non le impedì di piangere lo sposo e non è detto fosse tutta scena.

Guglielmo di Tiro paragonò Folco a Davide, il mitico re di Giudea: pio e gentile, affabile e di buone maniere, un guerriero esperto, ricco di pazienza e saggezza nelle questioni militari. Il suo principale difetto, aggiunse, era non riuscire a ricordare facce e nomi. Secondo lo storico arabo Hamza ibn Asad abu Ya'la ibn al-Qalanisi,[5] invece, Folco non era saldo nel giudizio né efficace nell'amministrazione. Curioso contrappasso: sempre secondo Guglielmo di Tiro, il figlio di Folco, Baldovino, aveva una memoria tale "che egli riconosceva le persone all'istante, anche le più umili, e subito le salutava col loro nome".[6]

In ogni caso Melisenda accentrò su di sé tutto il pote-

[5] La versione degli storici arabi è riportata in Amin Maalouf, *Le crociate viste dagli arabi*, Sei, Torino 2003.

[6] Cfr. Johannes Lehmann, *I crociati*, Garzanti, Milano 1996.

re. E non fu una sfida facile. Se è vero che il nemico, feroce e sempre incombente, era costituito dai signori musulmani, problemi altrettanto gravi li ponevano gli stessi crociati. I vari ordini religiosi e soprattutto le diverse comunità, i "latini" fedeli al papa di Roma, i "greci" legati invece al patriarca di Costantinopoli, gli armeni e le tante altre minoranze, erano perennemente in lotta per appannaggi, bottini, prerogative e privilegi. I franchi, per esempio, che coincidevano più o meno con i crociati francesi, si erano impadroniti dei villaggi appartenuti al vescovado giacobita, ossia ortodosso-siriano, di Gerusalemme, il cui titolare era fuggito in Egitto all'arrivo dei crociati. I villaggi divennero allora feudo di alcuni cavalieri. Il ritorno del prelato e la prigionia di uno dei nuovi feudatari complicò la questione: il territorio fu in un primo momento restituito alla comunità giacobita. Al ritorno del prigioniero, però, Melisenda dovette trovare un compromesso tra le due parti. Dette ragione ai giacobiti, sebbene la loro posizione politica fosse assai precaria: ortodossi e quindi in teoria legati a Costantinopoli, ritenevano il patriarca bizantino troppo oppressivo e in parte "eretico", ma soprattutto si consideravano al cento per cento arabi, il che aveva permesso loro di vivere in pace con i musulmani.

La capacità di Melisenda di prendere decisioni perfino azzardate si rivelò anche nella costruzione del convento di Betania, per la sorella Yvetta: poiché la regina riteneva indegno che una principessa fosse assoggettata a qualsiasi autorità, sia pure religiosa, volle che il convento fosse costruito ex novo e che Yvetta ne fosse subito nominata badessa. La scelta del luogo tormentò a lungo Melisenda, che alla fine optò per Betania, villaggio natale di tre importanti personaggi del Vangelo: Maria, Marta e Lazzaro. Il terreno apparteneva però alla chiesa del Santo Sepolcro e non alla corona. In cambio, Melisenda diede ai religiosi la città dei profeti, Tekoah. Poiché però Betania era esposta agli attacchi dei turchi, Melisenda fece costruire una torre fortificata a sua difesa; infine la regina assegnò al convento una serie di terre affinché non fosse inferiore, per ricchezza, a nessuno dei monasteri femminili e maschili della regione. Perfino la città di Gerico rientrò nei possedimenti amministrati da Yvetta. In più, per tutta la vita, Melisenda continuò a elargire al convento consistenti donazioni.

In generale Melisenda governò bene, nonostante le critiche feroci che le sono state rivolte da alcuni storici.[7] Ma per i vassalli era quasi insopportabile l'idea che ci fosse una donna sul trono. Inoltre, la giovane età dell'erede, che impediva a Baldovino di puntellare l'autorità della madre, li rese più spavaldi: cercarono in tutti i modi di accaparrarsi nuovi privilegi.

Ancora più gravi i problemi creati a nord dal principato di Antiochia e dalla contea di Edessa: già alla morte di Folco, Melisenda aveva incontrato serie difficoltà a mettere fine alle lotte tra crociati. In particolare il conflitto tra Raimondo di Poitiers e Josselin II diede via libera a Zengi, signore di Aleppo, che il 28 novembre 1144 mise sotto assedio Edessa. Zengi non raccoglieva molti consensi tra i musulmani: gli Ortochidi della Gezira, a est dell'Eufrate, e i Selgiuchidi dell'Anatolia, a nord, gli contendevano il controllo delle terre lungo il grande fiume. Ma i crociati erano ancora più divisi. Poiché Josselin II, signore di Edessa, non era in città, la difesa fu assunta dal vescovo Ugo, che però

[7] Totalmente negativo è per esempio il giudizio di Georges Bordonove, autore di *Le crociate e il regno di Gerusalemme*, Bompiani, Milano 2001.

non aveva soldi per pagare i soldati. Il principe di Antiochia rifiutò di inviare aiuti: Melisenda li mandò, ma arrivarono troppo tardi, e non erano in gran numero. Ugo non accettò la resa, così, il 24 dicembre 1144, Zengi invase la città, dopo aver aperto una breccia nelle mura: fu un massacro. I morti, Ugo compreso, furono forse quindicimila e, sebbene Zengi avesse ordinato di distruggere solo le chiese di rito cattolico, anche gli altri cristiani subirono danni. Due anni più tardi, un tentativo di ribellione costò alla città altri trentamila morti circa e sedicimila persone ridotte in schiavitù. Ancora maggiore fu l'effetto psicologico: i musulmani che, dalla caduta di Gerusalemme, avevano quasi accettato con rassegnazione la costituzione degli Stati cristiani in Palestina, cominciarono a pensare che invece si potevano ributtare a mare, o verso Bisanzio, tutti i crociati. Melisenda era in seria difficoltà.

L'aiuto le arrivò dall'Europa. Nel 1145 papa Eugenio III promosse, insieme con il suo celebre maestro, Bernardo di Chiaravalle, dottore della Chiesa e poi santo, la Seconda crociata. Lo stesso Bernardo scrisse a Melisenda: "... l'intero fardello del regno ricadrà su te sola. Devi porre mano a grandi questioni e, nonostante tu sia donna, devi agire come un uomo e affrontare tutto ciò che ti attende con uno spirito prudente e forte...".[8] Il monaco, pur specificando, anche nelle successive missive, che Melisenda si "comportava da uomo", sembrò sempre apprezzare il suo operato.

Alla nuova crociata decise di partecipare addirittura il re di Francia, Luigi VII. In realtà l'energica regina Eleonora d'Aquitania, che sarebbe poi stata anche so-

[8] Da *The Letters of St. Bernard of Clairvaux*, traduzione di Bruno Scott James, Henery Regnery Co., Chicago 1953.

vrana d'Inghilterra, e Raimondo di Poitiers, principe di Antiochia, tentarono di dissuaderlo. Raimondo era lo zio di Eleonora, accusata di cedere troppo al suo fascino. Forse per questo motivo o perché già determinato a farlo, Luigi si mise in viaggio per Tripoli. Qui incontrò il patriarca di Gerusalemme, Fulcherio, inviato dalla regina Melisenda per convincerlo a proseguire fino alla Città Santa.

L'arrivo di Luigi era stato preceduto da quelli di Ottone di Frisinga e di Corrado III, imperatore di Germania, reduci da sonore sconfitte. Fulcherio era stato incaricato da Melisenda di impedire che Luigi marciasse su Aleppo: la regina pretendeva che le energie del monarca francese si concentrassero sulla sicurezza di Gerusalemme. Visto che Corrado aveva l'esercito decimato si sarebbe sicuramente accodato.

Dei contingenti attesi dall'Europa ne mancava, a quel punto, soltanto uno: quello dei tolosani, capeggiati da Alfonso Giordano. Questi, passato alla storia soprattutto perché con lui viaggiava il poeta provenzale Jaufré Rudel, arrivò ad Acri, si mise in marcia verso Gerusalemme e morì avvelenato a Cesarea. Sul momento non si capì chi fosse il mandante dell'omicidio, ma poi i sospetti caddero su Melisenda: la regina aveva interesse a liberare da un eventuale avversario suo cognato Raimondo II di Tripoli, solo omonimo di Raimondo di Poitiers. Il vero nome di Raimondo di Tripoli era Bertrando di Saint-Gilles: era il figlio di Raimondo di Saint-Gilles, signore di Tolosa ed eroe della Prima crociata insieme con Goffredo di Buglione. Bertrando si era impossessato di tutte le terre intorno a Tripoli, che in un primo momento erano state divise con un cugino del padre. L'arrivo di Alfonso Giordano, suo fratellastro e figlio della terza moglie di Raimondo di Saint-Gilles, Elvira, donna coraggiosa che aveva seguito il marito nella crociata, gli avrebbe posto non pochi problemi.

Fatto fuori Alfonso, Melisenda e il figlio Baldovino si riunirono proprio ad Acri con Luigi VII, Corrado III e i loro seguiti. Melisenda riuscì a dirottare le forze della Seconda crociata unicamente sulle necessità del regno di Gerusalemme. Abbandonando i precedenti obiettivi, si decise ad assediare Damasco, che pure aveva stretto una tregua con Gerusalemme: l'operazione fu breve e fallimentare, e scatenò una ridda di accuse. La crociata di fatto terminò così e in breve i crociati tornarono in Occidente.

Questo ovviamente non fece che accelerare la fine dei possedimenti cristiani in Terra Santa.

Un altro brutto colpo fu la sconfitta di Baldovino a Bosra: Melisenda aveva voluto a tutti i costi appoggiare la rivolta di Altuntash, emiro dell'Hauran, nel 1147, contro il signore di Damasco, Mu'in ad-Din Unur al-Atabeki. Pare che Baldovino, allora sedicenne, si fosse opposto alla campagna, che rompeva nuovamente il trattato di pace tra Gerusalemme e Damasco. Poi però, messo alla testa delle truppe, si intestardì nella lotta e fu sonoramente punito sia da Mu'in ad-Din sia da suo genero e signore di Aleppo, Nûr al-Dîr.

Intanto, a nord, la contessa Beatrice era rimasta sola alla guida della grande contea di Edessa, dopo la cattura del marito Josselin da parte di banditi turcomanni e la sua consegna al signore di Aleppo, Nûr al-Dîr, nel 1150. Beatrice decise allora di vendere le sue fortezze ai bizantini in cambio di una rendita per sé e per i suoi figli. E mentre si riduceva anche il principato di Antiochia, una crisi interna al regno di Gerusalemme rendeva vane le poche vittorie esterne, come la fortificazione della piazzaforte di Gaza, che proteggeva la Città Santa dall'Egitto fatimida.

Intanto era scoppiato, inevitabile, il conflitto tra Melisenda e il figlio Baldovino. Nel 1145 il futuro re, un ragazzone robusto, biondo, con la barba folta, intelligente e colto, aveva raggiunto la maggiore età: Melisenda ignorò la data, omise il nome del figlio dagli atti pubblici, come gli era dovuto, e soprattutto lo confinò, sia pure subdolamente, nei possedimenti a nord del regno. Ma il ragazzo non accettò a lungo questa sorta di esilio in patria: resistette fino al 1152, poi si appellò all'Alta corte del regno che, su suggerimento della stessa Melisenda, assegnò a lui il nord del Paese e a lei la Giudea e la Samaria, zone ben più tranquille e ricche, oltre alla stessa Gerusalemme.

Era quasi fatale che la divisione non sarebbe durata a lungo: il ragazzo era ambizioso almeno quanto la madre. Il regno si divise in due fazioni che oscillavano tra Melisenda e Baldovino, senza decidersi veramente. Dalla parte della prima si schierò suo cugino, il conestabile Manasse di Hierges, personaggio ben poco amato a corte per la sua arroganza.

I sostenitori di Melisenda vantavano le sue buone capacità di governo. Quelli di Baldovino, i suoi presunti diritti ereditari. Quasi tutti i principi, anche in Europa, erano dalla parte del ragazzo. Questo diede coraggio a Baldovino, che si fece incoronare di nascosto e, al rifiuto della madre di cedere il potere, l'attaccò. Le truppe di Melisenda furono travolte, ma la regina non voleva arrendersi e si arroccò nella torre di Davide a Gerusalemme, insieme con il figlio Amalrico. Intanto il conestabile Manasse, a cui Baldovino attribuiva molte delle incomprensioni con la madre, veniva assediato a Mirabel: dovette capitolare e andarsene in esilio.

Alla fine Melisenda cedette e consegnò il regno al figlio. La regina si ritirò allora a Nablus, e lì finì il resto dei suoi giorni. Però, Baldovino, per intelligenza o quieto vivere, non poté fare a meno delle sue capacità di governo e, dal 1154, la utilizzò come consigliera. Quindi Melisenda continuò a esercitare il suo potere, com'è testimoniato anche da Guglielmo di Tiro. Su questo punto, in realtà, non tutti gli storici sono d'accordo. C'è chi sostiene che Melisenda accettò "cristianamente" l'autorità del figlio, smise di complottare a suo danno e visse lontana dalle cose di governo.[9]

I conflitti interni avevano di sicuro indebolito il regno, ma Baldovino sognava la gloria. Lanciò allora una campagna, che aveva da tempo ideato e che la madre, probabilmente, non avrebbe approvato, contro la città egiziana di Ascalona. I franchi si accamparono sotto le mura nel gennaio 1153. La città cadde il 19 agosto, ma da lì in poi Baldovino commise solo errori: tentò di far sposare Costanza, vedova di Raimondo di Poitiers e nipote di Melisenda, a Giovanni Ruggero, cognato dell'imperatore bizantino Michele Comneno. La ragazza però rifiutò perché il candidato le parve troppo vecchio, il che la dice lunga sul carattere delle donne di famiglia. In occasione del primo matrimonio, voluto dai crociati, Costanza non si era potuta opporre. Era stata data al trentaquattrenne Raimondo di Poitiers a soli 9 anni. La madre, Alice, convinta di essere lei a dover sposare Raimondo, non era riuscita a opporsi ed era andata a chiudersi a Laodicea, dove poi era morta.

Pur di evitare Giovanni Ruggero, Costanza si innamorò subito dopo di un "pellegrino" giunto in Terra

[9] Thomas F. Madden, *Le crociate*, Lindau, Torino 2005. Stessa tesi in *Le crociate e il regno di Gerusalemme*, già citato.

Santa, il focoso avventuriero Rinaldo di Châtillon, e lo sposò, col consenso di Baldovino, nel 1153. Fu una scelta disgraziata: Rinaldo era crudele e presuntuoso, uccideva con piacere, stuprava, ma soprattutto si lanciava in imprese ingiustificabili, come il saccheggio della Cipro bizantina. Per placare l'ira dell'imperatore Manuele e riaverlo come alleato, Baldovino avrebbe poi impalmato, nel 1158, sua nipote, la tredicenne, bionda, altissima e bellissima Teodora Comnena. Rinaldo restò però inviso a tutti: quando fu fatto prigioniero dai turchi per non aver rispettato una tregua, nessuno volle pagare il riscatto e il cavaliere rimase incarcerato ad Aleppo per ben sedici anni.

A dare problemi a Baldovino III fu anche la zia Hodierna, che aveva lo stesso carattere di Melisenda, e che era entrata in lite con il marito, Raimondo II di Tripoli, uomo peraltro geloso sino alla follia. La disputa era ancora in corso, e Melisenda era intervenuta a favore della sorella, quando Raimondo venne ucciso da una setta di fatimidi, gli Hashîshiyyîn, "assassini".[10] Hodierna poté quindi prendere le redini della contea in nome del figlio dodicenne.

Melisenda si era tanto battuta contro Baldovino anche perché il suo sogno era portare sul trono il figlio cadetto, Amalrico. Lo aveva favorito in tutti i modi e gli aveva dato in appannaggio la contea di Giaffa e Ascalona. Non fece in tempo, sia pure di poco, a vedere il suo sogno avverarsi: si ammalò gravemente. Al suo capezzale vegliarono instancabili due sorelle, Hodierna, la contessa di Tripoli, e Yvetta, la badessa di Betania. "Furono convocati i migliori medici che si potesse-

[10] Il nome Hashîshiyyîn, e quindi il termine "assassini", deriva dall'alto consumo di hashish da parte degli adepti della setta.

ro trovare", scrive Guglielmo di Tiro, "e i rimedi giudicati migliori le furono applicati con assiduità."[11] Fu tutto inutile: morì l'11 settembre 1161, a 56 anni, età peraltro veneranda all'epoca.

Il 10 febbraio 1162, Baldovino III la seguì nella tomba, compianto da tutti. Evidentemente nessuno condivideva il giudizio della madre. Il re spirò dopo una breve malattia: non aveva nominato eredi e quindi gli successe il ventiseienne Amalrico. Il nuovo sovrano assomigliava molto nel fisico al fratello, era solo più grasso, e anche lui amava leggere. Prima di ascendere al trono dovette separarsi dalla moglie, Agnese di Courtenay, figlia di Josselin II di Edessa. Il patriarca di Gerusalemme aveva condannato le nozze perché i due sposi erano consanguinei. In realtà erano solo cugini di terzo grado. Pur di avere il regno, però, Amalrico accettò di lasciare la moglie a patto che fossero riconosciuti come legittimi i due figli avuti da lei: Sibilla e Baldovino IV, a cui, l'11 luglio 1174, venne trasmessa la corona. Sibilla sarebbe stata la prima donna a raccogliere l'eredità di Melisenda. Baldovino IV, giovane e capace, era gravemente malato di lebbra. Sibilla, invece, era piena di energie e dotata di una spiccata vocazione all'intrigo: sarebbe stata la protagonista di un altro periodo di lotte e complotti alla corte di Gerusalemme.[12] Dopo di lei altre donne salirono sul trono, a cominciare da Isabella, sorella di Sibilla e titolare della corona dal 1192 al 1205. La seguirono Maria de Montferrat, fino al 1212, e sua figlia Yolanda, fino al 1228. Nonostante il titolo

[11] Guglielmo di Tiro, *op. cit.*

[12] Alle vicende di Baldovino IV e Sibilla si ispira, sia pure in forma molto romanzata, il film *Kingdom of Heaven* di Ridley Scott, tradotto in italiano con *Le crociate* e interpretato da Orlando Bloom, Liam Neeson e Jeremy Irons.

di regine, però, non riuscirono mai effettivamente a regnare autonomamente e sottrarsi alla tutela dei parenti o dei mariti. Tuttavia, è significativo che la titolarità del regno di Gerusalemme, che in teoria si conservò anche dopo la perdita di tutto il territorio nel 1291 (Gerusalemme era già caduta definitivamente nel 1244 e dal 1229 i sovrani risiedevano in Europa), passò per linea femminile, da Yolanda ad Alice di Champagne e da lei ai suoi discendenti.[13]

[13] La storia, in parte romanzata, delle regine e principesse di Gerusalemme è stata raccontata da Elyane Gorsira in *Jérusalem et Byzance: Les reines de Jérusalem et les princesses de Terre-Sainte*, Le Manuscrit, Parigi 2003.

Isabella di Castiglia

La santa senza pietà

"Tu signore, che conosci i segreti dei cuori e sai di me, che non per via ingiusta... ma credendo davvero che di diritto mi spettano questi regni del re mio padre, ho fatto in modo di impossessarmene perché quello che i re miei progenitori guadagnarono con tanto spargimento di sangue non cada in mano di stirpi estranee..."

Isabella di Castiglia, secondo quanto riferito da
Hernando del Pulsar[1]

La prima cosa che colpisce di Isabella di Castiglia, regina dal 1474 al 1504, è il motto "*Tanto monta, monta tanto, Isabel como Fernando*". La prima parte, coniata dal più celebre umanista spagnolo, Antonio Helio de Nebrija, significa che una cosa equivale a un'altra. La seconda, aggiunta forse dal popolo, indica che Isabella valeva quanto il re Ferdinando, suo marito. Questa equivalenza, che in realtà sottintendeva il netto predominio di Isabella, avrebbe caratterizzato tutto il suo regno.

Isabella nacque il 22 aprile 1451 nel villaggio di Madrigal de las Altas Torres, al confine del regno di León e

[1] Da *Crónica de los Señores Reyes Católicos Don Fernando y doña Isabel de Castilla y de Aragón, escrita por su cronista Hernando del Pulgar; cotexada con antiguos manuscritos y aumentada de varias ilustraciones y enmiendas*, Biblioteca Virtual Miguel de Cervantes, Alicante 2003; la riproduzione digitale dell'edizione originale di Valencia, stampata da Benito Monfort, 1780, è su Internet: www.cervantesvirtual.com/FichaObra.html?Ref=10138&portal=33.

Castiglia, a mezza strada tra Salamanca e Segovia. Suo padre era Giovanni II di Castiglia, la madre Isabella di Portogallo, seconda moglie del re. La sua casata era quella dei Trastámara, fondata dall'avo Enrico II di Castiglia. Isabella discendeva anche da Pietro IV d'Aragona e da sua moglie, Eleonora del Portogallo, figlia del re del Portogallo, Alfonso IV. Le sue parentele regali erano molto estese e includevano, oltre ai sovrani aragonesi e portoghesi, i duchi di Lancaster, che regnarono in Inghilterra dal 1399 al 1461, e quelli di Braganza, che sarebbero saliti sul trono lusitano nel 1640.

In teoria Isabella non sarebbe dovuta ascendere al trono: era la terza figlia del re Giovanni e sorellastra del futuro re Enrico IV. Nella linea di successione sarebbe stata preceduta dall'altro fratellastro, Alfonso, e da sua nipote Giovanna, della quale era zia. Ma Isabella aveva giurato a se stessa che sarebbe stata regina di Castiglia. La sorte le concesse l'insolita fortuna di far morire prematuramente tutti coloro che le stavano davanti.

Isabella crebbe con sua madre, rimasta vedova nel 1454, ad Arevalo, un luogo così sinistro che presto la regina cominciò a dar segni di pazzia. In realtà la follia avrebbe caratterizzato diversi esponenti della famiglia. La bambina dovette imparare laggiù a leggere e scrivere, ma sappiamo ben poco della sua infanzia e della sua prima formazione.

Nel 1464 Enrico IV la chiamò a corte e le attribuì alcune rendite oltre alla villa di Casarrubios del Monte. Il re mostrò molto affetto verso Isabella e lo stesso fece l'altro fratellastro, Alfonso. Se le attenzioni dei fratelli contribuirono senz'altro a farla sentire amata, il clima a corte dovette però inquietarla. La nobiltà spagnola mal si adeguava all'idea di una monarchia forte e accentratrice e tendeva a cogliere qualsiasi pretesto per ribellarsi.

Nel vero colpo di Stato che è stato poi chiamato la "farsa di Avila", nel 1465, i nobili deposero in effigie Enrico e nominarono al suo posto il giovanissimo Alfonso. Il pretesto era quanto meno curioso. I ribelli sostenevano, pur senza prove, che Giovanna, l'erede al trono, non fosse in realtà la vera figlia del re e della sua seconda moglie, Giovanna di Portogallo, bensì figlia di lei e del suo favorito, il primo ministro don Beltrán de la Cueva. Motivo: Enrico sarebbe stato impotente. Così la ragazza fu soprannominata la Beltraneja e il padre, *el Impotente*. In realtà Enrico era un bisessuale dalle voglie piuttosto vivaci che riservava le sue prestazioni alle prostitute di Segovia e ai giovani musulmani della scorta. Nel Paese non era affatto amato, non tanto per le sue inclinazioni sessuali, quanto per la sua codardia e per la mancanza di risolutezza.

Di fronte alla deposizione, però, dovette reagire con forza. Si arrivò così alla battaglia di Olmedo del 1467, che vide Enrico schierato, e perdente, contro i più bei nomi della sua corte. Isabella rimase al margine di queste manovre, pur alleandosi con Alfonso, ma seppe poi sfruttare con astuzia le divisioni familiari.

Nel 1468, a soli 14 anni, Alfonso morì. E i nobili decisero di puntare su Isabella, tanto che corsero anche voci, mai provate, che fosse stata lei a far avvelenare il fratello. Gli aristocratici pensavano che sarebbe stata facilmente manipolabile. La ragazza però intuì che non era il caso di assecondare un colpo di Stato che l'avrebbe resa di fatto prigioniera dell'aristocrazia. Si arrivò così a un compromesso e re Enrico fu costretto a firmare, sempre nel 1468, il Pacto de los Toros de Guisando, con il quale nominava la sorella principessa delle Asturie, titolo che invece sarebbe toccato a sua figlia Giovanna. In questo modo sanciva l'illegittimità della sua vera erede. I nobili, soddisfatti, si placarono. Ma Isabella aveva già imparato la lezione: mai fidarsi delle loro scappellate e dei loro inchini.

A quel punto, tuttavia, bisognava trovare un marito alla futura regina. I candidati erano diversi. Tra di essi spiccavano Alfonso V del Portogallo; don Pedro Girón, Gran maestro dell'ordine di Calatrava; e Fernando o Ferdinando di Aragona, erede della corona dello Stato confinante.

Per fortuna di Isabella, don Pedro Girón, scelto dal fratello e nient'affatto gradito alla ragazza, passò a miglior vita. Enrico orientò allora le sue preferenze su Alfonso del Portogallo. Le Cortes castigliane, il parlamento dei nobili, avrebbero preferito un principe francese. Ma su questo punto Isabella fu irremovibile, rivelando una fermezza che sarebbe stata la cifra stessa del suo regno: voleva Ferdinando. Poiché Enrico non dava il suo consenso, Isabella decise di sposarlo in segreto. Una sfida bella e buona. Per di più, i due erano cugini secondi, discendendo entrambi da Giovanni I di Castiglia, perciò avrebbero avuto bisogno della dispensa papale per sposarsi. Poiché non riuscirono a ottenerla, ne esibirono una falsa al prete che li avrebbe uniti in matrimonio. La portò per loro l'arcivescovo Carrillo. Quella vera, da parte di papa Sisto IV, sarebbe arrivata soltanto due anni dopo, nel 1471.

Isabella era allora una ragazza minuta, bionda, con il viso tondo, i fianchi larghi e una certa tendenza a prendere peso, ma aveva gli occhi tra l'azzurro e il verde dallo sguardo vivo e invitante. Aveva compiuto 18 anni, Ferdinando ne aveva uno di meno. Lo sposo era di statura media e nell'insieme era di aspetto piacevole anche se aveva una sgradevole voce acuta e sarebbe diventato presto calvo. Suo padre, Giovanni II di Aragona, si trovava in un momento di grande difficoltà: i francesi gli stavano strappando, pezzo a pezzo, i territori sud-orientali del regno. Avevano già conquistato le terre catalane di Cerdaña e del Rosellón e si erano impossessati di Gerona. L'alleanza con la Castiglia era per lui di importanza vitale. Pur di portare dalla sua parte gli aristocratici che avevano sostenuto Isabella non lesinò promesse e regalìe. Li conquistò, insomma, con la corruzione. Anche perché, a rigore, l'unione della Castiglia con l'Aragona avrebbe causato solo guai con la Francia, mentre quella col regno del Portogallo prometteva un futuro più solido.[2] Entrambi gli Stati, e il Portogallo in particolare, cominciavano a lanciarsi nella grande avventura delle scoperte e dei commerci d'oltremare. Non solo, le loro legislazioni e i loro costumi erano più simili di quanto non lo fossero quelli di Castiglia e Aragona, tanto che i due Paesi rimasero diversi ancora a lungo dopo la morte di Isabella e l'unificazione delle due corone.

Ma Isabella, appunto, voleva Ferdinando e dal suo ritiro di Ocaña dichiarò la sua scelta irrevocabile.

Si sposarono nella fredda mattina del 19 ottobre 1469 a Valladolid. Il loro matrimonio avrebbe cambiato la storia della Spagna.

Quelli che sarebbero stati chiamati *los Reyes Católicos* iniziavano dunque il loro cammino congiunto in modo ben poco ortodosso per la Chiesa.

La coppia avrebbe avuto cinque figli. Inoltre Ferdinando, pur proclamando sempre di amare moltissimo la moglie, ebbe tre bambine e un maschio dalle sue amanti.

Tolte le infedeltà, Ferdinando si rivelò una buona

[2] Lo sostiene Juan Eslava Galán in *Historia de España contada para escépticos*, Planeta, Barcellona 2004.

scelta. Soprattutto rispetto agli altri pretendenti: il duca di Gloucester, per esempio, il futuro Riccardo III d'Inghilterra,[3] la cui candidatura era stata proposta dal suo stesso Paese, era deforme e si sarebbe rivelato molto malvagio.[4]

Quando venne a sapere che sua sorella si era sposata contro la sua volontà, Enrico IV montò su tutte le furie, cancellò le precedenti decisioni e tornò a riconoscere sua figlia Giovanna e quindi a designarla come erede al trono. Il risultato fu, nel 1470, una guerra civile, che tuttavia all'inizio si svolse più che altro a colpi di proclami, editti, tradimenti e cambi di alleanze; Isabella e Ferdinando non disponevano di forze sufficienti e si rifugiarono a Medina de Riseco. In compenso il numero dei sostenitori crebbe in fretta: si schierarono dalla loro parte i Paese Baschi, la Borgogna, il papa e la potente famiglia Mendoza.

La posizione di Isabella si rafforzò a tal punto che lo stesso Enrico IV si convinse di dover negoziare. Ma improvvisamente, nella notte tra l'11 e il 12 dicembre 1474, a Madrid, il sovrano morì senza fare testamento. Di nuovo si parlò, ma senza prove a sostegno, di un avvelenamento voluto da Isabella. In ogni caso la ragazza non perse tempo e, invocando il trattato di los Toros de Guisando, il 13 dicembre, a Segovia, si proclamò regina di Castiglia. Il 15 gennaio fu incoronata.

Giovanna, la nipote, in teoria la legittima erede al trono dopo il ripensamento del padre, non volle darsi

[3] Cfr. *Queen of Castile: Critical Essays*, una raccolta di saggi a cura di David A. Boruchoff, Palgrave / St. Martin's Press, New York 2003. Altri storici ritengono che il candidato sposo di Isabella fosse il fratello di Riccardo III, Enrico IV, che però aveva sposato di nascosto nel 1464 Elizabeth Woodville.

[4] William Shakespeare lo immortalò in uno dei suoi più celebri drammi, *Riccardo III*, in cui il re diventa l'emblema stesso della malvagità umana.

per vinta e, appoggiata dai suoi vecchi nemici che ora la preferivano alla troppo determinata Isabella, scese in campo contro la zia. Aveva solo 13 anni ed è quindi molto probabile che la decisione di combattere non fosse stata sua.

Nel gennaio del 1475 Isabella e Ferdinando firmarono un patto chiamato "la Concordia de Segovia" che stabiliva le loro rispettive competenze. Isabella vi veniva definita "regina e proprietaria della Castiglia" e Ferdinando riceveva il titolo di re. L'accordo, che ribadiva quanto puntualmente era già stato specificato nel contratto di matrimonio, rivelava che la scelta di Isabella di sposare Ferdinando era stata tutt'altro che un colpo di testa dettato dall'amore: i due tennero sempre ben distinti i loro ambiti di potere. Fino alla morte di Isabella, Ferdinando non fu mai sovrano di Castiglia e solo in veste di reggente si trovò in alcuni casi a prendere delle decisioni. La divisione dei due regni era così ben definita che anche le conquiste territoriali rimasero spartite: Granada, le Indie, ossia l'America, e la Navarra avrebbero fatto parte della corona di Castiglia. Napoli, di quella d'Aragona.

In compenso la "Concordia" rese la coppia reale una vera, indissolubile alleanza che dimostrò subito la sua solidità nella guerra civile contro Giovanna. Gli scontri militari si protrassero dal 1475 al 1479 e poiché il Portogallo e la Francia sostennero Giovanna, mentre l'Aragona si schierò con Isabella, la guerra divenne internazionale. In particolare Alfonso V di Portogallo, fratello della madre della Beltraneja, accettò di sposare la nipote e tentò di invadere, in suo nome, la Castiglia. In un primo momento sconfisse Isabella nelle vicinanze di Toro, ma subito dopo fu a sua volta sconfitto da Ferdinando, nella stessa località, il 1° marzo 1476. In più la

Francia non riuscì a sbarcare nel nord, nella provincia di Guipuzcoa, per le resistenze basche. Questo volse il conflitto a favore di Isabella. Già nel 1476 le Cortes di Madrigal, altro Parlamento nobiliare, la confermarono come regina, e lei concesse il perdono agli ex nemici che accettassero di renderle omaggio. L'abile atto di clemenza assottigliò le file di Giovanna. Nei tre anni successivi le truppe della nuova regina soffocarono i focolai di resistenza nel sud, in Extremadura e in Andalusia. Il che rivela che non tutti volevano ancora piegarsi alla sovranità di Isabella. Nel 1479 Alfonso tentò un ultimo attacco dal Portogallo, ma fu definitivamente sconfitto da Ferdinando ad Albuera, presso Merida, il 24 febbraio. I Trattati di Alcaçovas-Toledo, del settembre 1479, posero fine alla guerra. Da quel momento Isabella sarebbe rimasta saldamente sul trono.

Nello stesso anno morì il padre di Ferdinando, Giovanni II di Aragona, e il fortunato sposo della sovrana di Castiglia divenne a sua volta re.

Subito dopo Isabella spedì la Beltraneja, che aveva compiuto 17 anni, nel convento di Santa Clara a Coimbra, in Portogallo. Non sentendosi ancora sicura, Isabella tempestò di richieste il pontefice fino a che non ottenne una bolla papale che confinava a vita la nipote nel monastero. La Beltraneja ne sarebbe uscita solo alla morte dei *Reyes Catolicos*. Si sarebbe spenta a Lisbona nel 1530, e in tutti quegli anni di esilio avrebbe sempre preteso di essere chiamata "regina di Castiglia".

Alla fine del conflitto, né la Castiglia né l'Aragona si trovavano in buone acque. La Castiglia era un Paese povero, sottosviluppato, che poteva vantare solo una fiorente esportazione di lana. I danni della guerra civile si erano assommati a quelli della cronica corruzione del clero e della nobiltà. La società castigliana dell'epoca era profondamente diseguale. Al vertice c'erano una dozzina di "grandi" di Spagna che possedevano quasi il novanta per cento delle terre; seguiva la piccola nobiltà, gli *hidalgos*, poco più di sessantamila persone, che godevano di alcuni privilegi, tra i quali l'esenzione fiscale. Quindi venivano i *pecheros*, cioè tutti coloro che pagavano le tasse, e infine il popolo minuto, poverissimo.

Anche l'Aragona usciva economicamente rovinata dalla guerra contro la Francia. Ma soprattutto, entrambi i sovrani dovevano affrontare lo stesso problema: una nobiltà troppo potente, violenta e indisciplinata.

In compenso avevano lo stesso carattere: erano pragmatici e ambiziosi. L'immagine che essi stessi e poi la Chiesa e la storiografia conservatrice spagnola hanno tramandato è del tutto edulcorata. Isabella, in particolare, a parte una devozione più che bigotta e una marcata tendenza all'integralismo religioso, fu tutt'altro che una santa donna.

Per prima cosa, dunque, i sovrani decisero di fare abbassare la testa alla nobiltà; per riuscirci non lesinarono alcun mezzo: abbatterono castelli, distrussero le mura delle cittadine fortificate. Ma soprattutto riformarono il vecchio Consejo Real, il consiglio reale, di origine medievale, e di fatto lo sostituirono con una burocrazia di palazzo, nella quale furono ammessi anche funzionari di origine umile o quanto meno non nobile. Già nel 1476, con l'editto di Madrigal de las Altas Torres, fu istituita la Santa Hermandad, una specie di milizia locale con poteri di polizia, anche politica, che ebbe il grande merito di liberare i contadini dai banditi che infestavano le campagne; solo dalla Galizia ne fuggirono quindicimila.

Nel 1480 furono attuate una serie di riforme amministrative e fiscali; nel frattempo, vennero riviste tutte le concessioni di Enrico IV ai nobili. Parte dei soldi di cui si erano impossessati fu distribuita alle vedove e agli orfani della guerra civile, misura che rese Isabella straordinariamente popolare. Venne poi creata una Cancelleria reale a Valladolid che sarebbe stata affiancata da un'altra Cancelleria reale, a Granada, nel 1505. Tra le novità più importanti ci fu anche la creazione di un esercito permanente che ebbe il suo nucleo principale nella Guardia Real, nelle milizie urbane e nella Santa Hermandad.

Rafforzare il potere centrale costituiva il primo passo per rendere più moderna la Spagna. I funzionari servirono a creare veri e propri ministeri, in particolare delle Finanze, dell'Inquisizione e degli Ordini di cavalleria. Quest'ultimo esercitò una notevole influenza poiché, fino alla definitiva cacciata dei musulmani dalla Spagna, le istituzioni cavalleresche ebbero un peso fondamentale e patrimoni notevolissimi. Ferdinando si mise alla testa di tre Ordini, quello di Calatrava, quello di Alcántara e quello di Santiago, e con questa autoproclamazione rafforzò molto la monarchia.

Ancora più importante fu la nazionalizzazione della Chiesa cattolica: Isabella e il marito si arrogarono il diritto di concedere le principali cariche ecclesiastiche in Spagna e la decisione, paradossalmente, li rese più forti anche nei riguardi della nobiltà. Pur di ottenere vescovadi e priorati per i loro figli cadetti, molti aristocratici si piegarono all'obbedienza.

Nel frattempo il potentissimo cardinale Francisco Ximenes de Cisneros, ex francescano diventato confessore della regina, si impegnava, su sua indicazione, a riformare gli ordini religiosi. E la nuova figura burocratica del *corregidor*, una specie di prefetto, si installava in ogni città per esercitare il potere nel nome della regina.

Di pari passo con la firma delle riforme, Isabella e Ferdinando si preoccuparono di farsi conoscere in tutti i loro territori: dopo la vittoria del 1479 si erano recati in Aragona con il primo figlio maschio, Giovanni, nato nel 1478; in seguito si spostarono in Catalogna e quindi andarono a Valencia. Viaggiare, ricevendo via via l'omaggio delle nobiltà locali, si rivelò un modo assai efficace di controllare il regno. Si trattava di terre molto vaste: quando Isabella salì sul trono la Castiglia era composta dalle Asturie, dalla Galizia, dal Léon, dalle Province basche, da Valencia, dall'Andalusia (tranne il regno arabo di Granada) e della Murcia. L'Aragona di Ferdinando, invece, si estendeva dai Pirenei a Valencia, ma comprendeva anche la Sicilia e la Sardegna, oltre alle Baleari.

I nobili non abbassarono facilmente la testa, ma Isabella non si lasciò mai spaventare, anzi, diede loro un chiaro avvertimento: potevano restare a corte o ritirarsi nei loro possedimenti, ma finché Dio le avesse conservato il posto a cui era stata chiamata, avrebbero dovuto rassegnarsi al fatto che non sarebbe mai stata un giocattolo nelle loro mani.

Il 1492 fu un anno decisivo per la Spagna, in cui maturarono tutte le scelte espansioniste della politica estera di Isabella: la prima fu la conquista di Granada, che poneva fine alla guerra contro l'ultimo regno musulmano dell'Europa occidentale, iniziata nel 1481. Il sovrano di Granada si chiamava Abul Hasán Alí: difendeva posizioni molto ben fortificate, ma aveva di fronte nemici disposti a schiacciarlo a qualsiasi costo. Isabella e Ferdinando approfittarono dei suoi dissidi con il figlio, Boabdil, che lo sostituì sul trono. Abul Hasán Alí si era nel frattempo rifugiato a Malaga, che venne conquistata dai cristiani nel 1487. Granada rimase davvero isolata: il 28 novembre del 1491 si arrivò a un accordo che prevedeva l'espulsione di tutti gli abitanti. Il 2 gennaio 1492 Isabella e Ferdinando presero possesso dell'Alhambra e Boabdil consegnò loro le chiavi della città prima di chiudersi in un piccolo dominio nell'Alpujarras, regione a sud della Sierra Nevada.

Forse fu questo l'episodio che rese più felice Isabella: Granada aveva costituito per lei una vera ossessione. L'adorava, paradossalmente, proprio per la sua splendida architettura moresca, lei che professava tanto odio verso gli infedeli. La leggenda popolare vuole che nel 1491 Isabella avesse fatto voto di non cambiarsi mai la biancheria intima e la camicia finché non avesse preso la fortezza. Oggi sappiamo che era una donna pulita per la sua epoca, tanto che il suo confessore le rimproverava di eccedere nella cura della sua persona. In compenso questi voti erano tutt'altro che rari, anche tra regine e principesse. Giovanna la Pazza, la figlia di Isabella, passava lunghi periodi senza lavarsi, purché i suoi desideri si esaudissero.

Il secondo importante avvenimento del 1492 fu la conquista delle Canarie, in particolare le tre isole maggiori, Gran Canaria, La Palma e Tenerife. Il terzo, la "scoperta" dell'America da parte di Cristoforo Colombo.

Quest'ultimo evento, decisivo per la storia mondiale, costituisce un capitolo a sé, nel sapiente gioco di scaltrezze e ferocie di Isabella. A differenza dei cosmografi spagnoli e portoghesi, che erano arrivati a calcolare esattamente la circonferenza della Terra, Cristoforo Colombo sosteneva che fosse molto più piccola. In realtà, forse perché l'aveva sentito da un naufrago delle Canarie, Colombo sapeva che c'erano almeno due isole (che poi si sarebbero rivelate essere quelle del Golfo del Messico) tra l'Europa e l'Asia che gli avrebbero consentito di fare una sosta e rifornire le navi. Fu questa certezza, accompagnata da un errore scientifico ma anche da una straordinaria capacità di incantare il prossimo, che gli permise al terzo tentativo, nel 1492, di convincere Isabella e Ferdinando a concedergli non solo le famose tre caravelle, ma soprattutto un terzo dei benefici, un decimo delle mercanzie, un vitalizio e le cariche di viceré e governatore delle terre "scoperte". Quello che Colombo non sospettava è che Isabella era ancora più furba e prepotente di lui. Avrebbe rinnegato il patto e lo avrebbe addirittura sbattuto in prigione.

In questa curiosa gara di imbrogli si sarebbe inserito anche il Portogallo: quando Isabella, di fronte alle proteste portoghesi, invocò il papa (lo spagnolo Alessandro VI, il celebre papa Borgia) perché attribuisse la sovranità sulle nuove terre, il pontefice, con la bolla *Inter Caetera* del maggio 1493 e poi con il Trattato de Tordesillas del 1494, scelse dopo qualche ripensamento di fissare il confine tra le conquiste spagnole e quelle portoghesi lungo il 46mo meridiano. La scelta resta misteriosa perché ufficialmente il confine cadeva in mezzo al mare e quindi non si capiva perché mai i portoghesi l'avessero accettato, dovendo rinunciare a tutta l'America e avendone in cambio solo l'Africa e qualche isola. In realtà lasciava loro il Brasile, la terra più ricca d'America, la cui scoperta era forse stata taciuta da Lisbona. Quindi alla fine Isabella, la grande ingannatrice, fu ingannata.

Per amministrare e soprattutto far rendere i nuovi territori, Isabella istituì le *encomiendas* e le *haciendas*; le prime erano assegnazioni a un nobile di un gruppo di indios che lavorassero per lui la terra; in cambio gli indios dovevano essere evangelizzati, nutriti e assistiti. Va detto che i due re promulgarono molte leggi a favore degli indigeni. Isabella si ricordò di loro anche in punto di morte. Il problema è che non riuscirono quasi mai a farle rispettare. La conquista si trasformò in una mattanza. Questo suscitò in Spagna un ampio e vivace dibattito: da una parte i sostenitori delle conquiste, ufficialmente per la gloria di Dio e della Spagna, come aveva detto lo stesso Colombo. Dall'altra i pochi illuminati, che si battevano per i diritti degli indios. Alla fine fu la certezza che l'evangelizzazione, anche forzata, fosse un dovere dei cristiani a offrire la giustificazione sia delle conquiste, sia del fatto che dovesse essere proprio la Spagna a condurle. Così come prima i *Reyes Catolicos* erano stati il braccio armato di Dio per cacciare gli infedeli dalla Spagna, ora diventavano i suoi messaggeri-soldati per convertire popolazioni che ancora non avevano conosciuto il messaggio di Gesù. Peccato che la catechizzazione degli indios dei Caraibi si rivelò una chimera visto che morirono quasi tutti nel giro di venticinque anni.

Se le responsabilità di Isabella e Ferdinando nello sterminio degli indios sono indirette, ben diverso è il discorso per i musulmani e gli ebrei di Spagna. I sovrani erano persuasi che, per rendere il Paese sempre più unito, si dovesse uniformarlo almeno religiosamente: le minoranze erano pericolose. I tre gruppi che costituivano per loro una minaccia erano appunto i "mori", gli ebrei e i cosiddetti *marranos* e *moriscos*, ovvero i discendenti di ebrei e musulmani convertiti al cristianesimo. Sia Isabella sia il popolino diffidavano della sincerità della loro conversione. Il sospetto era fondato, dato che quasi tutti erano stati battezzati a forza.

Per questo, nello stesso anno della scoperta dell'America, il 31 marzo 1492, con il Decreto dell'Alhambra, circa centocinquantamila o forse duecentomila ebrei furono espulsi dalla Spagna, nella quale vivevano da secoli e secoli. I più poveri finirono in Nord Africa, dove furono in genere accolti male, se non addirittura derubati e assassinati. I più ricchi si rifugiarono in Portogallo, nei Paesi Bassi e nell'Impero turco.

Cacciati gli ebrei, Isabella e Ferdinando si accanirono, come non era mai accaduto nella storia, contro i convertiti. Per questo usarono l'Inquisizione che, da braccio della Chiesa, si trasformò in strumento dello Stato. Poiché i convertiti appartenevano all'oligarchia della ricchezza, Ferdinando e Isabella riuscirono così anche a riempire i loro forzieri.

L'Inquisizione era stata creata nel 1233 da papa Gregorio IX con la bolla *Inquisitio Haereticae Pravitatis* e "perfezionata" nel 1252 da Innocenzo IV, che permise la tortura nei processi: non fu ovviamente una prerogativa spagnola. Anzi, in alcuni Paesi si rivelò addirittura più feroce. Ma in nessun posto durò tanto a lungo né fu così estesa e tenace[5] come in Spagna, o meglio ancora in Aragona, dove la debolezza del potere regio e della sua giustizia furono compensate dalla forza dei tribunali ecclesiastici. Chiesa e Stato funzionavano come un meccanismo perfetto: siccome i sacerdoti non potevano condannare direttamente a morte, dovevano per forza usare tribunali civili; poiché però le accuse erano di eresia, c'era bisogno di un tribunale religioso per formularle. L'Inquisizione spagnola, che arrivò quando quella medievale, la prima, era da tempo in decadenza, fu istituita da papa Sisto IV, su richiesta di Isabella e Ferdinando, nel 1478, con la bolla *Exigit sinceras devo-*

[5] Juan Eslava Galán, *op. cit.*

tionis affectus. Le prime condanne si ebbero a Siviglia nel 1481. Ma il terrore arrivò nel 1487 con la nomina a Inquisitore generale di Spagna, da parte di Innocenzo VIII, dell'implacabile Tomás de Torquemada, domenicano e, dal 1474, confessore di Isabella e di Ferdinando. Il monaco, che approvò tutte le misure più dure contro ebrei, musulmani e convertiti, fece condannare al rogo circa duemila persone.

Poiché i *conversos*, i convertiti, erano riusciti a inserirsi in tutti i posti chiave della società, arrivando perfino nei vescovadi, e avevano acquisito importanti titoli nobiliari, senza contare che erano ormai circa cinquecentomila, perseguitarli provocò un vero terremoto sociale.

Quello che Isabella e Ferdinando non avevano saputo valutare furono i danni economici causati, alla lunga, dall'espulsione degli ebrei e dei convertiti, i più abili operatori economici, non solo in terra di Spagna; i forzieri reali tornarono in fretta a svuotarsi, e forse per questo divenne così ossessiva la caccia all'oro americano, che in effetti si rivelò più un mito che una realtà.

In più, una volta instaurata, l'Inquisizione divenne un'istituzione inarrestabile che durò ben oltre il regno di Isabella: ufficialmente fu abolita soltanto il 15 giugno 1834, sotto la reggenza di doña Maria Cristina, anche se già nel '700 era in declino. I danni alla cultura e alla libertà di pensiero sarebbero stati immensi.

Nel 1502 furono espulsi anche i pochi musulmani rimasti dopo la conquista di Granada, e tutte le moschee vennero trasformate in chiese. Chi restò si convertì al cristianesimo, fingendo di piegarsi pur di non dover abbandonare le proprie terre per un futuro incerto in Nord Africa. I sovrani e il popolino continuarono però a diffidarne e li perseguitarono in tutti i modi, soffocando le loro tradizioni e vietando l'uso dell'arabo. Non li espulsero, però. Non potevano permetterselo.

Nel frattempo, nel 1494, Isabella e Ferdinando erano stati proclamati dal papa *los Reyes Catolicos*, titolo a cui tenevano moltissimo, in concorrenza con il monarca francese che già deteneva quello di "re cristianissimo". La rivalità con la Francia, in parte ereditata dal re di Aragona, in parte maturata durante la guerra civile contro la Beltraneja, spinse Isabella ad attuare una politica matrimoniale, per quanto riguardava i suoi figli, tutta in chiave antifrancese. La figlia Isabel, Isabella, nata nel 1470, fu data in moglie al principe portoghese don Alfonso e, quando rimase vedova, sposò il suo erede, don Manuel il Fortunato; Giovanni si unì a Margherita d'Austria, figlia dell'imperatore Massimiliano I e di Maria di Borgogna; Giovanna, che nacque nel 1479 e che sarebbe passata alla storia come la Loca, la Pazza, uno dei personaggi più drammatici e affascinanti della storia di Spagna, avrebbe sposato Filippo d'Austria, il Bello, anch'egli figlio dell'imperatore; María, nata nel 1482, sarebbe andata in sposa al cognato, Manuel di Portogallo, rimasto vedovo di Isabel; Catalina o Caterina, nata nel 1485, sarebbe stata la moglie di Arthur Tudor, principe del Galles e poi, alla sua morte, la prima consorte di Enrico VIII di Inghilterra. Tutti questi matrimoni erano architettati per circondare la Francia. Nessuno di essi avrebbe reso felici i contraenti.

Nella perfezione di questo disegno, nel 1497 venne a mancare l'erede al trono, Giovanni. Isabella cadde allora in una profonda depressione. Un anno dopo morì di parto la figlia Isabel, seguita due anni più tardi dal suo bambino, Miguel, erede al tempo stesso della corona di Portogallo, di Castiglia e di Aragona.

Isabella lesse in tanti lutti una condanna di Dio. Si

ammalò di cancro. Morì il 26 novembre 1504 a Medina del Campo. Nel testamento dichiarava sua erede come "regina e padrona della Castiglia", la figlia Giovanna. Non c'era da stupirsene: era stata da sempre convinta che le donne potessero comandare come gli uomini. Anche per questo aveva affidato l'educazione delle sue figlie alla donna più colta del suo secolo, Beatriz Galindo, soprannominata la Latina, nata nel 1474, scrittrice, poetessa, umanista, dottore in retorica, teologia e medicina.

Beatriz, che era anche consigliera e amica della regina, le rimase accanto fino alla morte.[6]

Isabella non immaginava che a rendere inattuabile il suo testamento sarebbe stato proprio Ferdinando. Il re fece dichiarare pazza Giovanna, rinchiudendola in fortezze sempre più spoglie e impedendole di esercitare il potere, con la complicità del marito Filippo, di cui pure la ragazza era innamoratissima.[7] Sarebbe stato comunque il figlio di Giovanna, Carlo d'Asburgo, a salire sul trono di Spagna e del Sacro romano impero, con il nome di Carlo V.

Isabella fu sepolta a Granada. Ferdinando, che si sarebbe spento a Madrigalejo nel gennaio del 1516, venne tumulato al suo fianco. Ancora oggi sono insieme nella cappella reale decorata dallo scultore italiano Do-

[6] Così appare in un dipinto dell'800, il *Testamento de Isabel la Católica*, di Eduardo Rosales, oggi al Museo del Prado di Madrid: una raffigurazione romantica, che sottolinea però l'importanza di Beatriz, al capezzale di Isabella con pochissimi altri personaggi della corte. La Latina lasciò in eredità a qualsiasi donna che ne avesse sentito la necessità "una stanza tutta per sé", ovvero una camera nell'ospedale da lei fondato, dove raccogliersi in silenzio per meditare e studiare.

[7] La drammatica vicenda di Giovanna la Pazza è stata ricostruita in un mediocre film, *Juana la Loca*, di Vicente Aranda, del 2001, e in un bellissimo romanzo, basato sui documenti storici, *El pergamino de la seducción*, di Gioconda Belli, Seix Barral, Barcellona 2005. Da leggere anche la biografia di Edgarda Ferri, *Giovanna la Pazza*, Mondadori, Milano 1997.

menico Fancelli, un artista rinascimentale morto a Saragozza nel 1519.

Nel 1958 l'arcivescovo di Valladolid, García Goldáraz, con il fortissimo sostegno del dittatore Francisco Franco, avviò la richiesta di beatificazione e anche di santificazione di Isabella. L'apertura del processo, nel 1972, da parte di papa Paolo VI, scatenò l'opposizione delle organizzazioni ebraiche, dei teologi della liberazione e del cardinale Jean-Marie Lustiger, arcivescovo di Parigi e originario di una famiglia ebrea praticante. Per questo la procedura si arenò. Nel 1990 fu riaperta da una biografia di Isabella di 1.074 pagine, stampata a Valladolid dalla tipografia Sever-Cuesta e destinata solo al Vaticano e ad alcuni cardinali. Vi si sosteneva che Isabella avesse anche, in tempi recenti, compiuto due miracoli. La pratica, che continua a scatenare violente polemiche sia da parte dei sostenitori[8] sia degli oppositori, è ancora in corso.

[8] Vero paladino di Isabella è Jean Dumont, in *La regina diffamata*, Sei, Torino 2003. Lo stesso vale per Luis Suárez Fernández, *Los Reyes Católicos*, Rialp, Madrid 1989. Su un fronte totalmente opposto il divertente spettacolo di Dario Fo e Franca Rame, *Isabella, tre caravelle e un cacciaballe*, del 1963. Fra le tante biografie di Isabella, uscite nel 2004, soprattutto in Spagna, per il cinquecentenario della morte, da segnalare *Isabel la Católica, reina de Castilla*, AA.VV., Lunwerg, Barcellona 2004.

ANNE DE PISSELEU
LA FAVORITA TRADITRICE

"Quando una donna si introduce nel letto del re, tutti i suoi amici vogliono nuotare nel solco del materasso"

Antico detto francese

Aveva una smisurata stima della propria grandezza unita a una totale incomprensione degli eventi che stava vivendo e condizionando: Anne de Pisseleu, ovvero Madame d'Etampes, favorita di Francesco I, non si è forse mai resa conto di quanto i suoi irrazionali capricci abbiano nuociuto alla Francia. Ma è probabile che, anche se ne fosse stata consapevole, non avrebbe mutato comportamento. In qualche modo la sua pretesa di essere giudicata dalla corte "la più bella del reame" ricordava il mito del giudizio di Paride e la sfida tra Afrodite, Era e Atena: anche per Anne la vittoria, o la sconfitta, valevano una guerra.

Come amante "ufficiale" del re, Madame d'Etampes ha avuto un peso determinante sulla tormentata e splendida storia di Francia del '500. Ma dalle inutili ritorsioni contro artisti del calibro di Benvenuto Cellini al tradimento in favore dell'imperatore austriaco Carlo V, il maggiore avversario di Francesco I, quasi nessuna delle sue azioni ha giovato al suo Paese e al suo tempo.

Anne de Pisseleu d'Heilly nacque nel 1508 a Fontaine-Lavaganne, una cittadina dell'Oise, che a sua volta è uno dei tre dipartimenti in cui si divide la Piccardia, una regione agricola nel nord-est della Francia. Qualche storico ha ipotizzato che Anne fosse nata nel castello di Beaucamps Le Jeune, che di sicuro le sarebbe appartenuto più tardi, ma che all'epoca era di suo zio. La confusione è generata dal fatto che lo zio e il padre si chiamavano nella stessa maniera: Guillaume de Pisseleu. Il padre in più aveva il titolo di cavaliere d'Heilly ed era capitano di cinquanta uomini d'armi. Di lui però si ricorda soprattutto il numero dei figli: trenta.

La madre di Anne, Anne Sanguin, vantava origini altrettanto aristocratiche. Questo non vuol dire che vivessero nel lusso. Dopo la morte precoce della mamma, la bambina fu allevata nel castello d'Heilly e non in quello di Fontaine-Lavaganne, che era in rovina. A educarla fu la matrigna, Madeleine de Laval, che si rivelò un'ottima insegnante: diede ad Anne una formazione completa, le regalò l'interesse per la letteratura, la conoscenza delle arti e della scienza. Anne avrebbe amato i classici greci e latini e si sarebbe cimentata, come peraltro tutte le dame di corte della sua epoca, nella composizione di versi.

Nel 1522, a soli 14 anni, la bella Pisseleu venne mandata a corte, a Parigi. L'anno successivo diventò damigella d'onore di Luisa di Savoia, madre del re Francesco I e donna di straordinaria tempra.

Per tre anni Anne poté fare, presso la regina madre, un eccezionale apprendistato di galanteria, buone maniere e arte della seduzione. In campagna non avrebbe trovato maestre all'altezza.

Ma tanto Parigi era la miglior scuola possibile per una dama ambiziosa, quanto la corte – alla quale Francesco I, erede della stirpe dei Valois, aveva imposto la sua sconfinata passione per l'Italia – era un nido di serpi. La scarsa lungimiranza politica di Francesco non contribuiva a rendere il clima più sereno. Il re, bello, affascinante, alto quasi due metri, amante del lusso e dei piaceri, tollerante, spavaldo e impulsivo, rischiò di mandare in rovina il Paese perché la sua fissazione di conquistare l'Italia lo costrinse a continue guerre, quasi tutte perse, contro l'imperatore Carlo V, padrone di Spagna e Austria. Alle sconfitte seguivano gravi umiliazioni. In particolare, il 24 febbraio del 1525, dopo un decennio di battaglie, Francesco fu battuto a Pavia dalle truppe dell'imperatore e fatto prigioniero. La Francia rimase in balia degli eserciti avversari e il re fu condotto in una sinistra torre di Madrid. Abituato alla lotta, alla caccia, alla guerra, ai tornei, ma soprattutto agli esercizi amorosi, Francesco rischiò di morire di tristezza in quella segreta. Ma Carlo non poteva perderlo.

Fu sua madre Luisa, aiutata dalla figlia, Margherita di Valois, altrettanto intelligente e abile, a gestire il regno in sua assenza e trattare la liberazione. Le condizioni poste da Carlo V furono pesantissime, ma vista la situazione, Francesco accettò e firmò il Trattato di Madrid. In compenso affermò da subito, secondo l'antico codice cavalleresco, che non sarebbe stato obbligato a tener fede, in futuro, a impegni presi sotto costrizione. Intanto, però, non solo cedette all'imperatore alcune terre, ma promise di offrire, come ostaggi, i suoi due figli maschi: il delfino, ovvero l'erede al trono, Francesco, che aveva 8 anni, ed Enrico, di 7.[1]

A sostenere Francesco durante la prigionia, e forse a

[1] Aveva anche un terzo figlio maschio, Carlo, che però era troppo piccolo per essere dato in ostaggio: aveva solo 3 anni. I tre bambini, così come le quattro figlie femmine, erano nati da Claudia di Francia, la prima moglie di Francesco, morta a soli 25 anni il 20 luglio del 1524.

garantirne la sopravvivenza, fu Eleonora d'Austria, sorella di Carlo V e vedova del re di Portogallo. La ragazza, bruttina, bassa e tarchiata, col labbro sporgente tipico degli Asburgo, ma buona e dolce, trascinava una vita piuttosto triste a Madrid in attesa che l'imperatore le trovasse un nuovo marito. Iniziò a far visita di nascosto e a suo rischio, al re francese, che ricambiò con impeto e galanteria la sua disponibilità e le dedicò versi ardenti. A quel punto Carlo V propose a Francesco, che era vedovo, di sposare Eleonora. Il re di Francia accettò. Il 21 febbraio 1526 Carlo aprì le porte della segreta e dopo qualche giorno di festeggiamenti, il 15 marzo, lo restituì al suo Paese prendendosi i due figli.

Lo scambio avvenne sull'Isola dei Fagiani, al centro del fiume Bidassoa, che segnava il confine meridionale tra Francia e Spagna. Arrivato a Bayonne, Francesco incontrò sua madre, Luisa, venuta ad accoglierlo. Fu lei a spingergli innanzi una ragazza bionda, dagli occhi azzurri e la carnagione pallida, con il corpo armonioso e l'aria falsamente candida: Anne. Al re piacque immediatamente. Ma sarebbe diventata la sua favorita soltanto nel 1528. Perché in teoria, all'epoca, era "in carica" un'altra maîtresse, bruna questa volta, e dagli occhi blu. Si chiamava Françoise de Foix, contessa di Châteaubriand, ed era amata dal sovrano sin dal 1516.

Era stata però allontanata dalla corte, durante la prigionia di Francesco, da Luisa, che l'accusava di essere vicina a Carlo, duca di Borbone, prima eroe della battaglia di Marignano e poi ribelle ai danni della corona. La regina madre non aveva permesso a Françoise di raggiungere Francesco a Bayonne: i due amanti si erano rivisti a Bordeaux poco tempo dopo. Da quel momento tra Anne e Françoise si svolse una lotta feroce che terminò con la vittoria della giovane piccarda.

Françoise si ritirò, restando comunque in ottimi rapporti col re.[2]

Francesco, intanto, non rispettò neanche uno degli impegni presi a Madrid, tanto meno quello di sposare Eleonora, e riprese la sua vita di bagordi. Anne era già al suo fianco e poté subito rendersi conto di quanto potere avessero le donne a corte. Fu Luisa, in particolare, a firmare con Margherita d'Austria, zia dell'imperatore, l'ennesima tregua con gli Asburgo, che permise il ritorno a casa dei due figli di Francesco. La cosiddetta "pace delle due dame" fu sancita a Cambrai il 3 agosto 1529. I bambini erano vissuti in condizioni disumane e quasi non parlavano più. Enrico, in particolare, avrebbe per questo sempre odiato il padre e quindi la sua favorita, Anne.

La bella Pisseleu, che forse, come dama di Luisa, aveva assistito alle trattative con Margherita e comunque ne aveva sentito parlare, sapeva bene che le due regine erano state più volte sul punto di prendersi per i capelli. Sarebbe stata degna erede di tale sorprendente stile di corte.

Non solo, Anne fu subito causa di un contrasto tra Francesco e la madre proprio in occasione delle trattative di Cambrai. Il riscatto richiesto per la liberazione dei principini era altissimo. Luisa riuscì a portarlo a due milioni e quattrocentomila scudi d'oro, ma la Francia non si sarebbe potuta permettere una cifra del genere. Luisa ricordò allora al figlio la promessa di spo-

[2] La tragica storia della bellissima Françoise de Foix ha ispirato anche gli artisti. Messa incinta a 12 anni dal futuro marito, Jean de Laval, l'aveva amato fino a che Francesco I l'aveva resa la sua favorita. Il geloso de Laval si avvantaggiò dei grandi benefici concessi dal re a sua moglie, poi si fece proclamare suo erede. Il 16 ottobre 1537, dopo averla tenuta per mesi in una stanzetta al buio, le fece tagliare le vene e la lasciò morire dissanguata. A lei si ispira un'opera di Gaetano Donizetti, *Francesca di Foix*, del 1831. Il lavoro si basa su un libretto già musicato da Henri-Montan Berton (*Françoise de Foix*, Parigi 1809).

sare Eleonora: Francesco, che era innamoratissimo di Anne, non ci pensava affatto. La ragazza, che aveva già manifestato un'incredibile tempra da dominatrice, lo spingeva a rifiutare. Luisa si impuntò: se Francesco avesse sposato Eleonora la sua dote sarebbe stata scalata dal riscatto, permettendo di liberare i principini con la metà della somma. Fu così che il re, improvvisamente consapevole dei suoi doveri di padre e sovrano, per evitare di imporre nuove tasse, accettò.

In fondo, prima o poi, avrebbe comunque dovuto risposarsi e non poteva certo farlo con una damigella d'onore. Gli occorreva una ragazza di stirpe regale ed Eleonora aveva un vantaggio inestimabile: era remissiva e innamorata. Troppo innamorata, tanto che quando le fu comunicato che si sarebbe effettivamente sposata, dopo quattro anni di assoluto silenzio da parte del suo "fidanzato", commentò: "Se mi sposa, è perché mi ama".[3]

Si sbagliava; tuttavia Anne visse con una certa apprensione i mesi che mancavano alle nozze.

La vita a corte era straordinariamente piacevole. Il re era un convinto mecenate, si circondava di artisti e intellettuali italiani, primo fra tutti Leonardo da Vinci, che, si dice, morì letteralmente tra le sue braccia nel 1519. Per Francesco, e questa era un'assoluta novità per un'aristocrazia ancora feudale, contava solo aver talento: alla sua corte avevano accoglienza tutti i borghesi, dagli stampatori agli incisori, che dimostrassero di saper creare cose belle e di gusto italiano. Le regole di comportamento le dettava *Il libro del Cortegiano* di Baldassar Castiglione, modellato sulla corte di Urbino.

Ciò non toglie che il monarca esplodesse a volte in

[3] Dichiarazione riportata in Jean Orieux, *Caterina de' Medici*, Mondadori, Milano 1994.

ire leggendarie, soprattutto se qualcuno osava attentare all'autorità regale. L'unica a cui ciò era concesso era proprio Anne. Francesco I era un sostenitore del libero pensiero, ma un totale dissipatore delle finanze statali. Guerre, donne e artisti, tutto ricadeva sulle spalle del popolo, sempre più povero e tartassato, eppure tenacemente fedele al suo re, così bello e prestante.

Il 7 luglio 1530 Francesco sposò nell'abbazia di Mont-de-Marsan, nel sud-ovest della Francia, Eleonora, il suo "ibis" come l'aveva definita durante la prigionia. La prima notte di nozze si esibì in tutte le prodezze erotiche di cui era capace e il giorno seguente l'intera corte ne era, con suo grande compiacimento, a conoscenza. Il popolo rielaborò la notizia a suo modo con frizzi e lazzi di una volgarità per noi inconcepibile, visto che si riferivano a una regina, sorella dell'imperatore Carlo V.

Subito dopo entrò in scena Anne de Pisseleu. Francesco l'aveva portata con sé alle nozze. Lei, fino alla cerimonia, si era limitata a osservare, meditare, ideare contromosse. La vista di Eleonora la rassicurò: non solo non era bella, appariva anche totalmente sottomessa. E, cosa ben più importante, non le era richiesto, come puntualmente accadeva alle regine, di fare figli, in particolare maschi. Francesco ne aveva già tre e per quanto i primi due apparissero molto provati dalla prigionia, erano bambini forti e sani.

Così, per tutta la durata dei festeggiamenti Anne si mantenne nell'ombra e lasciò che il re, ben più che la regina, brillasse di luce propria. Anne realizzò subito che la sua vera rivale continuava a essere Luisa di Savoia, colei che opponeva la ragion di Stato alla prodigalità di Francesco verso la sua favorita.

C'era però un'altra donna, nel corteo nuziale di

Mont-de-Marsan, che l'impensieriva, per il solo fatto che era l'unica a poter competere con lei in bellezza: Diane de Poitiers. Diane era altera e gelida; sarebbe passata alla storia come la più celebre delle favorite reali per il suo ventennale amore con il figlio di Francesco, Enrico. Ma all'epoca era famosa proprio per l'ostentata fedeltà al marito, Louis de Brézé, signore di Anet e conte di Maulevrier, nipote di Carlo VII di Francia, prima gran siniscalco di Normandia e poi governatore dal 1525, carica che gli era stata concessa in segno di riconoscenza per aver scoperto, nel 1523, un complotto ai danni di Francesco I.[4]

Diane era di nobilissima famiglia, ben più di Anne, e non mancava di farlo notare; era inoltre cugina di Caterina de' Medici, moglie del figlio cadetto di Francesco, Enrico, e unica erede diretta di Lorenzo il Magnifico. Caterina era stata uno dei migliori "acquisti" del re: benché, contrariamente alle aspettative, non avesse portato terre italiane, con la sua intelligenza e a dispetto di tutti i nemici, compresa Anne de Pisseleu, avrebbe salvato il trono per gli eredi di Francesco.

Eppure proprio Diane sarebbe stata la causa della sua infelicità perché Enrico, ancora adolescente, si innamorò follemente di lei e le rimase fedele tutta la vita, nonostante la grande differenza d'età.

Il 15 marzo 1531 Eleonora d'Austria venne consacrata regina nella basilica di Saint-Denis, appena fuori Parigi. L'arrivo nella capitale, però, cambiò tutto. Per prima cosa, Francesco smise di dormire con lei. La sovrana era attesa da una sontuosissima nuova cerimonia a

[4] Nel complotto, che aveva raffreddato i rapporti del re con la contessa di Châteaubriand, sua favorita, era coinvolto anche il padre di Diane, che venne prima condannato a morte e poi graziato da Francesco I, per intercessione della figlia.

Notre-Dame. Il corteo scintillava; Eleonora era issata su una lettiga, carica di gioielli e pellicce, con una corona di diamanti e rubini. Ma tutti notarono che, alla finestra di un palazzo che si affacciava sul sagrato della cattedrale, Francesco e Anne amoreggiavano pubblicamente. Era questa l'insolente rivincita che la favorita aveva chiesto e ottenuto dal re: che tutti fossero informati di chi davvero portava la corona. Nel giro di poche ore Parigi sapeva. Eleonora, invece, non seppe o non poté reagire; da quel momento, di fatto, sparì dalla storia, condannata al ruolo di regina invisibile e tradita.

La scena, per quanto i francesi fossero abituati alle crescenti stravaganze della corte, lasciò tutti di stucco. Fra l'altro era un evidente oltraggio a Carlo V. Eppure le reazioni non vennero né dai francesi né dal clero. A protestare, incredibilmente, fu il più corrotto e godereccio dei re d'Europa, Enrico VIII. Il sovrano d'Inghilterra dichiarò che il suo pudore era stato offeso da quell'esibizione da piccioncini fedifraghi. Non male per un re uso a tagliare la testa alle mogli di cui si era stancato.

Tuttavia, la sua reazione non ebbe seguito. Anne trionfava, cantata anche dai poeti di corte, come Clément Marot, che scrisse di lei: "Senza far torto a nessuno, / vi dono il pomo d'oro della bellezza / e la corona / della salda fedeltà".[5]

Sull'ultimo punto aveva torto: Anne non era fedele. Ma era intelligente e brillante, ed era riuscita a legare Francesco a sé proprio grazie al suo spirito, ciò che mancava a Eleonora. La favorita aveva furbamente preferito non vivere a palazzo col re, troppo esposta alle vendette e alle calunnie. Questo le permise di mante-

[5] Clément Marot, *Œuvres poétiques*, a cura di Gérard Defaux, edizioni Bordas, Classiques Garnier, Parigi 1990.

nere una certa distanza dalla corte e quindi di farsi rispettare. Amava inoltre circondarsi di letterati, il che le garantiva uno stuolo fisso di adulatori, pronti a diffamare eventuali avversarie.

Proprio la consacrazione di Eleonora offrì l'occasione per il primo scontro fra Anne e Diane de Poitiers. Il cerimoniale prevedeva che la festa si concludesse con un torneo di cavalieri, cimento adorato da Francesco I. Ogni cavaliere doveva indicare una dama per la quale si batteva. Enrico d'Orléans chinò la sua lancia davanti a Diane. Fu una mancanza di rispetto per Eleonora, in onore della quale si tenevano i giochi, per la nonna Luisa e, al limite, per Anne, visto che era la favorita del padre. La stessa Diane, che aveva vent'anni più di Enrico e nove più di Anne, ne rimase sorpresa. E reagì con un delizioso gesto di incantato stupore. Il ragazzo non sapeva di aver posto il suo sigillo su una dichiarazione di guerra: le due donne, pur non contendendosi mai lo stesso uomo, si sarebbero combattute allo stremo, e per la disgrazia della Francia, ben oltre la morte di Francesco I. Le conseguenze poi si sarebbero sentite ancora per un secolo.

Al termine della gara, si chiese ai cavalieri di proclamare, con voto segreto, quale fosse la dama più bella. Anne era certa di vincere; arrivò invece alla pari con Diane. Non riuscì allora a trattenere la collera e abbandonò la tribuna con una risata isterica dicendo che solo dei pazzi potevano preferirle "una vecchia". Peccato che Diane avesse un aspetto fresco quanto il suo.

A turbare la "pace" di Anne ci si mise pure, un anno dopo, un ritorno di fiamma del sovrano con Françoise de Foix. Galeotto in questo caso fu il gelosissimo marito, Jean de Laval, che aveva organizzato una traversata trionfale del re per la Bretagna. Francesco ne approfittò per concedersi pure qualche scappatella con giovani popolane. Al ritorno lo accolsero le sfuriate di Anne, che il monarca accettava con sottomissione: nessun altro avrebbe potuto rivolgersi a lui in quei termini. Anzi, la favorita gli fece dire che era morta e gli chiuse la porta in faccia. Francesco non cambiò d'umore. Restò amabile come sempre. E poi, in fondo, era per Anne che aveva scritto: "Tiene il suo cuore unito e giunto / legato così strettamente al mio / che io non posso, né voglio essere che suo".[6]

Questo non placava l'anima della donna, che aveva ripreso la sua campagna diffamatoria contro Diane de Poitiers, diffondendo la voce, ovviamente falsa, di essere nata il giorno del matrimonio di Diane, ovvero di essere molto più giovane.

L'odio era reciproco. Diane a sua volta andava in giro a dire che Anne aveva altri amanti, oltre al re. Il che aveva basi fondate. Un giorno Francesco I rientrò d'improvviso dalla caccia e trovò Anne a letto con un gentiluomo. Il sovrano era uomo di mondo: lo scandalo gli ripugnava. Così fece finta di non riconoscere Anne e rimproverò il giovane di sollazzarsi con una dama del suo seguito. Il cavaliere fu imprigionato, ma Anne lo fece presto liberare. Subito dopo il re le "regalò" un marito: non era bene che la sua favorita non fosse sposata e così, nel 1534, le propose Jean de Brosse, conte di Penthièvre, un signore di alto lignaggio caduto però in disgrazia. Suo padre si era alleato con il conestabile Borbone contro i Valois. Era riuscito a salvarsi la vita, ma Luisa di Savoia l'aveva privato dei beni e dei titoli, tanto che ne era morto di crepacuore. Francesco trovò che il figlio potesse essergli utile: lo riabilitò, gli rese i

[6] Citato da Jean Orieux, *op. cit.*

suoi beni, lo nominò conte d'Etampes e de Chevreuse – nel 1537 il titolo si sarebbe trasformato in quello di duca – e gli impose di sposare Anne. Jean accettò riconoscente; il patto era che avrebbe passato con la moglie solo la prima notte di nozze e poi si sarebbe ritirato nel suo castello. Così fece. E Anne continuò la sua carriera di viceregina, esibendo per Francesco un affetto che forse non provava affatto.

In compenso manifestò una cupidigia senza pari che il re non si stancava di soddisfare: chiese e ottenne per i suoi numerosissimi fratelli e sorelle matrimoni altolocali e cariche ecclesiastiche. Il re provvide alla dote per almeno venti di loro. La favorita si diede da fare anche per altri parenti; ottenne che suo zio, Antoine Sanguin, diventasse prima vescovo di Orléans, nel 1535, e poi cardinale, nel 1539. Il popolo era sempre più scontento di questi ingiustificati favori, ma Francesco sembrava non avvedersene. Nel 1545 avrebbe regalato ai coniugi d'Etampes anche i feudi del cancelliere di Francia, Guillaume Poyet, caduto improvvisamente in disgrazia. La favorita ci aveva messo lo zampino.

Anne era così potente che perfino Caterina de' Medici la trattava con una certa, sospettosa umiltà. Il problema della futura regina di Francia era barcamenarsi tra l'amante del sovrano in carica e Diane, grande amore di suo marito Enrico, futuro re di Francia. Non fu facile: la guerra tra le due signore, divise perfino dalla religione, non conobbe tregue. Anne aveva radunato intorno a sé un partito di decise simpatie luterane, del quale faceva parte anche la sorella del re, Margherita di Navarra. Diane capeggiava quello cattolico. Caterina avrebbe in seguito dovuto fronteggiare la tempesta scatenata dalle due fazioni, che rischiò più volte di frammentare il Paese. La sua furbizia, all'inizio, fu di non schierarsi apertamente con Anne. Eppure, poiché Diane era l'amante di suo marito, l'odio di Caterina sarebbe stato più che giustificato. Ma a differenza di entrambe le signore, e soprattutto di Madame d'Etampes, Caterina non perse mai il sangue freddo.

Tra il 17 e il 18 ottobre 1534 scoppiò lo scandalo del cosiddetto *Affaire des placards*, il caso dei manifesti: i luterani ebbero l'ardire di affiggere in numerose città francesi alcuni proclami in cui condannavano la Chiesa e la messa. Arrivarono ad attaccarli perfino negli appartamenti di Francesco I, un vero delitto di lesa maestà. Sarebbe stata la fine della politica di tolleranza perseguita fino a quel momento dal re. Diane diffuse subito la voce che fosse stata Anne in persona a favorire il misfatto. Può darsi che in parte avesse ragione, soprattutto perché la favorita chiese subito al sovrano di non prendere provvedimenti contro i suoi protetti. Il Parlamento e la Chiesa pretesero però una punizione esemplare: il 21 gennaio 1535 sei presunti colpevoli furono bruciati sul rogo in place de Grève.

Già qualche anno prima, nel 1526, il poeta Clément Marot, che su precisa indicazione di Anne aveva composto versi nei quali si deridevano i denti finti, le parrucche e le rughe di Diane de Poitiers, era stato trascinato davanti a un tribunale ecclesiastico per le sue simpatie luterane. Forse Diane ebbe la sua parte nell'arresto. Nel 1534 Marot, che aveva di nuovo elogiato Anne come la più bella fra le belle quando era diventata Madame d'Etampes, fu coinvolto nello scandalo dei manifesti. Venne arrestato a Bordeaux e condannato in contumacia a essere arso sul rogo, ma riuscì a scappare e trovar rifugio a Ferrara presso la corte di Renata d'Este.

Anne prese tutto ciò come un affronto personale. Fu proprio quest'intreccio tra le ragioni intime, di orgoglio e ripicca, e le profonde lacerazioni politiche, religiose, filosofiche e morali, create dalla lotta tra cattolici e riformati, a rendere la situazione più grave. Francesco, cattolico ma con ampi dubbi, oscillava tra repressione e aperture. I due partiti, quello luterano di Margherita di Navarra e di Anne, e quello cattolico di Diane de Poitiers, del potente duca Anne (nome maschile, in questo caso) de Montmorency, delle famiglie dei Lorena e dei Guisa, sembravano letteralmente tirarlo per le due maniche. Il cattolicesimo del sovrano, alla fine, non si affievolì, tuttavia Francesco, sempre desideroso di conquistare l'Italia, non esitò ad allearsi con i principi luterani, con il sovrano turco, Solimano il Magnifico, e ad attingere ai beni della Chiesa per finanziare le sue campagne militari.

Il 10 agosto 1536, l'erede al trono, Francesco, morì per aver bevuto acqua ghiacciata dopo una partita alla pallacorda. Nonostante l'autopsia non avesse rilevato tracce di veleno e risultasse chiaro che il delfino era morto per una polmonite fulminante, il gentiluomo che gli aveva passato l'acqua, Sébastien Montecuculli, fu accusato di averlo avvelenato e quindi torturato e giustiziato. Enrico, il fratello, marito di Caterina de' Medici, diventava così l'erede al trono. Questo esasperava i contrasti tra il re e Carlo V: l'imperatore temeva che, con una moglie italiana, Enrico avrebbe un giorno rivendicato per sé il dominio sull'intera penisola. In più Caterina ed Enrico non avevano figli e fino a quel momento si era ritenuto che fosse colpa di entrambi. Ma durante una spedizione per conquistare il ducato di Milano, nel 1537, Enrico violentò una ragazza italiana, Filippa Ducci, che rimase incinta. Un anno dopo nacque una bambina che sarebbe stata allevata alla corte di Francia dalla stessa Diane de Poitiers e che, legittimata come Diana di Francia, sarebbe andata sposa a Ercole Farnese. Molti, tra cui soprattutto Diane, tentarono allora di persuadere il re e il delfino a ripudiare Caterina. Diane, in particolare, sperava che Enrico si risposasse con Luisa di Lorena, figlia del cattolicissimo, e feroce, duca di Guisa. Anne de Pisseleu si schierò allora con Caterina de' Medici, che fu di fatto salvata dal re: a Francesco questa nuora, colta, intelligente e mite, piaceva.[7] Forse perché il suo atteggiamento era opposto a quello delle due favorite.

Nel frattempo, Diane da amante solo platonica era diventata la focosa compagna di letto del delfino. Anne ne era sempre più preoccupata: i suoi strali contro “la vecchia” si moltiplicarono. Il partito avversario rispose accusandola di tradire il re addirittura con Théodore de Bèze, che sarebbe stato il successore di Calvino, sebbene nella prima parte della sua vita sia divenuto celebre soprattutto per le imprese galanti. Benché circondata di sospetti, Anne riuscì a piazzare un grande colpo: convinse Francesco ad allontanare, nel 1541, il conestabile Anne de Montmorency, grande sostenitore della pace con l'imperatore e con il papa. La rimozione ebbe pessime conseguenze anche sui rapporti fra il re e il delfino, che apprezzava il conestabile e che fu escluso dal padre dagli affari di governo. Enrico reagì vietando alla moglie di rivolgere la parola a Madame d'Etampes.

Due anni dopo, il miracolo: Caterina de' Medici restò incinta grazie ai suggerimenti del medico di corte, Jean François Fernel, e il 19 gennaio 1544 mise al mon-

[7] Queste vicende vengono magistralmente ricostruite da Honoré de Balzac nel suo saggio *Su Caterina de' Medici*, oggi quasi introvabile in italiano (fu fatta una traduzione nel 1945 da Orsola Nemi per Rizzoli), ma scaricabile da Internet: http://www.gutenberg.org/etext/1854.

do un maschio, che di nuovo venne chiamato Francesco. Per Diane svanì ogni speranza di ripudio, ma per l'Etampes non rappresentò una vittoria poiché Enrico entrava nel letto della moglie solo se spinto dalla stessa Diane. Questo, peraltro, non gli impedì di generare con Caterina, fino al 1556, ben dieci figli. Tant'è che Anne decise di scegliersi un nuovo campione, Carlo d'Orléans, il più piccolo dei figli del re. Nella sua testa avrebbe dovuto scalzare in qualche modo Enrico e diventare il delfino, quindi erede del trono di Francia.

Inoltre, Madame d'Etampes aveva avviato una serie di manovre "pericolose": sosteneva i riformati e al tempo stesso tramava con Carlo V che, nel 1540, aveva attraversato la Francia accolto con grandi onori, nonostante le perduranti ostilità.

Forse era stata la stessa Anne a suggerire a Francesco di ricevere bene il suo vecchio nemico.

Madame d'Etampes aveva accompagnato l'imperatore con una cortesia che andava ben oltre il protocollo e aveva consigliato a Francesco di intrattenerlo in tutti i modi. Tanto che si diffuse un aneddoto, forse inventato, ma che illustra bene la situazione: sciacquandosi le mani durante una battuta di caccia, Carlo V fece involontariamente rotolare a terra un anello con un grande diamante. Anne si chinò, lo raccolse e glielo porse. Al che l'imperatore rispose che era in mani troppo belle perché lui potesse avere l'ardire di riprenderlo.[8] Non era lo stile di Carlo V, burbero e nient'affatto galante. Ma l'episodio serviva ai francesi per insinuare che già nel 1540 Carlo avesse dei debiti di riconoscenza verso la favorita del re.

Di certo Anne ebbe con l'imperatore diversi incontri politici, che ovviamente lei vantò come un'attività a fa-

[8] Jean Rey, *Histoire de la captivité de François Ier*, Techener, Parigi 1837.

vore della Francia. Anzi, sostenne di aver ottenuto da Carlo V una delle sue figlie per Carlo d'Orléans; la dote sarebbe stata addirittura il Milanese, da sempre il sogno di Francesco. Non solo, l'imperatore avrebbe anche concesso al futuro genero i Paesi Bassi. Probabilmente Anne immaginava, nel caso che alla morte di Francesco, con l'ascesa al trono di Enrico, le sue fortune fossero terminate, di poter fuggire a Bruxelles. E chissà che da lì non si sarebbe potuto aizzare Carlo d'Orléans perché scatenasse una guerra contro il fratello e si prendesse il trono di Francia.

Queste in realtà sono congetture. Anne si è portata dietro il fardello di aver tradito la Francia nel 1544, sebbene le prove non siano mai state trovate. A dire il vero, un tradimento ci fu, ma non si può attribuirglielo con certezza. Anche se lo stesso re, pur non prendendo mai misure contro di lei, scrisse sulle pareti del castello di Chambord: "Le donne cambiano spesso partito. È un vero pazzo chi si fida di loro". Carlo V, poi, sostenne che i progetti matrimoniali su Carlo d'Orléans erano solo ipotesi.

In ogni caso è difficile ricostruire quale fosse il disegno di Anne de Pisseleu. Certo è che il 10 luglio 1542 Francesco I, contro ogni previsione, riaprì le ostilità con l'imperatore Carlo V. Era la quarta volta. Le sue forze subirono una serie di sconfitte. A Perpignan, gli imperiali, che controllavano la fortezza, all'epoca spagnola, ebbero tempo e modo di rafforzare le difese in attesa che arrivasse il delfino Enrico per una sortita: chi li aveva avvisati? Erano stati davvero gli inviati di Anne o si trattava di una calunnia diffusa da Diane?

Fatto ancor più grave: nell'aprile del 1544 i francesi ottennero una bella vittoria a Ceresole d'Alba, in Savoia. L'impatto fu però ridotto dalla caduta di Saint-

Dizier nella Champagne; la città aveva validamente resistito all'assedio delle truppe di Carlo V, ma il 3 agosto gli imperiali intercettarono una richiesta d'aiuto scritta dal conte de Sancerre, capo degli assediati, al duca di Guisa. Risposero con un finto dispaccio in cui il Guisa ordinava al Sancerre di arrendersi. Il conte obbedì e la città capitolò. Un caso o ancora una volta una soffiata? Era colpa di Madame d'Etampes, come sosteneva il partito di Diane? Come mai, infine, Carlo V si trovò di fatto la strada spianata fino a Parigi? Francesco, ormai gravemente ammalato, forse di sifilide, si fece trasportare nella capitale per infondere coraggio alla popolazione in fuga. Intanto, Enrico VIII era sbarcato a Calais per invadere la Francia.

Sembrava tutto perduto quando Carlo V dovette fermarsi per la ribellione delle truppe. Anziché tentare una rivincita, il 18 settembre 1544, Francesco firmò la Pace di Crépy-en-Laonnois con la quale rinunciava definitivamente all'Italia, mantenendo però i territori occupati durante la guerra, ovvero tutto il Piemonte occidentale. Per Carlo V fu una schiacciante vittoria. Enrico, il delfino, era contrario alla firma, ma dovette chinare il capo. Poco dopo, il 9 settembre 1545, Carlo d'Orléans morì mandando a monte i progetti matrimoniali di Anne, che nel frattempo era riuscita a vanificare un'indagine voluta dallo stesso Francesco I sul presunto tradimento ai danni della Francia. Quasi beffarda, Madame d'Etampes si era unita al coro di chi invocava una severa punizione dei colpevoli.

In quello stesso anno Anne riuscì anche a provocare un danno alla cultura francese, nonostante si piccasse di essere una mecenate. Nel 1542 aveva contribuito a convincere Francesco I ad assegnare a Benvenuto Cellini parte della decorazione del Castello di Fontainebleau, in particolare la realizzazione, per la Porte Dorée, di una statua in bronzo della Ninfa di Fontainebleau, due vittorie e due satiri; quando poi scoprì che il turbolento artista non le era riconoscente, tentò con tutti i mezzi di allontanarlo dalla corte e sottrargli gli incarichi. Cellini non era tipo da spaventarsi: si vantava di essere abile con la spada quanto col bulino. Ma alla fine, nel 1545, cedette alle minacce e alle provocazioni, spesso peraltro alimentate da lui stesso, e tornò di gran carriera a Firenze. In compenso la stanza della Etampes a Fontainebleau fu decorata dal Primaticcio, allievo di Giulio Romano, collega e poi erede del Rosso Fiorentino per quanto riguarda l'intero progetto della reggia. In sostanza, una gara tra grandi.

Nel gennaio 1547 Francesco I apprese della morte di Enrico VIII: era un nemico, ma la notizia lo colpì, quasi fosse un avvertimento. Pochi giorni dopo fu assalito dalla febbre. Non riuscì più a riprendersi: morì a Rambouillet il 31 marzo 1547. Dopo aver ammonito il figlio a non farsi influenzare troppo dalle donne, gli raccomandò Madame d'Etampes, forse sapendo benissimo che sia Enrico sia Diane aspettavano da anni quel momento.

Anne accolse l'agonia e la morte del re con urla e grida di disperazione. Poi si ritirò nel castello di Limours, attendendo la vendetta di Diane. Ma la favorita del nuovo re era, più che una vera signora, una fredda calcolatrice: Anne non contava più nulla. Perché infierire? Si limitò a far incamerare di nuovo i suoi beni alla corona, impose a Enrico di chiedere indietro i gioielli e regalarli a lei. Soprattutto si riprese il titolo di duchessa d'Etampes. Per il resto lasciò fare al marito di Anne. Jean de Brosse, che pure alla de Pisseleu doveva tutto – anche se si sospetta che la moglie incamerasse le rendite donategli da Francesco I –, le fece firmare un atto di cessione di tutti i suoi feudi e poi la confinò in Bretagna, nel castello di Hardouinaye. L'ex favorita di Francesco I vi sarebbe rimasta per diciotto anni. Quella che era stata "*la plus savante des belles et la plus belle des savantes*", la più sapiente delle belle e la più bella tra le sapienti, si spense all'inizio di settembre del 1580 a Heilly.

Eppure, prima di finire al confino, Anne ebbe modo di prendersi una sonora rivincita nei confronti della sua eterna rivale, Diane de Poitiers. Poco prima che Francesco morisse, Enrico le aveva indirettamente rivolto un'ingiuria: si decise di risolvere la questione con una sfida tra cavalieri. Guy de Chabot, barone di Jarnac e marito della sorella di Anne, Louise, era il campione di Madame d'Etampes; fra l'altro la vera vittima dell'offesa era lui: Enrico l'aveva accusato di essere l'amante della sua matrigna. Campione di Diane era invece François de Vivonne, signore de la Châtaigneraie, che aveva fatto sue le accuse di Enrico. Il duello, che si tenne dopo la morte di Francesco I, il 10 luglio 1547, sembrava vinto in partenza: François de Vivonne era un vero atleta. Ma il barone di Jarnac si era fatto allenare, forse su consiglio di Caterina de' Medici, che certo non poteva assistere con gioia a quella ridicola sfida, da un celebre maestro d'armi italiano che gli aveva insegnato un colpo vincente, poco conosciuto in Francia. Mentre stava per soccombere Guy de Chabot tagliò di netto i tendini delle caviglie dell'avversario.

Negli anni anni a seguire la cupidigia di Diane de Poitiers fu tale da far rimpiangere Anne de Pisseleu, la cui vera e definitiva vendetta avvenne in modo decisamente inquietante. Nel 1552 un astrologo, Lucas Gaurie, aveva predetto a Caterina de' Medici che Enrico, salito al trono subito dopo un duello, quello di Jarnac, appunto, sarebbe morto accecato a 40 anni proprio a causa di un altro duello. Caterina credeva agli indovini italiani. E questa volta ebbe ragione: il 30 giugno 1559, durante un torneo, Enrico, che portava sempre i colori della sua Diane, e non della moglie, volle insistere troppo nel rinnovare gli assalti. Alla fine la lancia di Gabriel de Montmorency, l'avversario, si spezzò e gli penetrò nel cervello attraverso l'occhio. Il re morì nove giorni dopo: con lui finiva anche il regno di Diane de Poitiers e cominciava l'era di Caterina de' Medici. Diane morì dimenticata qualche anno dopo, nel 1566. Anne, pur prigioniera nel suo castello, poté quindi essere testimone del definitivo tramonto della sua odiatissima nemica.

KÖSEM MAHPEYKER
LA SULTANA GRECA

"[Il nuovo sultano, Murad] sarà governato da sua madre, che già ha governato suo padre, che pure era un uomo intelligente e saggio..."

Dalle *Negotiations of Sir Thomas Roe*, ambasciatore inglese a Istanbul dal 1621 al 1628[1]

Oggi Kösem riposa accanto allo sposo e ai tre figli in uno dei monumenti più belli al mondo: la Moschea Blu di Istanbul. Quattro secoli fa, quando venne strangolata dai suoi nemici, sarebbe stato perfino difficile immaginare che potesse riposare in pace. Purtroppo, su di lei non restano molte testimonianze e in particolare sappiamo pochissimo dei primi anni; eppure sarebbe diventata una delle donne più influenti del proprio tempo, nel periodo di massimo scontro fra l'Europa degli Stati cristiani e l'Impero ottomano.[2]

Kösem nacque in Grecia intorno al 1589; si chiamava quasi sicuramente Alexandra. Suo padre era un pope, un sacerdote ortodosso. Come quasi tutte le donne che finivano negli harem turchi, dovette essere stata catturata nel corso di una razzia: solo le georgiane e le

[1] *Negotiations of Sir Thomas Roe, in His Embassy to the Ottoman Porte, from the Year 1621 to 1628 Inclusive*, stampato a cura di Samuel Richardson a spese della Society for the Encouragement of Learning, 1740. Una copia si trova oggi alla Biblioteca nazionale scozzese di Edimburgo.

[2] La fonte storica più interessante sono le *Relazioni di Ambasciatori Veneti al Senato. Tratte dalle migliori edizioni disponibili e ordinate cronologicamente*, a cura di Luigi Firpo, Bottega d'Erasmo, Torino 1965.

caucasiche, in genere, vi entravano spontaneamente. Erano le stesse famiglie a spingerle a diventare odalische per sottrarsi alla miseria. Alexandra, invece, veniva probabilmente da una famiglia modesta ma in grado di mantenerla.

Il governatore della Bosnia, che ne era entrato in possesso, la regalò al principe Ahmet, il futuro sultano turco o *padishah* Ahmet I, che le diede il nome di Kösem Mahpeyker. Di certo la ragazza, diventata schiava giovanissima, era molto più che bella: era intelligente, vivace, piena di vita e di spirito. Pur arrivata nel palazzo del Topkapi come una prigioniera fra tante, nel giro di poco tempo divenne la *haseki*, la concubina favorita. Merito anche del fatto di aver dato al sultano un figlio maschio. Poi ascese al ruolo di *bash kadin* di Ahmet, la prima moglie ufficiale. Questo la rendeva anche la seconda donna più importante dell'harem o Serraglio, un labirinto di circa quattrocento sale, popolato da centinaia o forse un migliaio di schiave e concubine. Più di lei contava solo la madre del sultano. Nella sua veste Kösem riceveva anche un lauto stipendio, costituito in gran parte dalle rendite delle terre sottomesse all'impero.

Il potere via via conquistato da Kösem non costituiva una novità: qualche decennio prima di lei, un'altra Alessandra, Aleksandra Lisowska, era diventata la prima moglie ufficiale non musulmana di un sultano, con il nome di Roxelane, e aveva imposto il suo volere al più colto, determinato e intelligente sovrano turco, Solimano il Magnifico. Roxelane era morta nel 1558, Solimano nel 1566. I loro figli si sarebbero rivelati inadeguati al ruolo di sultani, caratteristica che li avrebbe accomunati a quelli di Kösem.

Dopo Roxelane furono molte le donne, e soprattutto

le madri che, pur chiuse nell'harem, condizionarono gli affari di Stato.[3] Prima di Kösem, le più influenti furono le *valide sultan*, sultane madri, Nur Banu, ovvero la veneziana Cecilia Venier-Baffo, preziosa consigliera del figlio Murad III, e sua nuora Safiye, ispiratrice di Mehmed III. Entrambe regnarono mentre mariti e figli erano in battaglia. Safiye ebbe anche una corrispondenza con la regina di Inghilterra Elisabetta, il che significa che trattava direttamente le alleanze e gli accordi.

Il fatto di vivere quasi perennemente all'interno dell'harem, tranne che in occasione delle cerimonie pubbliche, non impedì loro, come non avrebbe impedito a Kösem, di tessere un'estesa ed efficace rete di relazioni che si basava, almeno in parte, sui loro schiavi liberati e nominati importanti funzionari dello Stato. Kösem, in particolare, riuscì a stringere un'alleanza di ferro, per tutta la vita, con il potente corpo dei giannizzeri, la guardia personale del sultano.

Ahmet, il marito-padrone di Kösem, era il nipote di Safiye. Figlio di Mehmed III e di sua moglie Handan, non concesse mai molto potere alle donne, forse non approvando l'esempio della nonna. Era nato il 18 aprile del 1590 a Manisa, non lontano da Smirne, quindi era coetaneo di Kösem. Succedette al padre nel 1603, a soli 14 anni, età del tutto normale all'epoca per salire sul trono, anche in Occidente. Mehmed III aveva avuto un regno breve, dal 1595 al 1603. Sarebbe passato alla storia soprattutto perché, diventato sultano, aveva fatto uccidere tutti i suoi diciannove fratelli e fratellastri, per evitare congiure ai suoi danni. Era stato anche un pessi-

[3] Vedi Carla Coco, *Harem. Il sogno esotico degli occidentali*, Arsenale, Venezia 1997. Oppure Leslie Peirce, *The Imperial Harem: Women and Sovereignty in the Ottoman Empire*, Oxford University Press, Oxford 1993.

mo sovrano: aveva lanciato due campagne militari, una contro la Persia e una contro l'Ungheria, entrambe fallimentari, e aveva abbandonato il regno nelle mani dei ministri e degli eunuchi. Poche settimane prima di morire, poi, aveva inspiegabilmente fatto impiccare suo figlio diciottenne Mehmed.

Questo era dunque il clima cupo e violento che aleggiava nel palazzo in cui Kösem faceva risuonare le sue risa e del quale imparò presto a conoscere tutti i segreti. Safiye era ancora il personaggio più influente: sarebbe morta nel 1605 e solo da quel momento Kösem poté aspirare a prenderne il posto.

Non fu facile, però, poiché dovette affrontare una lotta senza esclusione di colpi con un'altra moglie, per quanto meno amata, di Ahmet I, Hatice Mahfiruz Sultana, madre del maschio primogenito, Osman.

Ahmet ebbe anche un'altra moglie, Fatma Haseki. E in totale fu padre di undici maschi: dopo Osman, vennero Murad, Ibrahim, Bayezid, tutti e tre figli di Kösem; e poi Suleyman, Kasim, Mehmed, Hasan, Selim, Hanzade, Ubeyde. Se Kasim era di sicuro figlio di Kösem, per gli altri, curiosamente, non è facile attribuire la maternità: alle cronache turche interessava solo chi fosse il padre. Ahmet ebbe anche quattro femmine: Gevherhan, Ayse, Fatma, Atike. Le ultime tre erano figlie di Kösem, che le avrebbe abilmente utilizzate in seguito per le proprie strategie matrimoniali e politiche.

All'inizio del suo regno Ahmet I diede prova di grande risolutezza, benché venga descritto come un uomo nevrotico e poco intelligente. Era cresciuto con il fratello Mustafà nel Kafes, la Gabbia d'oro, una splendida dimora all'interno dell'harem del Topkapi. Si trattava di un edificio a due piani senza finestre, diviso dall'harem vero e proprio da un cancello: era stato creato nel 1566 da Selim II per rendere inoffensivi i possibili aspiranti al trono, evitando di ammazzarli. Lì i principi, ossia i fratelli del sultano, vivevano in compagnia di alcune donne sterili, mentre i figli maschi del sovrano vi venivano al tempo stesso protetti e segregati durante l'infanzia affinché non avessero rapporti con il mondo esterno.

I bambini vedevano così in pratica solo donne della corte ed eunuchi. In particolare crescevano con gli eunuchi neri, i *sandali*, i quali, essendo del tutto castrati, avevano libero accesso alle donne; col tempo finirono anche per ricoprire i ruoli di maggiore prestigio a corte. Il motivo? Erano giudicati – a torto – meno pericolosi degli eunuchi bianchi, che subivano una mutilazione parziale del pene o dei soli testicoli.

Quando salì sul trono, Ahmet, persuaso da Kösem, non uccise suo fratello Mustafà. Però continuò a tenerlo rinchiuso nel Kafes, il che avrebbe aggravato i problemi psicologici da cui forse il ragazzo era già afflitto. L'entrata della Gabbia d'oro fu murata e Mustafà poté ricevere dall'esterno cibo, ma soprattutto alcool e oppio, solo da una finestrella. Rimase così per quattordici anni, finché, alla morte del fratello, il muro non fu abbattuto. Kösem non l'aveva salvato per pietà, bensì nella speranza di creare un precedente per i suoi figli: la pratica di uccidere fratelli e fratellastri, da parte dei nuovi sultani, stava tornando a diffondersi. Solo il primogenito di Ahmet, Osman, sarebbe stato al sicuro.

Ahmet tentò di regnare al posto dei funzionari e degli eunuchi, ma le sconfitte contro la Persia e l'Ungheria, durante la cosiddetta Terza guerra austro-turca, indebolirono la sua posizione. In particolare, con la pace di Zsitvatorok, nel 1606, gli austriaci smisero di versare tributi all'Impero turco. Fu uno smacco, e una consistente perdita finanziaria per il sultano e la corte.

Finì che Ahmet, pur conosciuto per la sua "pietà", ovvero per l'apparente interesse al bene del suo popolo, si dedicò sempre più ai piaceri, abbandonando l'impero, proprio come aveva fatto suo padre, nelle mani di funzionari corrotti. Si allentò moltissimo anche la disciplina nei ranghi militari e la leggenda vuole che il vizio del fumo, fra i turchi, si diffuse proprio nel periodo di Ahmet e sul suo esempio.

Intanto Kösem guardava e imparava. Degli eunuchi e dei funzionari corrotti non avrebbe saputo fare a meno, ma in lei crebbe la certezza che bisognava agire al fine di conservare l'impero per i figli.

Nel 1609 Ahmet commissionò al suo architetto di corte, Mehmed Aga, la bellissima Moschea Blu, che sarebbe diventata il suo mausoleo e alla quale fu destinato un terreno immenso, parte dell'antico ippodromo bizantino. L'opera, che in turco si chiama *Sultanahmet Camii* e la cui prima pietra fu posata il 4 gennaio 1610, venne terminata nel 1616 e ancora oggi è la più importante di Istanbul dopo Santa Sofia. Ahmet fu dunque un attento mecenate e Kösem ne avrebbe ereditato la passione per l'architettura.

Il 22 novembre 1617 il sultano morì all'improvviso di tifo e Kösem, i cui maschi erano ancora bambini, vinse la prima battaglia: riuscì a insediare sul trono Mustafà I, il fratello che Ahmet aveva tenuto prigioniero per quattordici anni. Per lei l'importante era aspettare che i suoi figli avessero l'età giusta per regnare. E impedire che nel frattempo venissero uccisi. Ma Mustafà fu deposto nel 1618 da un colpo di Stato. L'aveva organizzato il *Kizlar Agha*, il capo eunuco nero, terza carica dell'impero, oltre che personaggio chiave perché teneva i rapporti tra il sultano e il gran visir, e tra il sultano e sua madre.

Salì allora sul trono, col nome di Osman II, il figlio di Mahfiruz, l'altra vedova di Ahmet. Il ragazzo, in realtà il legittimo erede, era nato nel 1604 e aveva quindi 14 anni. L'ambasciatore veneziano Simon Contarini ha lasciato scritto che era cresciuto con Kösem, con la quale andava persino alle corse dei carri. Poi però, come raccontò l'ambasciatore successivo, Cristoforo Valier, nel 1616 Ahmet vietò ai suoi due figli Osman e Mehmed di frequentare Kösem, proprio perché temeva l'ambizione della moglie e il suo desiderio di garantire ai propri figli il trono.[4] Gli avvelenamenti, anche di fanciulli, non erano eventi rari a corte.

Tra le prime misure, Osman costrinse Kösem ad abbandonare il Topkapi e a trasferirsi nel vecchio palazzo imperiale. Qui però le rese visita tre volte nel 1619, evento decisamente insolito, poiché la legge islamica non incoraggiava i rapporti tra uomini e donne che non fossero direttamente parenti. Il fatto poi che, nel 1621, partendo per una campagna contro i polacchi, Osman abbia messo a morte solo suo fratello Mehmed per evitare un colpo di Stato e non i figli di Kösem, fa sospettare che la donna fosse riuscita a conquistarne l'amicizia. Inoltre, sebbene il trasferimento nel vecchio palazzo imperiale costituisse una reclusione dorata, Kösem continuò sotto Osman a esercitare il notevole potere che già aveva acquisito durante il regno del marito.

Come le sarebbe successo in seguito con i gran visir, potenti primi ministri, Kösem ebbe dunque un rapporto contraddittorio e forse ambiguo col giovane sultano.

[4] Dalle *Relazioni di Ambasciatori Veneti al Senato. Tratte dalle migliori edizioni disponibili e ordinate cronologicamente, op. cit.*

Presto cominciò a tramare per rovesciarlo. Il colpo, con la complicità e la guida della madre di Mustafà, ebbe successo, e nel 1622 Osman venne deposto dalla potentissima guardia dei giannizzeri e dalla cavalleria, i *sipahis*. In seguito venne assassinato. C'è da credere che sia stata Kösem a dare l'ordine di tagliare un orecchio al cadavere e a offrirlo per spregio alla madre. Questa storia però potrebbe non essere vera, perché alcuni storici sostengono che Mahfiruz morì nel 1620 e proprio per questo Kösem poté realizzare il suo colpo. Comunque sia andata, Mustafà risalì sul trono e come primo atto fece liberare Kösem. La sultana si dedicò subito a rafforzare la sua posizione.

Benché Kösem avesse cercato di sollevarlo dal compito di governare facendo nominare gran visir suo cognato Kara Davud Pasha, Mustafà si rivelò ben presto e ancora una volta incapace di gestire un impero così complesso e così profondamente corrotto. Dopo tre mesi l'uomo era già caduto in disgrazia. Fu allora che Kösem riuscì a mettere in campo tutte le sue alleanze: deposto Mustafà, con il pretesto che minacciava di ucciderle i figli, il 10 settembre 1623, fece salire sul trono il suo primogenito con il nome di Murad IV. Evidentemente il sultano aveva sottovalutato il potere della bella greca a corte.

Murad era nato il 26 giugno o il 27 luglio 1612. Era dunque un bambino. Sarebbe diventato un uomo alto, grosso, dal volto rotondo. Si rivelò col tempo anche un ottimo arciere, dalla forza quasi leggendaria, e fu sempre bigotto, sia pure a modo suo. Il suo carattere non piaceva alla madre, la quale lo giudicava anche troppo severo e crudele: avrebbe vietato alcool e tabacco, pena la morte, e avrebbe imposto una sorta di coprifuoco serale; lui stesso avrebbe vagato in incognito per le strade della città, accompagnato da un misterioso derviscio, per uccidere chi avesse disobbedito ai suoi ordini. Chiamava "padre" il *seyhulislam* Yahya Efendi, il gran muftì, ossia il massimo giureconsulto dell'impero, ma in realtà ben poche volte nella sua vita si sarebbe comportato come prescrive il Corano. In compenso Murad sarebbe diventato un uomo colto, come quasi sempre i sultani di quell'epoca, allevati nell'harem, quindi con precettori scelti spesso dalle madri, e comunque sempre educati sotto la supervisione femminile. Oltre al turco, Murad aveva appreso l'arabo e alcune lingue europee. Amante delle scienze, nel 1632 avrebbe finanziato Hazerfen Ahmet Çelebi, una sorta di Leonardo da Vinci ottomano con la stessa passione per il volo. Sconosciuta da noi, la vicenda di Çelebi è molto nota in Turchia: lo studioso si costruì due ali posticce e si gettò dalla torre di Galata, riuscendo a volare fino alla riva di Üsküdar, dall'altra parte del Bosforo.

Murad l'osservò da una terrazza del Topkapi, poi lo premiò con una borsa di monete d'oro ma, consapevole del pericolo che uno scienziato intelligente e libero come Çelebi avrebbe potuto costituire, lo fece esiliare in Algeria, dove il sapiente morì.

Se quest'episodio riassume lo stile di governo di Murad, va aggiunto che nei primi dieci anni il ragazzo non ebbe alcuna possibilità di esercitare il potere. Andò però maturando abbastanza in fretta; col tempo, la madre, in lettere molto candide ed esplicite al gran visir, prese a lamentarsi della sua declinante influenza sul figlio. A volte, come in questa missiva, forse del 1628, il tono è davvero molto intimo e perfino attuale: "... mio figlio esce al mattino e torna di notte, non lo vedo mai. Non dovrebbe star fuori con il freddo, rischia di ammalarsi di nuovo. Te lo ripeto, tante preoccupazioni per questo ragazzo mi stanno distruggendo. Parlagli, appena puoi. Deve prendersi cura di sé. Non so che fare, non mi ascolta...".[5]

Per arginare i danni del progressivo distacco del figlio, Kösem creò una rete di suoi informatori. E per quanto il suo potere diminuì quando Murad superò l'adolescenza, la sultana non smise di occuparsi dell'impero e indicare le priorità ai ministri. Fu forse con Murad che istituì la pratica, ripresa in seguito con l'altro figlio e sultano, Ibrahim, di far preparare e poi consegnare lei stessa al sultano delle relazioni semplificate sull'andamento degli affari di Stato. Questo rivela sia la scarsa fiducia di Kösem nell'intelligenza e nella competenza dei figli, sia la sua capacità di stabilirne l'agenda politica.

A differenza di altre *valide sultan*, Kösem non sembrava molto interessata al "buon governo": non tenne per esempio a freno la corruzione e il dilagante potere degli eunuchi, che spesso derubavano i sudditi con finti balzelli. La politica estera non andava meglio: Persia e Austria premevano ai confini del regno e nel 1623 Bagdad, importante avamposto in Persia, cadde in mano alla dinastia iraniana dei Safavids. Nel frattempo si moltiplicavano i disordini e le ribellioni interne. Per porre fine al caos, Kösem non seppe far altro che cambiare di continuo i gran visir, almeno otto in dieci anni. Alcuni fecero una fine tragica: nel 1632, per esempio, i giannizzeri linciarono, sotto gli occhi del sultano, il gran visir Hafiz Ahmet Pasha. Al suo posto Kösem riuscì a imporre Damat Topal Recep Pasha,[6] marito della

[5] Vedi *Leslie Peirce*, *op. cit.*

[6] Sul tema è stato girato in Turchia, nel 1996, il film *Istanbul Beneath My Wings*, scritto e diretto da Mustafa Altioklar. Nei panni di Kösem, l'attrice turca Zühal Olcay. In quelli d Murad IV, Burak Sergen. In Occidente, il film, tradotto in inglese, si è visto soprattutto nei festival.

figlia maggiore, Fatma. Quando però il nuovo gran visir si fece troppo arrogante, Murad IV si ribellò e ordinò di tagliargli la testa.

Fu a seguito di quell'esecuzione che Murad decise di prendere in mano le redini dello Stato. Per riportare l'ordine nell'impero impose una repressione feroce: furono uccise migliaia e migliaia di persone, forse cinquantamila. Dopo di che il sultano fece chiudere le caffetterie, più per motivi di ordine pubblico che religiosi, e vietò il fumo, col pretesto che un recente incendio aveva mandato in cenere alcuni quartieri di Istanbul. Insomma, pur eccentrico e crudele, Murad si rivelò molto meno debole del previsto, seriamente intenzionato a riordinare il fisco, ristabilire l'autorità dello Stato e limitare la corruzione.

Benché la posizione di Kösem fosse inattaccabile, Murad riuscì allora, in qualche modo, a limitarne il potere a corte. La sultana tuttavia continuò a rivelarsi preziosa: nel 1634, informata di una possibile ribellione, fece rientrare di corsa nella capitale il figlio per stroncarla sul nascere.

Murad ordinò allora di strangolare, senza giudizio, il muftì che la madre gli aveva indicato come capo dei ribelli, Ahizade Huseyin Efendi. Fu la prima esecuzione di un'autorità religiosa nell'Impero ottomano.

Negli anni successivi l'impero apparve più stabile. Murad non poté però evitare che alla sua morte, ancora una volta, fosse la madre a stabilire la successione al trono. In effetti si spense troppo giovane: morì a 28 anni, nella notte del 19 febbraio 1640, di gotta o, secondo altri storici, di cirrosi, perché, in barba ai suoi divieti, adorava gli alcolici.

Kösem decise di puntare su un altro figlio e scelse il venticinquenne Ibrahim, debole e incapace. Avrebbe preferito il terzogenito, Bayezid, l'unico ad apparire sano di mente. Ma era già morto: Murad l'aveva fatto assassinare nel 1635 durante la celebrazione della vittoria di Erivan, in Persia, inscenando un finto incidente.[7] Nella stessa occasione Murad aveva ucciso il fratellastro Suleyman. Tre anni dopo, nel 1638, aveva dato ordine di eliminare anche Kasim, durante la campagna di riconquista di Bagdad.

Sul letto di morte Bayezid aveva implorato la madre di uccidere Ibrahim, nel caso fosse toccato a lui succedere a Murad: le disse che era meglio che la dinastia si esaurisse piuttosto che un tale demente, che viveva allora chiuso nella Gabbia d'oro, salisse sul trono. Ma la sultana non gli diede ascolto, come non diede ascolto, nel 1640, a Murad quando ripeté la stessa richiesta. Per lei, sostenere Ibrahim fu una pura scelta di potere: ciò che Murad le aveva in qualche modo impedito negli ultimi anni, ovvero controllare i vertici dello Stato, tornava nelle sue mani.

Ibrahim era così mal ridotto psicologicamente che non voleva nemmeno uscire dalla Gabbia d'oro. Pretese prima che gli fosse mostrato il corpo di Murad; poi però Kösem dovette letteralmente buttarlo fuori dalla sua prigione. Alla *valide sultan*, in realtà, interessava solo che apparisse nelle cerimonie. Al resto avrebbe pensato lei: disponeva di una ricchezza tale da poter corrompere e ammorbidire qualsiasi alto funzionario. Fu fondendo e distribuendo i suoi gioielli che fermò, per esempio, le frequenti insurrezioni dei giannizzeri.

L'azione di Kösem non si esaurì però in un malde-

[7] La vicenda ispirò una tragedia di Jean Racine, *Bajazet*, del 1672, che però non è affatto fedele, nei personaggi e nelle vicende, alla storia reale. Racine era comunque rimasto suggestionato dalle relazioni dell'ambasciatore di Francia a Istanbul. In Italia la tragedia è edita, insieme con *Britannico* e *Atalia*, da Garzanti, Milano 2005.

stro tentativo di tenere a bada gli uomini più potenti dell'impero. I suoi tesori furono spesi anche per aiutare le vedove di guerra, gli orfani e i poveri in generale, così come prescritto dal Corano. È probabile però che i soldi non provenissero solo dalle grandi estensioni di terra possedute dalla sultana, ma anche da traffici fiscali illeciti o mancati pagamenti ai soldati. In compenso i gran visir si rivolsero spesso a Kösem perché pagasse con le proprie tasche uomini in armi e munizioni; gli stessi governatori delle province le scrivevano per ricevere aiuti e consigli. Lei non si sottrasse mai.

Kösem partecipò di persona a molte riunioni di Stato, sia pure dietro una tenda, atto audace perfino per le più potenti *valide sultan*: risulta che Safiye, la nonna di suo marito, lo avesse fatto una volta sola. Ad aiutarla, il nuovo gran visir Mustafa Pasha, con il quale però, secondo l'ambasciatore veneziano Alvise Contarini, ci furono anche momenti di tensione e conflitto.

Per tenere lontano Ibrahim dalla politica Kösem fece in modo di procurargli sempre nuove schiave e concubine che lo intrattenessero nell'harem. Questo non bastò a limitare la pessima fama del sultano, presto definito dal popolo "il pazzo". I francesi lo ribattezzarono *le Fou des fourrures*, il pazzo delle pellicce, per la sua insana passione per il pelo degli animali. Ibrahim aveva anche un'altra ossessione: le donne obese. Un giorno ordinò che fosse cercata la donna più grassa dell'impero. La trovò in Armenia e la fece nominare governatore generale di Damasco. È difficile, in questi casi, distinguere tra realtà e leggenda, ma ancora oggi gli storici ricordano i benefici concessi da Ibrahim alle sue favorite e la notte di violenza nella quale fece chiudere nei sacchi e affogare nel Bosforo duecentottanta donne dell'harem.[8] Una schiava, Sechir Para, gli aveva sussurrato all'orecchio che una sua concubina flirtava con un uomo fuori dal Serraglio. Nessun'altra donna dell'harem, però, volle confermare la denuncia e Ibrahim le fece uccidere tutte, tranne madre, mogli e sorelle. Sechir Para sarebbe poi stata fatta strangolare da Kösem, turbata dal suo crescente potere. A Ibrahim fu detto che la ragazza era morta di malattia.

Sarebbe forse stato meglio che Ibrahim non avesse avuto eredi a cui trasmettere la sua follia, ma Kösem, preoccupata perché il figlio non riusciva a mettere incinta nessuna delle sue tante donne e intenzionata a mantenere il potere anche dopo la morte del sultano, consultò una sorta di stregone ed esorcista islamico, il *cinci hoca*, che le diede alcune erbe della fertilità da somministrargli. Che siano state le erbe o il normale corso della natura, nel giro di pochi anni Ibrahim ebbe sei figli.

Col tempo la follia del sultano si aggravò, e crebbe la sua pretesa di governare da solo: nel 1644, racconta lo storico turco Mustafà Naima, vissuto nella seconda metà del '600, Ibrahim fece uccidere il gran visir Kemankes Kara Mustafa e tentò di esiliare la madre a Rodi, per liberarsi della sua influenza. Poi si limitò a confinarla per qualche tempo in una dimora di Istanbul.[9] Nello stesso periodo impose alle sorelle di servire come cameriere le sue concubine. Kösem cominciava ad averne abbastanza. Ma come sbarazzarsi del figlio senza compromettere la dinastia?

[8] Per una ricostruzione attendibile di quegli anni: *Storia dell'impero ottomano*, a cura di Robert Mantran, Argo, Lecce 2004; e Justin McCarthy, *I turchi ottomani*, Ecig, Genova 2005. Per chi conosce il tedesco, ottimo, di Sabine Prätor e Christoph K. Neumann, *Frauen, Bilder und Gelehrte. Studien zu Gesellschaft und Künsten im Osmanischen Reich. Festschrift Hans Georg Majer*, Simurg, Istanbul 2002.

[9] Vedi *Leslie Peirce, op. cit.*

La rivolta scoppiò l'8 agosto 1648, guidata dai giannizzeri e dagli ulema. I ribelli marciarono fino al terzo cortile del Topkapi, il Babussade o Cancello della felicità, e chiesero la testa di Ibrahim. Kösem contrattò con loro a lungo: aveva scritto al gran visir che, per salvare il regno, bisognava al più presto detronizzare Ibrahim, ma pubblicamente doveva far mostra di difenderlo e chiedere che non l'uccidessero. Riuscì allora abilmente a farsi proclamare *umm al-mu 'minin*, madre di tutti i credenti, il che la rendeva garante del regno al di là del ruolo di madre del sultano.

Ibrahim fu quindi deposto e rinchiuso nella Gabbia d'oro e sul trono fu messo suo figlio, Mehmed IV, che aveva solo 6 anni. Imprigionato, Ibrahim diede talmente in escandescenze che dieci giorni dopo il gran muftì emise una *fatwa*, ovvero una sentenza religiosa, in cui permetteva di strangolarlo.

Kösem ritenne dunque di poter continuare a esercitare il suo potere e rifiutò di trasferirsi, come tradizione, nel Palazzo delle lacrime, un tempo una delle dimore del sultano a Istanbul, e in seguito vera e propria prigione per l'harem dei *padishah* morti. Risultato: si aprì una feroce contesa con la russa Turhan Hatice, madre del sultano Mehmed IV e quindi nuova *valide sultan*. Per Kösem fu un vero affronto: Turhan, che aveva 22 o 23 anni, le era stata personalmente regalata come schiava da Kor Suleyman Pasha, il fondatore di Tirana, e lei l'aveva fatta educare da sua figlia Atike, prima di presentarla a Ibrahim perché la prendesse come concubina. Per l'impero fu un nuovo periodo di caos, un regno di due *valide sultan*; anche se nel frattempo Kösem era diventata una *buyuk valide*, una nonna-sultana. Di fatto era stata retrocessa. Temendo di essere in pericolo e che lo fosse pure la sua intera fazione, Kösem decise di avvelenare il sultano-bambino con l'aiuto del capo dei giannizzeri e far salire sul trono un suo fratellastro, Süleyman, che era nato nel 1642 e la cui madre, Saliha Dilasub, sembrava poco incline alla politica e per questo piaceva all'anziana sultana. I preparativi presero troppo tempo. Quando Kösem diede l'ordine di entrare, di notte, nell'harem e prelevare Mehmed IV e sua madre, Turhan Hatice era già stata informata del complotto da una serva di Kösem. Riuscì così a fermarlo con l'aiuto degli eunuchi neri, guidati da Suleyman Agha, della guardia personale del sultano e dal nuovo gran visir Siyavus Pasha. Kösem venne dichiarata in arresto e condannata dal gran muftì a essere strangolata. Il gran visir confermò la condanna e il giovane sultano vi appose, tremante, la sua firma. Era il trionfo di Turhan Hatice.

Nel frattempo Kösem aveva tentato di fuggire. Dopo lunghe ricerche nell'harem, la trovarono in una cesta per i panni o, secondo un'altra versione, in un piccolo armadio a muro, dal quale però spuntava un lembo della sua veste. Le guardie che la scoprirono persero ogni rispetto, nonostante avessero ricevuto ordini opposti: le strapparono bracciali, orecchini e anelli, le rubarono le monete che portava con sé, fecero in mille pezzi i suoi vestiti. Kösem, che pure aveva lottato con tutte le forze, venne trascinata nuda nel Giardino degli uccelli, che si trovava all'interno dell'harem, e lì venne strangolata. Era il 2 settembre 1651.

In quello stesso anno, a testimonianza del suo instancabile interesse per l'impero, Kösem aveva ordinato la costruzione del Büyük Valide Han, che è ancora oggi il più grande caravanserraglio, ovvero la stazione d'arrivo e il rifugio dei mercanti, di Istanbul. A gestire questi enormi ostelli erano delle istituzioni religiose: l'anziana sultana affidò il suo ai Bektasi, una confraternita sufi, legata cioè alle correnti mistiche più intellettuali e aperte dell'Islam; ma concesse anche una rappresentanza alla minoranza sciita. La riconoscenza per questa e altre opere pubbliche, unita al timore e al rispetto suscitato nel popolo da Kösem, fecero sì che gli abitanti di Istanbul reagissero molto male alla notizia della sua morte. Per tre giorni, in segno di lutto, le moschee e i mercati della città chiusero spontaneamente.

Dopo l'esecuzione di Kösem, furono uccisi anche tutti i suoi alleati. Poi però Turhan dovette mandar via a furor di popolo il gran visir che aveva condotto la strage. La nuova *valide sultan* assunse la reggenza ma, forse meno avida di potere o semplicemente più abile, non approfittò della situazione. Col tempo affidò la gestione dello Stato ai gran visir, in particolare, nel 1656, a Mehmed Köprüllü, pur continuando a esercitare un attento controllo. Nelle sue lettere non smise di chiedere spiegazioni sul calo delle entrate fiscali o su alcune spese; non ci fu affare di Stato su cui non ritenne di dover esercitare la sua supervisione.[10]

Quando poi Mehmed divenne adulto, Turhan continuò a partecipare da dietro una tenda alle udienze, per offrirgli consiglio.

Con la morte di Turhan, nel 1683, finì il *Kadinlar Sultanati*, il "Regno delle donne": una storiografia unanimemente ostile alle *valide sultan* salutò la sua scomparsa come la rinascita dell'Impero turco. Oggi si può senz'altro affermare che il potere soverchiante delle madri dei sultani, sempre molto precario e legato solo alla loro forte personalità, fu spesso connesso all'incapacità, alla debolezza o alla follia dei sovrani posti sul

[10] *Ibidem.*

trono. Lo stesso Mehmed IV, che regnò fino al 1687, è passato alla storia come "il sultano cacciatore" perché preferiva di gran lunga andare a caccia che regnare.

Nel 1683 i turchi furono sconfitti a Lahlenberg e dovettero rinunciare al sogno di conquistare Vienna. Tre anni dopo, battuti dalla Lega Santa, voluta da papa Innocenzo XI e costituita da Polonia, Austria, Russia e Venezia, persero l'Ungheria. Mehmed IV fu deposto e rinchiuso nella Gabbia d'oro, dove morì cinque anni dopo.

Anche per un sultano, dunque, la solidità del trono restava un'illusione, da alimentare con delitti e complotti. In questo senso ciò che rende unica la vicenda di Kösem è la durata, fra tanti alti e bassi, del suo potere. Chissà se in punto di morte le tornarono in mente le parole che aveva pronunciato durante un'udienza imperiale, nel 1649, quando aveva chiesto le dimissioni del gran visir Sofu Mehmed Pasha, accusato di non accettare il suo ruolo e di aver tramato contro di lei: "Grazie a Dio, ho vissuto per la durata di quattro regni e io stessa ho governato a lungo. Il mondo non sarà migliore, né verrà distrutto dalla mia morte".[11]

[11] *Ibidem.*

Olimpia Pamphilj
La papessa

"Chi dice donna dice danno, / Chi dice femina dice malanno, / Chi dice Olimpia Maidalchina / Dice danno, malanno, peste e ruina."

Pasquinata romana del '600

La chiamavano "Cardinal Padrone", anche se era donna. E fu proprio per lei che venne inventato il detto: "Chi dice donna dice danno, chi dice femmina dice malanno".[1] Questione di punti di vista. Donna Olimpia Maidalchini, soprannominata la Pimpaccia di Piazza Navona, dominò di sicuro con i suoi intrighi la corte papale di Innocenzo X, eletto nel 1644. Ma forse, senza di lei, non avremmo neppure molti dei capolavori di Gian Lorenzo Bernini, di cui donna Olimpia fu il primo mecenate.

Olimpia nacque a Viterbo il 26 maggio 1592. La sua famiglia non era ricca: il padre, Sforza Maidalchini, era nato verso il 1560 da Andrea Maidalchini e Pacifica Feliziani. Era castellano di Civita Castellana, ed era cassiere del tesoriere del patrimonio di Giulio Gualterio o Gualtieri. Riuscì a sposare la figlia del suo signore, Vittoria, che era nata verso il 1565. La nonna materna di Olimpia si chiamava invece Giulia Gherardi. Tra i più celebri discendenti attuali della famiglia c'è Paola

[1] Da *Le Pasquinate che "fecero" l'Italia*, a cura di Giuseppe Vettori, Scipioni editore, Valentano (Vt) 1995.

Ruffo di Calabria (e secondo qualche sito Internet americano l'attrice Brooke Shields).

Non nobile e non bellissima, ma pronta, briosa e disinibita, Olimpia seppe sfruttare al meglio le sue doti. A dire il vero sul suo aspetto le fonti si dividono: i suoi pochi estimatori tramandano che a 16 anni fosse di bellezza ragguardevole, piacevole, vivacissima e sempre sorridente. I molti detrattori negano che lo sia mai stata. In ogni caso l'avvenenza la perse con gli anni fino a diventare un'imponente matrona dallo sguardo vagamente minaccioso e con un doppio mento così sodo da ricordare una mascella virile. Conservò invece l'intelligenza, dote che nessuno le ha mai contestato. Di più, seppe sfruttarla per tutta la vita, con rara determinazione. La forza di volontà emerge ancora oggi nei suoi ritratti:[2] il naso forte, la piega quasi contratta delle labbra e gli occhi scuri e vivi.

Olimpia fu destinata giovanissima dal padre al convento, ma l'idea non le piacque affatto. Così, pur di non prendere il velo, accusò il suo confessore e precettore di molestie sessuali. Il povero frate era innocente, o almeno qualche tempo dopo fu del tutto scagionato, riabilitato e riammesso ai voti.

Olimpia però aveva scansato il pericolo. Si era dunque dimostrata ben più abile di un'altra donna che in quel periodo avrebbe fatto di tutto pur di non vestire la tonaca e la cui maldestra ribellione al destino la relegò invece alla clausura: Marianna de Leyva (1575-1650), ovvero la Monaca di Monza.

Tornata libera, a 17 anni Olimpia sposò un ricco no-

[2] La Galleria Doria-Pamphilj di Roma conserva il suo busto in marmo di Alessandro Algardi. Da vedere anche il ritratto di Ferdinand Jacob Voet e quello di un ignoto pittore romano, sempre a Palazzo Doria-Pamphilj.

tabile locale, Paolo Nini. Si assicurò ovviamente che fosse abbastanza vecchio da poterla lasciare presto vedova. Così avvenne, meno di tre anni dopo. L'unico dolore di quel matrimonio, e forse il più grande della sua vita, fu la morte precoce del figlio.

La seconda volta la ragazza poté scegliere con maggiore autonomia. La famiglia era stata falcidiata da una recente epidemia: era sola, ricca, giovane e avveduta. Scelse bene: a 20 anni, nel novembre 1612, si rimaritò con il nobile Pamphilio, della potente famiglia dei Pamphilj. La sua casata, originaria di Gubbio, era giunta nella capitale a seguito del papa Innocenzo VIII. Aveva conquistato potere grazie a un'accorta politica matrimoniale, ma cominciava ad avere qualche difficoltà economica. Pamphilio, dunque, accettò di sposare la giovane vedova senza titoli perché era molto ricca. Olimpia aveva in compenso fatto bene i suoi calcoli: il nuovo marito aveva trent'anni più di lei. Quindi non solo poteva assicurarle un titolo e molto potere. Ma presumibilmente l'avrebbe lasciata libera ancora giovane. Non era un bel principe azzurro? Poco male: per il suo piacere, Olimpia sapeva attingere altrove.

In realtà la neoaristocratica fanciulla viterbese pensava soprattutto a diventare ancora più ricca e potente. Così, rivelando un fiuto davvero notevole, strinse amicizia con suo cognato, Gian Battista, "uomo ruvido e bruttissimo", come lo si giudicava unanimemente, "cupo e riservato". Era "di statura alta, magro, collerico, fegatoso, con la faccia rossa", scrive il contemporaneo Giacinto Gigli.[3] Ma era intelligente e abile, proprio come Olimpia. Gian Battista Pamphilj era nato a Roma il

[3] Giacinto Gigli, *Diario romano (1608-1670)*, a cura di Giuseppe Ricciotti, Tumminelli Editore, Roma 1958.

6 maggio 1574. Aveva studiato diritto, aveva fatto il solito cursus honorum che spettava ai giovani nobili della corte papale. Nel 1621 era stato nominato nunzio apostolico a Napoli, nel 1626 in Spagna, e nel 1629 era diventato cardinale. Nel 1639 ricevette il titolo di prefetto di Concilio della Curia.

Secondo quanto sostiene l'attuale famiglia Doria Pamphilj, Olimpia favorì, con i suoi soldi, la carriera ecclesiastica del cognato,[4] in un periodo in cui, si sa, le cariche religiose si potevano facilmente acquistare.

Quello che legava i due cognati era un affetto sincero, ma da subito i romani insinuarono che il rapporto, per l'epoca incestuoso, fosse tutt'altro che platonico. Lei lo chiamava "Gian Battista" in privato, gli serviva tisane, lo consigliava e curava. "Trascorso poco tempo dalle nozze con Pamphilio Pamphilj", scrisse un cronista del tempo, "andava la giovane sposa più spesso in carrozza col cognato che col marito, si tratteneva molto più nello studiolo con quello che nel letto con questo."[5] Secondo il principale cronista antico di Olimpia Maidalchini, Gregorio Leti,[6] uno spregiudicato antipapista nato nel 1630 e morto nel 1701, Gian Battista e la cognata furono realmente amanti, in barba alla straordinaria bruttezza di lui. Per occuparsi del cognato, Olimpia arrivò a trascurare i suoi doveri familiari. Non per affetto, ma, sosteneva il cronista, per la naturale disposizione delle donne a dominare a tutti i costi. Leti

[4] Vedi il sito ufficiale: http://www.doriapamphilj.it/storia.asp.

[5] Dalla *Presentazione dell'opera teatrale di Daniela Eritrei, L'ombra di Olimpia,* di Giuseppe Moscatelli, su http://www.canino.info, sito dell'omonima onlus della Tuscia, molto attiva in campo culturale.

[6] Cfr. *Histoire de Donna Olimpia Maidalchini*, pubblicata nel 1666 a Leiden, e oggi reperibile in qualche biblioteca. L'autore era Gregorio Leti, ma firmò come Abbé Gualdi. Il libro venne definito, già dall'edizione del 1911 dell'*Encyclopaedia Britannica*, "puro gossip, inaffidabile".

però non è del tutto affidabile, non tanto per la vena polemica che lo caratterizza, ma perché adoperava informazioni di seconda mano; all'epoca il miscuglio di verità e leggende, e soprattutto le trasformazioni che subivano i fatti nel passare di bocca in bocca, facevano sì che anche eventi appena accaduti fossero raccontati in modo del tutto scorretto.

Oggi molti studiosi sostengono che il legame erotico tra i due, che all'epoca appariva quasi inevitabile, non è provato e in realtà servisse poco alla stessa Olimpia: lei voleva solo avere Gian Battista, il futuro Innocenzo X, nelle sue mani. In ogni caso, il cognato la ricambiava con un affetto e una fiducia illimitati. Chissà che non intuisse che quella donna lo avrebbe portato sul soglio pontificio. Di certo lei aspirava al potere, pressoché illimitato, di cui godevano gli intimi del pontefice. E il carattere debole di Gian Battista, che pure non gli impediva di essere estremamente ambizioso, si prestava in modo perfetto ai suoi piani.

Qualche anno prima della nomina di Gian Battista al soglio pontificio Olimpia rimase vedova per la seconda volta: Pamphilio morì nel 1639 e subito si sparse la voce che fosse stata lei ad avvelenarlo. Tuttavia, non si sono mai trovate le prove. Il 12 ottobre 1640 la primogenita della coppia, donna Maria Flaminia, sposò, a 21 anni, don Andrea Giustiniani de Banca, primo principe di Bassano. Olimpia era dunque libera di dedicarsi ancora di più al cognato, di cui era ormai la prima e più ascoltata consigliera.

Nel 1644, a 70 anni, Gian Battista divenne papa col nome di Innocenzo X. È possibile che gli intrighi di Olimpia abbiano avuto un ruolo importante nella scelta del conclave. Si trattò in realtà di un'elezione difficile: a fronteggiarsi erano i cardinali che parteggiavano per la

Francia, capeggiati dal cardinale Mazarino, e quelli fedeli alla Spagna. Gian Battista era fra quest'ultimi, ma riuscì a spuntarla perché fu giudicato un moderato.

Tra i suoi primissimi atti ci fu l'accusa al precedente papa di appropriazione indebita: che Urbano VIII e i suoi parenti, i Barberini, avessero rubato a man bassa era evidente. Che Innocenzo X se la prendesse con loro era altrettanto evidentemente un gesto politico. I cardinali Francesco e Antonio Barberini, insieme con don Taddeo Barberini, fuggirono allora in Francia e si posero sotto la protezione di Mazarino. I loro beni furono confiscati e Innocenzo sembrò adottare una fiera politica antifrancese che si smorzò solo quando Mazarino minacciò di far scendere le sue truppe in Italia.

Il secondo gesto clamoroso di Innocenzo X avvenne nel 1648: quando le potenze europee conclusero la Pace di Westfalia, che poneva fine alla Guerra dei Trent'anni e di fatto sanciva l'autonomia religiosa in tutti gli Stati e staterelli europei, il pontefice protestò con la bolla *Zelo Domus Dei*. Fu del tutto ignorato e di lui non si ricordano, in politica, altri atti eclatanti, se non la condanna definitiva dei Giansenisti, austeri riformatori a mezza strada tra protestanti e cattolici, nel 1653.

Innocenzo, che aveva scelto di chiamarsi così in onore di Innocenzo VIII, uno dei papi più corrotti di tutti i tempi, non convinse dunque i sovrani del suo tempo. E non piacque nemmeno ai romani. Lo splendido ritratto che di questo papa fece Velázquez, ci mostra un uomo arcigno e diffidente. Il pittore Guido Reni, che però era al servizio dei rivali Barberini, lo raffigurò addirittura come Satana nella chiesa dei Cappuccini di Santa Maria della Concezione a Roma. Ma con Olimpia, Gian Battista si scioglieva, e lei era perfino melliflua davanti a lui. In realtà non sappiamo se Olimpia avesse peso anche nelle decisioni di politica internazionale. Di certo, contava su tutte le altre.

I romani, sempre molto attenti a individuare i "nuovi potenti" nei cambi di pontefice, si accorsero subito del suo potere e cominciarono a rivolgersi direttamente a lei per chiedere favori al papa: si raccontava, ma sembra più una battuta romana che una realtà, che molti prelati esponessero il suo ritratto, in casa, anziché quello del papa. Di sicuro fu presto ribattezzata la Papessa.

Nel tentativo di ingraziarsela le elargivano doni e privilegi che Olimpia incoraggiava e che, col tempo, si fecero sempre più esosi. Oltre ai romani, mercanti stranieri, ambasciatori, artisti, nobili e intrallazzatori vari si prostrarono ai suoi piedi, e soprattutto colmarono le sue mani, pur di essere presentati – con parole benevole – al pontefice. I romani trassero subito un proverbio dall'ingordigia della Pamphilj: "Ha ffatto come ddonna Olimpia: s'è preso dono e ppresente".

Nessuno se ne scandalizzava: il papa precedente, Urbano VIII, ovvero Maffeo Barberini (1568-1644) aveva distribuito cariche e regali ai suoi parenti, e permesso loro di spogliare i resti della Roma antica per decorare i palazzi di famiglia. Tanto che durante il suo pontificato, si diceva, il più possibile a bassa voce: "*Quod non fecerunt barbari, fecerunt Barberini*".

L'apoteosi di donna Olimpia si compì in ogni caso nel 1650, anno del Giubileo.

La Pamphilj, che già si era trasformata in una sorta di grande protettrice delle prostitute romane e che di fatto gestiva, in nome del papa (e a vantaggio delle sue finanze) molti bordelli della capitale, approfittò del grande flusso di pellegrini per favorire un ulteriore, imponente afflusso di cortigiane. Le tangenti accumulate per l'occasione furono immense. Ma a donna Olimpia non bastavano; con la scusa di organizzare comitati caritatevoli di dame per ricevere i devoti, riuscì anche a lucrare sulla loro assistenza in città. Più precisamente, la Pamphilj si pose a capo del comitato di nobildonne benefattrici. E impose a ogni rione romano la nomina di commissioni che raccogliessero vettovaglie, biancheria e denaro per l'accoglienza dei pellegrini. Dove poi finisse tutto questo ben di Dio e come fosse gestito... era affare di donna Olimpia.

La bolla di indizione del Giubileo, *Appropinquat Dilectissimi Filii*, venne pubblicamente letta, secondo l'uso, nel giorno dell'Ascensione, il 13 maggio 1649, nel portico di San Pietro. Prima c'era stata la solenne messa papale, davanti al Sacro Collegio e a tutti i diplomatici.

All'apertura della Porta Santa di Santa Maria Maggiore, Francesco Maidalchini, il diciassettenne nipote di Olimpia, s'incaricò della funzione al posto del cardinale arciprete Cibo che la donna aveva provveduto a trattenere fuori città. A giudicare il ragazzo degno del compito, benché non avesse neanche ricevuto gli ordini sacri, fu una congregazione di cardinali "convinti" dalla Maidalchini, che aveva progettato un vero e proprio furto. Nel giubileo precedente una cassetta di oggetti preziosi era stata murata nella Porta Santa. Francesco la prese e tentò di portarsela via, ma i canonici reagirono con sdegno e il colpo non riuscì. In compenso donna Olimpia riuscì a impossessarsi della cassetta di preziosi murata in San Giovanni in Laterano.

Alla vigilia di Natale fu aperta la Porta Santa in San Pietro: la folla era così numerosa che rischiò di travolgere il corteo papale. Le armate pontificie dovettero ricacciarla indietro. Poco male: non era il popolo il protagonista del Giubileo. Innocenzo X, come i suoi predecessori, aveva inviato in ottobre una serie di lettere personali di invito a monarchi e principi. In gennaio fece il suo solenne ingresso in Roma l'ambasciatore di Filippo IV di Spagna, seguito da un imponentissimo corteo di trecento carrozze e, pochi giorni dopo, arrivò la regina, con altre centosessanta vetture. In aprile giunsero in incognito Mattia e Leopoldo, fratelli del duca Ferdinando II Medici, che il papa ospitò in Vaticano; in maggio fu la volta dell'infanta Margherita di Savoia, figlia di Carlo Emanuele II e di Caterina d'Austria. La ragazza era terziaria francescana e prese alloggio presso le Oblate di Tor de' Specchi. Olimpia Maidalchini andò a trovarla e rimase molto delusa dalla semplice accoglienza ricevuta nel convento. Pensò allora di ricambiare l'invito nel suo palazzo: lei, così avara, non lesinò un centesimo perché il cerimoniale e lo sfoggio fossero senza pari. Margherita se ne sentì quasi offesa e non volle più avere a che fare con lei: per Olimpia un errore e un grave smacco politico. Peccato perché le prediche del padre gesuita Oliva, a Palazzo Pamphilj, erano diventate un appuntamento di grande richiamo e la presenza di Margherita ne avrebbe diffuso la fama a livello internazionale, glorificando così anche la padrona di casa e forse mitigando la sua pessima fama.

Evidentemente il Giubileo era quasi l'equivalente del G8 di oggi: vi si ritrovavano tutti o quasi i potenti della Terra. Bisognava essere cauti. In primavera, per esempio, arrivarono anche numerose Confraternite e non mancarono gli incidenti per questioni di precedenza e di prestigio. L'ormai tradizionale rivalità fra spagnoli e francesi fomentava gli odi: i primi favorivano la Confraternita del SS. Crocifisso di San Marcello; i secondi quella del Gonfalone. La tracotanza spagnola indignò a volte anche i romani e sulla statua di Pasquino comparve un giorno l'avvertenza: "Anche a Roma nascono i Masanielli", chiara allusione alla rivolta napoletana antispagnola del 1647. Innocenzo X e donna Olimpia, entrambi filo-spagnoli, erano avvertiti. Chissà se anche per questo, o per l'età, il papa partecipò poco alle celebrazioni. Prese parte solo alle cerimonie più solenni, lavò qualche volta i piedi ai pellegrini, ma arrivò a fare appena una quindicina di visite per l'acquisto delle indulgenze, fonte primaria delle entrate pontificie, oltre che principale motivo di scandalo e ribellione per Lutero. Racconta Giacinto Gigli,[7] che donna Olimpia si era persino messa a commerciare in grano e farina con i quali si produceva un disgustoso pane dal sapore di terra. Si lamentò della situazione anche Ferdinando III d'Asburgo, l'imperatore cattolico, scandalizzato perché il papa "aveva posto il governo in mano di una donna di che gli heretici tutti si ridevano". Vero: nelle regioni protestanti girava un libro con la figura di "una donna che sedeva in maestà con il regno papale in testa, et esso Pontefice alli suoi piedi che filava".

Comunque, nonostante le critiche sempre più aspre al Giubileo e malgrado l'Europa fosse diventata in buona parte protestante, l'evento fu un successo: pare che Roma accogliesse nel 1650 circa settecentomila persone, oltre ai residenti e ai curiali.

Se i contemporanei lamentarono le ruberie di Olimpia, oggi noi ricordiamo soprattutto gli imponenti lavori di restauro e le nuove opere che nell'occasione intraprese Innocenzo X, quasi sempre dietro suggerimento della cognata. Il pontefice ordinò il restauro dell'allora fatiscente Basilica Lateranense, cattedrale di Roma, a opera di Francesco Borromini, che l'arricchì di marmi preziosi. Lo scultore Alessandro Algardi, lo

[7] Giacinto Gigli, *op. cit.*

stesso che avrebbe scolpito il più somigliante e inquietante busto di donna Olimpia, preparò in San Pietro la famosa tavola di papa Leone Magno che ferma Attila e fuse la grande statua bronzea di Innocenzo X, che oggi in Campidoglio fronteggia quella berniniana di Urbano VIII. Nello stesso periodo Gian Lorenzo Bernini lavorava all'*Estasi di Santa Teresa* in Santa Maria della Vittoria, che avrebbe poi lasciato molto perplesso il papa per la sua sensualità, e completava la Fontana dei Fiumi in Piazza Navona.

Nella guerra tra Bernini e Borromini, nella quale il primo non lesinò i colpi bassi e il secondo fu quasi sempre una vittima innocente, Olimpia ebbe ovviamente una sua parte. Durante il Carnevale del 1646, per esempio, nonostante il teatro all'epoca fosse proibito, in casa della Pimpaccia venne allestita una commedia del Bernini. L'alleanza fra i due fu sempre solidissima.

In quel periodo Borromini aveva denunciato il rivale davanti a una commissione d'inchiesta istituita per stabilire quanto solidi fossero i lavori del Bernini a San Pietro. In particolare si temeva per il campanile, che sarebbe poi stato abbattuto, ma in effetti si stavano aprendo crepe un po' ovunque e anche la cupola sembrava in pericolo. Il nunzio apostolico inglese stabilì che Bernini dovesse pagare tremila scudi di multa e che il suo patrimonio dovesse essere confiscato. All'artista, però, bastò regalare una pietra preziosa del re d'Inghilterra a donna Olimpia per farsi sospendere la pena.

Anche la storia della fontana di Piazza Navona è legata alla corruzione del duo Bernini-Maidalchini: Borromini era stato già scelto da Innocenzo X. Bernini copiò il suo modello, l'obelisco al centro e intorno le statue che simboleggiavano i quattro maggiori fiumi della Terra, ne fuse un piccolo ma prezioso prototipo in argento. E lo diede a donna Olimpia, che lo mostrò al papa: la commissione passò in un batter d'occhio dal Borromini al Bernini. Il povero Francesco, infuriato, abbandonò i lavori alla basilica del Laterano e si rifiutò di consegnare i dati tecnici sulla fornitura d'acqua di Piazza Navona, questione fondamentale visto che la piazza veniva regolarmente allagata per le feste, sin dal tempo degli antichi romani.

Oggi è difficile dire se abbiamo perso qualcosa nella guerra tra "bande artistiche". Certo è che tutto questo costava e che le tangenti servivano anche a commissionare nuove opere.

I romani pagavano. E mugugnavano. Il celebre Pasquino, il motteggiatore che lasciava le proprie critiche sul torso di una statua romana dietro Piazza Navona (usanza ancora in voga), attaccò donna Olimpia a più riprese. La ribattezzò anche, acutamente, Pimpaccia: "*Olim pia nunc impia*", ovvero "un tempo pia, oggi empia". Aggiunse poi: "Per chi vuol qualche grazia dal sovrano / aspra e lunga è la via del Vaticano. / Ma se è persona accorta / corre da donna Olimpia a mani piene / e ciò che vuole ottiene. / È la strada più larga e la più corta".

Forse però la battuta più efficace pronunciata su di lei, e che ne riconosce anche le straordinarie qualità, è: "Fu un maschio vestito da donna per la città di Roma e una donna vestita da maschio per la Chiesa romana".

Mentre si arricchiva e commissionava opere d'arte, Olimpia faceva anche politica. Il suo palazzo, un magnifico edificio all'estremità meridionale di Piazza Navona, era una vera corte. Per ricrearsi, donna Olimpia si concedeva invece deliziosi soggiorni nella villa suburbana, Villa Pamphilj, ancora oggi uno dei più bei parchi di Roma. In fondo, più stava lontana dalla città e meglio era: il popolo la odiava e aspettava solo di fargliela pagare, non perdonandole nemmeno di essere una "burina", nata in una cittadina del nord del Lazio.

Lei si rendeva conto di non essere popolare e ostentava di non curarsene, ma sapeva bene quanto il suo potere dipendesse dalla salute di Innocenzo X: l'avidità nell'accumulare ricchezze derivava forse anche dalla sensazione che, morto il "suo" papa, nulla le sarebbe stato risparmiato. La Corte romana, peraltro, la guardava con ancora maggior astio del popolo, avvertendola come estranea. Ma soprattutto diffidava del suo potere sul papa. Olimpia, che doveva occuparsi dei tre figli avuti da Pamphilio e dei suoi nipoti, fu accusata di aver distolto Innocenzo X dall'iniziale onestà e di averlo ricondotto all'abituale nepotismo. C'è da credere che il pontefice si fosse lasciato facilmente "convertire": Olimpia non aveva altre armi di persuasione oltre la parola e la costanza.

Per prima cosa aveva provveduto a far sistemare il figlio Camillo, nato nel 1622, che fu nominato capo della flotta e legato ad Avignone, ma soprattutto fu insignito della carica di "cardinale nepote", il 12 dicembre 1644. Di fatto era la posizione più influente e più redditizia della curia, perché permetteva di lucrare sulla concessione delle maggiori nomine ecclesiastiche. Il 10 ottobre 1645 Camillo fu designato anche prefetto del Tribunale supremo della segnatura di giustizia. Incredibilmente, però, il ragazzo, che aveva studiato arti e poesia, ma anche filosofia, matematica e architettura, rinunziò al cardinalato il 21 gennaio 1647 per sposare Olimpia Aldobrandini, ventiquattrenne vedova di don Paolo Borghese dei principi di Sulmona. La Pimpaccia si infuriò e cercò di avversare in tutti i modi l'altrettanto vivace nuora. Le invidie e le schermaglie tra le due

Olimpie divennero argomento quotidiano dei pettegolezzi delle famiglie nobili. Ed ebbero conseguenze nefaste: pare che sia stata proprio donna Olimpia a spingere nel 1649 Innocenzo X a radere al suolo la cittadina di Castro, feudo dei Farnese, altra potentissma famiglia romana. La Pimpaccia accusava i Farnese, parenti della Aldobrandini, di aver indotto Camillo alla rinuncia dell'abito talare. In realtà il ducato di Castro e i Farnese erano da tempo impegnati in un'assurda guerra contro Roma, ma la distruzione della cittadina, pietra su pietra e, pare, con successivo spargimento di sale sulle rovine, avvenne dopo la sconfitta e quindi parve a tutti un inutile accanimento.[8]

Al piacere della vendetta donna Olimpia univa la cupidigia: si calcola che, negli ultimi anni di vita del papa, vendette benefici ecclesiastici per un totale di cinquecentomila scudi.

Non rinunciò neanche a farsi concedere qualche titolo nobiliare. Aveva già i suoi feudi e, nel 1634, aveva comprato quello, importante, di Valmontone. Ma nel 1645 volle anche farsi nominare principessa.

Queste malversazioni lasciarono il segno: a Roma si sussurrava che la regina Cristina di Svezia, che abdicò nel 1654 per poter vivere più liberamente e che, convertita al cattolicesimo, intendeva trasferirsi a Roma, ritardò il suo arrivo nella città papale proprio per non incrociare donna Olimpia. Anche questa sembra una leggenda: Cristina, che fu accolta con tutti gli onori a Roma per le sue ricchezze, tanto che le furono prontamente perdonati i suoi eccessi e i suoi amori saffici, non

[8] Cfr. *L'inedito "giornale" dell'assedio, presa e demolizione di Castro (1649)* a cura di Romualdo Luzi, estratto da *Barnabiti Studi*, Biblioteca Comunale Valentano, Roma 1986.

avrebbe avuto davvero nulla da temere dalla Pamphilj. Il suo arrivo a Roma ebbe luogo il 24 dicembre 1654.

In quell'anno Olimpia aveva comprato per duecentosessantacinquemila scudi il castello di Alviano, e lo aveva restaurato da cima a fondo. Anche qui non dovette conquistarsi una buona fama se addirittura si creò la leggenda che attirasse i bambini al castello e se li facesse servire come manicaretti. Si parlò addirittura di amanti fatti scomparire nelle trappole, ma è davvero poco probabile che, a quasi 60 anni, la Pimpaccia avesse ancora tutti questi appetiti.

Innocenzo X non godeva però di buona salute. Le sue condizioni peggiorarono e lo condussero alla tomba il 7 gennaio 1655. Donna Olimpia, che temeva da tempo quel momento, portò via dai suoi appartamenti e in particolare dalla sua camera tutto quanto giudicò utile, poche ore prima che avvenisse il decesso. Ma non si preoccupò affatto della sepoltura. Né gli altri parenti si mostrarono più generosi: il cadavere del pontefice rimase tre giorni in una brutta stanza dove i giardinieri riponevano i loro arnesi, esposto al pericolo d'essere rosicchiato dai topi. Fu il maggiordomo Scotti a far costruire una povera cassa, mentre il canonico Segni spese cinque scudi per la sepoltura. Intanto donna Olimpia, che era riuscita a riempire due casse di monete d'oro, era balzata sulla sua carrozza e aveva lasciato in fretta e furia il palazzo di Piazza Navona, rifugiandosi fuori città.

La salma di Innocenzo X poté poco dopo raggiungere il sepolcro nella chiesa, da lui commissionata, di Sant'Agnese in Piazza Navona. Una tomba, ancora oggi, stranamente nascosta, posta sopra l'ingresso, per cui entrando è difficile notarla: i romani sostengono che così il papa può benedire chi non lo vede.

Nascondersi, in effetti, era soprattutto il problema

dei sopravvissuti. Il nuovo papa, Alessandro VII, costrinse Olimpia all'esilio in un suo feudo nel nord del Lazio, San Martino al Cimino, che lei aveva fatto ricostruire e che aveva popolato, facendosi "regalare" da Innocenzo X cinquanta galeotti, altrettante prostitute, e un boia.

Il nuovo papa le intimò di restituire l'oro. Ma la Pimpaccia rifiutò e si barricò nel palazzo che aveva fatto costruire finché, nel 1657, non morì di peste. Lasciò un'eredità di ben due milioni di scudi. Il tesoro rimase nella famiglia Pamphilj, facendo la fortuna dei discendenti della Papessa. Nonostante l'avidità, però, donna Olimpia non aveva esitato a rendere San Martino un piccolo gioiello barocco, ricostruito interamente dall'architetto Marcantonio De Rossi, con pareri e interventi di Bernini e Borromini. Mecenate, la Maidalchini lo fu davvero, e di grandissimi artisti, compreso Mattia Preti, splendido protagonista del Giubileo.

Olimpia lasciò anche un'ennesima leggenda, viva ancor oggi: si narra che il suo fantasma attraversi in carrozza, a ogni anniversario della morte di Innocenzo X, il 7 gennaio, Ponte Sisto, a Roma, passaggio obbligato per andare da Palazzo a Villa Pamphilj. La carrozza viaggia al galoppo, tirata da quattro cavalli e carica delle casse piene d'oro. Lascia alle sue spalle una scia di fuoco e, appena superato il ponte, precipita immancabilmente nel Tevere: ogni volta vengono i diavoli a prelevarla per trascinarla all'inferno. Per questo, si racconta anche, nel 1914 un tratto della via Aurelia antica fu battezzato via Tiradiavoli.

ANNA D'AUSTRIA
LA VERA MOSCHETTIERA

"Le donne sono in genere la causa principale dei più grandi sconvolgimenti degli Stati; e le guerre che distruggono regni e imperi sono per lo più invariabilmente conseguenza della loro bellezza o della loro malvagità."

MADAME DE MOTTEVILLE, dama di camera di Anna d'Austria, in *Mémoires pour servir à l'histoire d'Anne d'Autriche*

Nella nostra immaginazione, complice lo scrittore Alexandre Dumas, Anna d'Austria è la fragile regina di Francia, vittima degli intrighi del cardinale Richelieu e della perfida Milady. Meno male che a salvare lei e l'onore del regno ci pensano i tre moschettieri e d'Artagnan.

Nella realtà è stata una delle sovrane più lucide, determinate, influenti e infide dell'Europa moderna. Richelieu non aveva tutti i torti a diffidare di lei: tramò davvero contro la Francia. E, sia pure con qualche margine di dubbio, è molto probabile che suo figlio Luigi XIV, anziché del marito Luigi XIII, fosse il frutto di una sua relazione con il cardinale Mazarino.

Anna nacque il 22 settembre del 1601 a Valladolid, in Spagna. Era figlia di Filippo III d'Asburgo, re di Spagna, e di Margherita d'Austria, e questo la rendeva infanta di Spagna, infanta di Portogallo, granduchessa d'Austria, principessa di Borgogna e dei Paesi Bassi.

Aveva solo 10 anni quando sua madre morì, tuttavia

Margherita, devota fino al fanatismo, aveva già impostato per lei una rigidissima educazione religiosa, nonostante fosse una donna molto affettuosa. Ad amare e coccolare la bambina fu poi il padre, e questo ne forgiò il carattere: Anna era religiosissima, ma talmente sicura di sé da permettersi di violare qualsiasi regola.

A 14 anni, nell'autunno del 1615, fu data in sposa a Luigi XIII di Borbone, anche lui quattordicenne, figlio di Enrico IV, re di Francia e di Navarra, e di Maria de' Medici, e quindi futuro re di Francia. Le trattative per il matrimonio erano durate a lungo: era in ballo un'alleanza tra le due maggiori potenze continentali del momento. Il contratto di nozze era stato firmato addirittura tre anni prima, nel 1612: il 22 agosto a Madrid e il 25 successivo a Parigi. Di fatto, il riavvicinamento dei Borboni e degli Asburgo, signori di mezza Europa, cambiava la storia d'Europa e poneva termine alla fiera politica antiaustriaca e antispagnola del re francese Enrico IV. Era stata l'abilissima e intelligente regina Maria de' Medici a volerlo, durante la reggenza che aveva assunto alla morte del marito.

Ovviamente nessuno aveva tenuto in conto le reali inclinazioni dei due ragazzi, e il matrimonio si rivelò subito un disastro. Luigi non riuscì mai ad amarla: Anna era bigotta, bella e molto orgogliosa. Luigi era timido all'eccesso, cerimonioso, freddo, impacciato. Ma soprattutto condivideva la paura del padre verso la Spagna e non approvava la nuova politica estera della madre.

Il matrimonio non si svolse alla presenza di Luigi. All'epoca, tra regnanti, accadeva abbastanza spesso che ci si sposasse per interposta persona per evitare possibili e nient'affatto rari rapimenti da parte dei parenti acquisiti o dei signori dei Paesi attraversati dal corteo nuziale. In particolare, Luigi XIII temeva i rivoltosi nobili protestanti. Così il 18 ottobre 1615 Anna sposò Luigi per procura a Burgos: a rappresentarlo era il duca di Uceda. Lo stesso giorno, a Bordeaux, la tredicenne Elisabetta, sorella di Luigi XIII, andava in moglie all'infante Filippo, fratello di Anna e futuro re di Spagna, con il nome di Filippo IV. Le due principesse furono poi "scambiate", il 9 novembre, sull'Isola dei Fagiani, sul fiume Bidassoa, ovvero nell'estremo sud-ovest della Francia. La cerimonia, pur nell'estremo lusso, ricordò moltissimo uno scambio di prigionieri. E in effetti sull'isola, chiamata anche Ile de la Conférence, era già avvenuta la riconsegna di Francesco I di Francia, fatto prigioniero dagli spagnoli dopo la sconfitta di Pavia nel 1525.

Per Anna, la situazione era ben diversa. Andava a regnare. Di questa scena ci rimane un dipinto conservato nel Monastero de la Encarnación, di fronte al Palazzo reale di Madrid: non un capolavoro, ma una sorta di fotografia.[1] La ragazza, però, dovette intuire subito che il suo sposo non l'avrebbe resa felice quando, il 21 novembre di quello stesso anno, lo incontrò per una nuova cerimonia nuziale a Bordeaux. I festeggiamenti durarono alcuni giorni. Luigi quasi non avvicinò la ragazza. Peggio: il matrimonio non sarebbe stato consumato almeno fino al 1619.

Anna ricambiò senza esitazioni l'indifferenza dello sposo. Non solo, commise un peccato ben più grave: arrivata a Parigi, dimostrò subito di volersi impicciare troppo di politica e di essere naturalmente portata al sotterfugio.

[1] Nella primavera del 1660, il grande pittore Diego Velázquez venne incaricato di preparare un nuovo incontro tra la delegazione francese e quella spagnola proprio all'Isola dei Fagiani per il matrimonio di Luigi XIV con l'infanta Maria Teresa. Il clima lo fece ammalare. Si mise a letto dopo il suo ritorno a Madrid, e morì di lì a pochi giorni.

A peggiorare le cose fu proprio Maria de' Medici, che tanto aveva desiderato quel doppio matrimonio: all'inizio fu lei a voler forzare la mano dei due ragazzi, accompagnando il figlio nella camera della sposa, la prima notte, e spingendolo sul letto nuziale. All'epoca la consumazione della notte di nozze avveniva davanti a testimoni. Non dell'atto in sé, ma quasi: dopo due ore nella camera di Anna, Luigi dovette mostrare il suo pene arrossato al medico personale e giurare di averla penetrata. Mentiva.

Dal 1620 e fino alla morte di Luigi, nel 1643, i due sposi vissero separati, senza che la tenerezza, forse provata all'inizio, riuscisse a mettere radici. Di nuovo, è probabile che l'eccessiva influenza di Maria sul figlio li abbia tenuti lontani: per quanto l'alleanza con la Spagna fosse il suo maggior risultato politico, la regina madre non voleva che altre donne esercitassero, come lei, una forte influenza sul figlio e sul regno. Anna, in quanto moglie di Luigi, era nella posizione migliore per scalzarla. Meglio, allora, che non fosse troppo amata né dal re né dal popolo. L'ostilità di Maria è confermata dal fatto che il consumato amplesso del 25 gennaio 1619 avvenne proprio perché quel giorno la madre di Luigi non era a corte. La lontananza fra i coniugi giustifica anche tutti i dubbi[2] sulla reale paternità dei due figli di Anna: Luigi Dieudonné, il futuro Re Sole, venuto al mondo il 5 settembre del 1638, e il duca di Orléans, nato nel 1640. I due bambini, per quanto tar-

[2] Vedi le memorie di Anne-Louise d'Orléans, duchessa di Montpensier e figlia del fratello del re, Gian Battista Gastone. *Le memorie della Grande Mademoiselle* sono state pubblicate da Sandro Teti, per la collana Historos (a cura di Serafino Balduzzi, Roma 2004). Ma le originali *Mémoires de Mlle de Montpensier, Petite-fille de Henri IV*, con note biografiche e storiche di Adolphe Chéreul (Charpentier, Parigi 1858), si trovano anche su Internet: http://penelope.uchicago.edu/mlle/mlle.html.

divi, avrebbero confutato l'accusa che più frequentemente Luigi rivolse alla sposa: quella di essere sterile.

Il sovrano non fu certo aiutato, nei suoi tentativi di intimità, dall'ammirazione che circondava Anna, giudicata una delle donne più belle del suo secolo nonostante il naso grosso e l'incarnato non perfetto. La regina aveva però capelli folti e pelle bianca, gli occhi striati di verde e vivacissimi, la bocca piccola e rossa, un bel contorno del viso. Madame de Motteville, la sua "storica"[3] e dama di camera, scrisse che aveva braccia e mani bellissime e che tutti rimanevano sedotti da lei. Anna accettava gli omaggi con naturalezza, consapevole del privilegio della sua nascita, ma al tempo stesso spiritosa, allegra, amante della compagnia e della buona conversazione. Le piaceva vestire bene ma senza eccessi, si truccava, adorava il teatro e le feste. Secondo la Motteville, Anna non apprezzava la lettura ed era piuttosto ignorante, ma era intelligente e aveva un atteggiamento sempre disponibile e accomodante.

Luigi XIII non fu l'unico a non amare Anna. La sua vera bestia nera fu il cardinale Richelieu, onnipotente segretario di Stato, forse da lei respinto. Richelieu non si fidò mai della regina e l'accusò a più riprese di complottare contro la Francia. In realtà non riuscì a provare quasi nulla. Anna fu abilissima. Noi però oggi sappiamo per certo che intrattenne con suo fratello Filippo, re di Spagna, una fitta corrispondenza ai danni della Francia e a favore del suo Paese natale. Ma soprattutto partecipò a numerose congiure.

Intanto, nel maggio del 1625, si svolse l'evento che

[3] Madame de Motteville, *Chronique de la Fronde*, Mercure de France, Parigi 2003. Le sue memorie complete si intitolano *Mémoires pour servir à l'histoire d'Anne d'Autriche* e sono tra i più interessanti diari del '600-'700. Furono scritte dopo la morte della regina per difenderne la condotta.

avrebbe reso Anna un'eroina della letteratura, grazie a Dumas e ai *Tre moschettieri*,[4] ma che, nella sua vita, ebbe in fondo modesta importanza: l'arrivo a corte di George Villiers, il duca di Buckingham. Nel romanzo i quattro moschettieri devono lottare contro il cardinale Richelieu e la sua agente, Milady de Winter, per salvare l'onore della regina che ha imprudentemente regalato al duca di Buckingham, come pegno d'amore, dodici puntali di diamanti ricevuti in dono dal marito Luigi XIII. Finisce che D'Artagnan e i suoi giustiziano Milady che ha ucciso il duca, e poi si riconciliano col prelato. Non andò così.

Nella realtà il duca era nato nel 1592 e quindi aveva 33 anni quando giunse a Parigi. Aveva i capelli castani mossi, gli occhi un po' asimmetrici, il pizzetto e il naso lungo e sottile. George Villiers doveva accompagnare in Inghilterra Enrichetta Maria, l'ultima figlia di Maria de' Medici ed Enrico IV. La ragazza si era sposata per procura con il futuro Carlo I. Il duca giungeva atteso: la sua fama era pessima quanto vasta. Suscitava curiosità. Entrato alla corte di Giacomo I di Inghilterra nel 1614, aveva presto sostituito, nelle grazie del sovrano, il favorito, Robert Carr, conte del Somerset. Aveva fatto una rapida carriera, fino a diventare, nel 1619, Lord grande ammiraglio. Nel 1620 aveva sposato Lady Katherine Manners, pare non la sua unica donna, nonostante le inclinazioni omosessuali. La posizione a corte gli permetteva di assicurare ai suoi parenti lucrosi monopoli, per i quali era finito sotto inchiesta. Era stato lui a promuovere il matrimonio tra Enrichetta Maria e Carlo I, anche se in Inghilterra nessuno vedeva di buon occhio le princi-

[4] Molte le edizioni in italiano dei *Tre moschettieri*. Tra le più recenti quelle Bur, Milano 2003, e Oscar Mondadori, Milano 2003. *Vent'anni dopo* è negli Oscar Mondadori, Milano 2001.

pesse cattoliche. Corrotto e sfortunato in guerra, era odiato dall'opinione pubblica ma adorato dal sovrano e da suo figlio. Tanto che, quando il Parlamento lo mise sotto accusa per una disastrosa spedizione contro Cadice, Carlo I, nel frattempo diventato re, preferì sciogliere il Parlamento piuttosto che vederlo incriminato.

In sostanza George Villiers aveva fascino, e Anna non restò indifferente, anche se era ben diverso dal nobile innamorato, avventato ma leale e coraggioso, descritto da Dumas. Marie de Rohan-Montbazon, ovvero Madame de Chevreuse, la donna più vicina alla regina oltre che organizzatrice e complice di tutte le congiure del tempo, era all'epoca amante dell'ambasciatore di Inghilterra; fedele al suo stile, preparò il terreno al duca. Che cosa poi successe tra Anna e George rimane in gran parte un mistero: la battuta che girava a corte era che Anna fosse innocente "almeno dalla cintola in giù". Madame de Motteville e François de La Rochefoucauld[5] raccontano che Anna respinse gli attacchi del duca, il quale in realtà ebbe pochissimo tempo per conquistare il suo cuore, a parte i nove giorni a corte durante i festeggiamenti nuziali. Bastarono nondimeno perché il re sospettasse qualcosa: per questo ordinò di dividere il corteo nuziale che accompagnava Enrichetta Maria. Anna viaggiò per conto suo, ma George si presentò inaspettatamente alla regina il 15 ottobre ad Amiens. Lì, appunto, la regina rifiutò le sue avances. Lungi dal sentirsi sconfitto, il duca avrebbe tentato un secondo assalto, questa volta, guarda caso, in camera da letto. Lei sarebbe rimasta muta e incapace di reagire, almeno secondo la Motteville e La Rochefoucauld.

Poi nulla più: tutti i successivi tentativi del gentiluo-

[5] François de La Rochefoucauld, *Maximes et Mémoires*, Rivages, Parigi 2001.

mo di tornare in Francia sarebbero falliti, finché il 23 agosto 1628, mentre organizzava una seconda spedizione per appoggiare la rivolta ugonotta a La Rochelle, venne assassinato a Portsmouth da un ufficiale di marina, John Felton.

Tutto nel comportamento di George Villiers appare ambiguo: diventato il favorito di Carlo I, aveva fatto in modo che il re e la moglie Enrichetta Maria, che già non si amavano, cominciassero a non sopportarsi. La giovane regina francese, secondo qualche cronista dell'epoca, avrebbe allora deciso di liberarsi del pericoloso duca di Buckingham, che continuava ad aizzarle contro il marito, e avrebbe armato la mano di Felton.

Furono comunque altri eventi, e non le intemperanze di George Villiers, a fare di Anna d'Austria una "nemica della Francia". La prima congiura alla quale partecipò, quella di Chalais, fu suscitata da uno stupido pretesto. Luigi XIII voleva assolutamente far sposare suo fratello Gian Battista Gastone a Mademoiselle de Montpensier, una ricca e nobile ereditiera. Richelieu, come al solito, lo spalleggiava. Gastone non ne voleva neanche sapere e dalla sua parte si schierò un vero e proprio partito antimatrimonio. In particolare, la fazione fu capeggiata dalla potente e intrigante duchessa de Chevreuse, allora ventiseienne, e dai rappresentanti di famiglie aristocratiche molto in vista. A loro, ovviamente, dei sentimenti di Gastone non importava nulla: l'obiettivo era indebolire Richelieu, allora solo vescovo di Luon, e soprattutto ripristinare i privilegi feudali della nobiltà che la politica accentratrice e autocratica di Enrico IV, il padre di Luigi, aveva drasticamente ridotto.

Durante l'estate del 1626 la duchessa riuscì a irretire e portare dalla propria parte il conte di Chalais, fino a quel momento molto stimato dal re. L'obiettivo era uccidere Richelieu e, quasi sicuramente, destituire Luigi a favore di Gastone. Ma il partito si mostrò poco compatto e una serie di litigi personali fece scoprire il complotto. Richelieu ricevette tutto il sostegno di Luigi e si salvò. Gastone, da parte sua, per evitare il peggio, confessò e fece i nomi dei complici. L'unico, tra di loro, che non apparteneva alla famiglia reale era proprio il conte di Chalais. Così su di lui caddero tutte le accuse: fu giudicato a Nantes e condannato alla decapitazione, il 19 agosto 1626. Finale della storia: Richelieu rafforzò ulteriormente il suo potere, Gastone si riconciliò col fratello, accettò di sposarsi – sarebbe rimasto vedovo dopo nove mesi – e assunse il titolo di duca d'Orléans, qualifica che prevedeva una serie incredibile di privilegi. Ma soprattutto il potere di Luigi emerse consolidato ai danni della nobiltà tradizionale.

Quale ruolo esattamente abbia avuto Anna nella congiura non è facile stabilirlo. Fu di sicuro della partita. Il che dovette accrescere l'odio del marito e del cardinale. Anche perché, solo quattro anni dopo, Anna si alleò con la suocera, Maria de' Medici, contro lo strapotere del cardinale e, quindi, anche contro il re. Tutto si concentrò in quella che fu chiamata la Giornata degli inganni, il 10 novembre 1630. In realtà Richelieu era stato sostenuto all'inizio della carriera proprio da Maria, che nel 1624, dopo avergli procurato il cappello cardinalizio, riuscì a farlo diventare primo ministro. Ciò non li aveva tuttavia resi amici; e con gli anni la tensione si era acuita. Richelieu, che preferiva Luigi perché lo trovava più malleabile della madre, rovesciò ogni alleanza fino ad allora stretta da Maria e avviò di nuovo una fiera politica antispagnola. Per questo la Medici si infuriò. E per questo Anna si schierò con lei.

Il 10 novembre 1630 scoppiò un violento alterco tra

la regina madre e Luigi. La corte, che riteneva Richelieu già licenziato, dovette presto ricredersi: il suo principale nemico, il ministro della Difesa, Michel de Marillac, fu estromesso dal governo, suo fratello condannato a morte e la Medici spedita addirittura in esilio. Eliminata dalla corte Maria, che sarebbe morta in povertà dodici anni dopo senza mai smettere di lottare contro il re e il cardinale, e condannati i suoi complici nel tentativo di estromettere Richelieu, Anna d'Austria non dovette passare dei bei momenti. Ma non era donna da scoraggiarsi facilmente.

Anzi, la sua corrispondenza con la Spagna, che le era stata vietata ma non si era mai interrotta, si infittì. In particolare, per ben quattro anni, mentre la Francia era in rotta col suo Paese natale, la regina continuò a scrivere a suo fratello Filippo IV. Richelieu aspettò di avere le prove e poi colpì.

In effetti, dopo il 1629, con la sconfitta dei protestanti francesi, Richelieu aveva attuato una politica decisamente anti-Asburgo. Già nel 1625, nell'ambito della terribile Guerra dei Trent'anni – che durò dal 1618 al 1648 col risultato di spopolare e devastare l'Europa –, il cardinale aveva favorito un'alleanza tra i nemici dell'impero austro-spagnolo, Olanda, Danimarca e Inghilterra. Poi nel 1635 la Francia entrò nella guerra aperta che sarebbe culminata, nel 1640, con la rivolta della Catalogna e la proclamazione di Luigi XIII a sovrano della regione spagnola.

Come non credere, dunque, che Anna, convinta sostenitrice del suo Paese, non appoggiasse qualsiasi rivolta destinata ad aiutarlo? Per questo è probabile che abbia sostenuto anche la nuova rivolta di Gastone, il fratello di re Luigi. Nel 1631 il duca di Orléans aveva raccolto delle truppe in difesa della madre Maria. Nel gennaio 1632 sposò di nascosto Margherita, sorella del duca di Lorena; pochi giorni dopo Luigi XIII invase la Lorena e Gastone fuggì nei Paesi Bassi, sotto il dominio spagnolo. In luglio rientrò in Francia con un piccolo esercito per unirsi alla rivolta del duca di Montmorency, governatore della Languedoc. La ribellione fu repressa, Montmorency giustiziato. E Gastone, come al solito, perdonato. Riparò di nuovo nei Paesi Bassi. Nel 1634 Richelieu lo lasciò rientrare in Francia, ma l'impenitente fratello del re avrebbe ancora partecipato ad altri complotti. E Anna con lui.

In particolare, nell'agosto 1637, la regina fu presa nella trappola di Richelieu. Il cardinale dimostrò come, nonostante la guerra, Anna si recasse nel convento di Val-de-Grâce per scrivere in tutta tranquillità le sue lettere al fratello, in Spagna. Per Anna, questa volta, sarebbe stata la catastrofe se, miracolosamente, non fosse rimasta incinta: il 5 settembre 1638 nacque Luigi, il futuro Re Sole, seguito, il 21 settembre 1640, da Filippo. La regina dovette comunque firmare una confessione scritta e impegnarsi in futuro a non ricadere in simili errori, accettando un vero e proprio codice di comportamento.

Ci mise soltanto un paio d'anni per ricominciare a tramare. In fondo, come aveva confessato a Madame de Motteville, aveva imparato da suo marito l'arte della dissimulazione.

Nel 1642 Anna partecipò, insieme con Gastone, alla congiura di Henri Coiffier de Ruzé, marchese di Cinq-Mars: il giovanotto era stato preso sotto la tutela di Richelieu, alla morte del padre, suo amico, nel 1632. Dieci anni più tardi il cardinale lo presentò a Luigi XIII perché diventasse il suo favorito. Cosa che, appunto, avvenne. Ma Cinq-Mars non aveva alcuna intenzione di comportarsi da fantoccio di Richelieu, tentò anzi di convincere il re a condannare a morte il cardinale. Non aveva fatto bene i suoi conti: fu lui a salire sul patibolo.

Alla fine, con Gastone, Luigi XIII fece la pace. Fu solo con la moglie che non volle mai riconciliarsi, tanto che, diffidando delle sue intenzioni, prima di morire cercò di far sì che il regno non finisse nelle sue mani, come sarebbe naturalmente accaduto, visto che Luigi XIV era ancora minorenne. Istituì un Consiglio di reggenza, di cui la regina avrebbe solo avuto la presidenza. In questo modo Anna non avrebbe potuto prendere alcuna decisione senza il consenso degli altri membri. Peccato che scegliesse, come successore di Richelieu – morto nel frattempo – e quindi come esponente di maggior spicco del Consiglio, il cardinale Mazarino. Ovvero, non solo il più fedele consigliere della moglie, ma anche il suo amante, se non qualcosa di più. Ufficialmente Mazarino, o Giulio Mazzarini, un italiano di modeste origini e straordinaria intelligenza,[6] era solo il padrino di Luigi XIV. Ma molti insinuavano che ne fosse il vero padre. Coincidenza: il cardinale assomigliava fisicamente al duca di Buckingham.

L'8 maggio 1643, ovvero quattro giorni dopo la morte di Luigi XIII, spentosi a poco più di 40 anni, Anna prese in mano la situazione: fece annullare dal Parlamento il testamento del sovrano, che prevedeva il Consiglio di reggenza, e si fece investire dei pieni poteri.

Dopo tanti complotti, la morte prematura del marito e il suo colpo di mano coronavano tutti i suoi sogni. La sua veglia al capezzale del re morente, così assidua da sembrare sincera, aveva tratto molti in inganno.

A quel punto tornò a corte anche Françoise Bertaut,

[6] Una sintesi del suo pensiero si trova in *Breviario dei politici, Mazzarino*, Newton Compton, Roma 1994. Vi scrive per esempio: "Per quanto ti sia possibile, non ti obbligar con iscritto ad alcuna promessa, massimamente se a donne".

ovvero Madame de Motteville, futura biografa della regina. Richelieu e Luigi, sempre timorosi degli influssi "spagnoli" su Anna, l'avevano fatta allontanare, benché fosse ancora una bambina. Françoise era stata mandata in Normandia dove, a 18 anni, aveva sposato Nicolas Langlois de Motteville, che viaggiava già sull'ottantina. Due anni dopo era rimasta vedova, ragion per cui non ebbe problemi, nel 1643, a far le valigie e rientrare al servizio della regina. Françoise, forse la persona che più apprezzò Anna, ne comprese però, come nessuno, anche i limiti: "Lei non è mai abbastanza toccata dall'affetto che le persone provano per lei", scrisse.[7]

La presa del potere produsse in Anna una trasformazione radicale: la donna che aveva lottato tutta la vita contro la Francia, ne divenne la più strenua paladina. Congedò tutti i ministri di Luigi XIII; tenne solo Giulio Mazarino, al quale affidò il governo.

Ottima scelta, e la prima tra tante, anche se la fedeltà a Mazarino le costò il rancore dei suoi vecchi alleati, in particolare di Madame de Chevreuse e del suo amante La Rochefoucauld. Non fu un'ostilità da poco: François La Rochefoucauld, conosciuto anche come il principe di Marcillac, aveva partecipato a tutti i complotti contro Richelieu. Adesso fu il protagonista della cosiddetta Fronda contro Mazarino: lo inaspriva anche l'ingratitudine di Anna, dalla quale si sentiva sfruttato e abbandonato.

Ma Anna e Mazarino si rivelarono abili come Luigi e Richelieu nel reprimere i complotti: in fondo la regina aveva imparato a sue spese. Tra il 1648 e il 1652 il movimento della Fronda tentò inutilmente di rovesciare il

[7] Madame de Motteville, *op. cit.*

cardinale-primo ministro. Non ci riuscì. Reso temporaneamente cieco da un'archibugiata in viso nel 1652, La Rochefoucauld prima si rifugiò nel Lussemburgo, poi tornò in Francia e si ritirò a scrivere. Mazarino trionfava e il suo legame con Anna, testimoniato da una fitta e appassionata corrispondenza,[8] si fece, se possibile, ancora più stretto. Si arrivò a parlare addirittura di un matrimonio segreto tra la regina e il cardinale, che non aveva preso i voti e quindi non aveva l'obbligo della castità, ma non si sono trovate mai le prove, sebbene non manchino gli indizi. La complicità era perfetta: quando nel febbraio 1651 i frondisti sembravano aver la meglio, Anna finse di mandare Mazarino in esilio in Renania, ma continuò a seguirne le indicazioni. In quel periodo la sua tendenza all'intrigo si rivelò preziosissima per la corona: Anna riuscì a dividere i nemici, a portare dalla sua parte l'ostile cardinale di Retz, che avrebbe fatto poi arrestare, e a rientrare trionfalmente a Parigi, dalla quale si era dovuta allontanare, il 21 ottobre 1652. Mazarino, richiamato dall'esilio, avrebbe ripreso "servizio" nel febbraio successivo. Madame de Motteville sostenne poi che Anna era di carattere virtuoso, ma che Mazarino era riuscito, appellandosi alla "ragione di Stato", a farle fare cose terribili.

La reggente decise anche di porre fine alla guerra con la Spagna nel modo più vantaggioso possibile per la Francia. Ovvero rifiutò di fare subito la pace, benché, durante il regno del marito, l'avesse ardentemente desiderata. Aspettò fino al 1659, quando fu firmato il Trattato dei Pirenei che rese la Francia la vera arbitra dei destini d'Europa.

[8] *Lettres du Cardinal Mazarin pendant son ministère*, a cura di Chéruel A. Chéruel, in Collection de Documents inédits sur l'histoire de France, Parigi 1872-1906.

Che l'atteggiamento di Anna verso la Spagna di suo fratello e verso gli Asburgo fosse nel frattempo del tutto mutato lo dimostra la gioia manifestata dalla reggente alla notizia della vittoria francese a Nordlingen contro le truppe dell'imperatore, nel 1645: lo stesso Mazarino, giudicando eccessivo l'entusiasmo, le sussurrò: "Madame, i morti sono molti..."[9]

Nel 1660 il nuovo patto tra Francia e Spagna fu suggellato dal matrimonio di Luigi XIV con l'infanta Maria Teresa d'Austria, sua cugina di primo grado. Per realizzarlo Anna si era fieramente opposta al matrimonio di Luigi con la nipote di Mazarino, Marie de Mancini.

In teoria a soli 13 anni, nel 1651, Luigi XIV aveva raggiunto la maggiore età, e il 7 giugno 1654 era stato incoronato re. Ma né la madre, verso cui fu sempre riconoscente e obbediente, né Mazarino rinunciarono al potere. Anzi, il sempre maggior zelo religioso di lei e, paradossalmente, il senso laico dello Stato del cardinale, rischiarono di metterli in contrasto proprio negli ultimi anni. Fu solo alla morte del cardinale, nel 1660, che Anna cedette il potere al figlio e si ritirò in convento. Questo non vuol dire che smise di prendere decisioni importanti. Luigi la stimava e la temeva.

Secondo Madame de Motteville, Anna lasciò il potere senza alcun rimpianto. Non tutti i cronisti dell'epoca però concordano su questo punto. Di sicuro Anna cercò di limitare l'infedeltà e il libertinaggio di Luigi: la stessa Motteville fu coinvolta per tentare di interrompere uno dei tanti flirt del re, cosa che le scatenò contro il suo odio e le fece perdere un ruolo importante a corte.

Anna morì il 20 gennaio 1666 al Louvre, per un do-

[9] Cfr. Claude Dulong, *La vita quotidiana delle donne nella Francia di Luigi XIV*, Bur, Milano 1986.

loroso cancro al seno: fu sepolta nella cattedrale di Saint-Denis mentre il suo cuore fu mandato al convento di Val-de-Grâce. Quando, al momento del trapasso, sul suo grande letto di velluto azzurro, uno dei cortigiani sospirò: "Merita di essere collocata nel rango delle nostre più grandi regine", Luigi XIV lo corresse: "No, dei nostri più grandi re". Commento insolito per l'epoca. Qualche anno prima la Motteville aveva espresso ad Anna il desiderio di scrivere le sue memorie e la regina le aveva fatto promettere che non avrebbe nascosto i suoi difetti, tra i quali, come la dama riportò, una tendenza a vendicarsi selvaggiamente dei nemici, mitigata solo parzialmente da ragione e coscienza. All'epoca, la Motteville le aveva risposto: "Poiché nessun essere umano è esente da errori, ogni storia non può dirsi riuscita finché non contenga il bene e il male e finché sia gli errori sia le buone azioni siano equamente riportati".[10]

[10] Madame de Motteville, *op. cit.*

Elisabetta Petrovna
La zarina dai pentimenti tardivi

"Morta la bestia, morto il veleno."

Dalla lettera del 22 gennaio 1762 di Guglielmo II di Prussia al generale Guglielmo von Knyphausen, alla notizia della morte di Elisabetta di Russia [1]

Quello che le piaceva di più era aspettare che i condannati venissero condotti al patibolo, magari per essere squartati. E poi, all'ultimo istante, concedere la grazia. Il pubblico strepitava, protestava per il mancato spettacolo. E poco dopo benediva la sua *matushka*, mammetta, per essere stata miglior cristiana del popolo e aver risparmiato gli "infami".

Elisabetta, terza zarina di tutte le Russie, figlia di Pietro il Grande e Caterina I, era una donna complessa.

La sua crudeltà non è stata peggiore di quella delle altre zarine, figuriamoci di quella degli zar. Anzi. Elisabetta si pentiva quasi sempre dei suoi eccessi di violenza e si sfiniva poi in pellegrinaggi espiatori.

Ma proprio questa ambivalenza, questa alternanza tra vendetta e slanci di bontà, tra inganni e ingenuità, la rendeva più imprevedibile. E quindi più pericolosa.

Elisabetta, o meglio Yelizaveta o Yelisavet, Petrovna venne al mondo il 18 dicembre 1709, secondo il calendario russo, il 29 secondo il nostro, a Kolomenskove,

[1] Da Robert Nisbet Bain, *The Daughter of Peter the Great: A History of Russian Diplomacy and of the Russian Court under the Empress Elizabeth Petrovna, 1741-1762*, Constable, Westminster 1899.

vicino Mosca: era la figlia più giovane di Martha Skavronskaya, l'ex lavandaia schiava dell'esercito russo che aveva fatto innamorare di sé lo zar riformatore, Pietro. Martha avrebbe poi convinto il sovrano a sposarla, ma soprattutto a eliminare il divieto alla successione femminile al trono russo, stabilendo che solo allo zar spettava la scelta del suo successore, chiunque fosse. Alla nascita di Elisabetta, però, i due non erano ancora sposati e la bambina risultava illegittima. Regale, ma bastarda, secondo l'ottica dell'epoca.

Quando, l'8 febbraio 1725, suo padre morì, a causa di una polmonite contratta per una bravata, Elisabetta aveva 16 anni e sua sorella Anna 17. Gli altri cinque fratelli invece morirono in tenera età. In particolare, la sorellina Natalia si spense a 6 anni, pochi giorni dopo il padre; e la madre Caterina fece un funerale congiunto. Era il 10 marzo e furono esequie degne, ovviamente, di un imperatore: il feretro, sovrastato da un baldacchino, era condotto da dodici imponenti colonnelli; accanto, la piccola bara di Natalia. Dietro i preti ortodossi, poi le icone e i vessilli, quindi Caterina in lutto stretto, sostenuta dall'amante di sempre, il principe Alexander Menshikov, e dall'ammiraglio Feodor Matveyevich Apraksin. Seguivano Anna ed Elisabetta, scortate dal gran cancelliere Gavriil Ivanovich Golovkin, dal generale Anikita Ivanovich Repnin e dal conte Pyotr Andreyevich Tolstoj, ossia i personaggi più influenti della corte. Dietro di loro nobili, generali, principi stranieri, diplomatici. Tutti a testa nuda.

Proprio in quei giorni Anna avrebbe dovuto sposare il duca di Holstein-Gottorp, Carlo Federico, che aveva 25 anni. Ma il lutto impose uno slittamento: Caterina decise che le nozze si svolgessero il 21 maggio 1725. Per Anna non fu un matrimonio felice, anche se sarebbe stato brevissimo. Sistemata lei, il problema diventava trovare un marito a Elisabetta, la preferita di Pietro, una ragazza bionda e apparentemente dolce e gracile. Quando aveva 7 anni il padre aveva chiesto al pittore francese Louis Caravaque di dipingerla nuda solo per contemplare il capolavoro di cui era stato capace. Allo zar sarebbe piaciuto che la figlia sposasse un principe di Francia, ma le trattative, durate quattro anni, si erano interrotte per motivi politici, come d'altronde solo politiche erano le ragioni di questi matrimoni. I contatti però ripresero all'indomani della morte di Pietro, proprio mentre il quindicenne Luigi XV stava rompendo il fidanzamento con Maria Anna di Spagna, di 7 anni.

Caterina, che nel frattempo era salita sul trono di tutte le Russie, era eccitatissima all'idea di questa alleanza, ma gli scambi si prolungarono per tre mesi senza che i francesi prendessero una decisione. Nel settembre 1725, la delusione: Luigi XV avrebbe sposato Maria Leszczynska, una ventiduenne polacca che Caterina voleva offrire al duca di Borbone. La zarina fu colta da rabbia e sconcerto. Ripiegò allora sul duca di Charolais. Elisabetta, ferita nell'orgoglio, supplicò la madre di desistere, di non umiliarla. Caterina restò sorda. Ma Charolais non era della partita. A corte si propose allora di far sposare la ragazza a suo nipote, il dodicenne Pietro Alexeevich, figlio del fratellastro Aleksey, a sua volta figlio di primo letto di Pietro il Grande, che l'aveva fatto uccidere per presunto tradimento. Il rischio, però, era che la Chiesa si opponesse, denunciando l'incesto. Caterina promise allora il piccolo alla figlia del suo amato Menshikov, Maria Alexandrovna, che era già promessa a un altro amante della zarina, Pietro Sapieha.

Che cosa pensasse Elisabetta di tutti questi traffici non ci è dato saperlo, ma il fatto che, poco dopo, avesse sedotto il nipote dimostra che intendeva fare le cose a modo proprio. Il matrimonio di Pietro con Maria allontanava Elisabetta e Anna dal trono e avvicinava invece il ragazzo: le due sorelle si gettarono ai piedi della madre per implorarla di cambiare idea. La zarina prese tempo e la rabbia delle fanciulle crebbe.

Durante una breve malattia Caterina aveva annunciato che Elisabetta sarebbe stata la sua erede alla corona. Nel 1726 il proposito sembrava dimenticato. Quando la zarina si ammalò di nuovo, questa volta seriamente, Menshikov redasse un falso testamento secondo il quale avrebbe regnato Pietro Alexeevich, assistito dall'Alto consiglio segreto. Nel caso fosse morto anche lui sarebbero salite sul trono, nell'ordine, Anna e poi Elisabetta, che sedevano entrambe nel consiglio e che, a titolo di risarcimento, avrebbero ricevuto due milioni di rubli quando Pietro avesse compiuto la maggiore età, i 17 anni. Ma il piano non funzionò: Pietro, che era stato quasi chiuso in isolamento per evitare che sfuggisse al controllo di Menshikov, era un ragazzo insofferente ed egoista, che non obbediva agli ordini del futuro suocero. Ma soprattutto Anna ed Elisabetta accettarono di partecipare alla cospirazione contro Menshikov che il potente conte tedesco Andrei Ivanovich Ostermann cominciava allora a ordire. Nel frattempo Elisabetta aveva trovato un fidanzato: Carlo Augusto, candidato al trono di Curlandia e vescovo protestante di Lubecca, oltre che discendente degli Holstein. Quando il 1° giugno 1727 il giovane morì di vaiolo, il disprezzo di Elisabetta verso la corte di Pietroburgo parve aumentare: la ragazza si ritirò con la sorella e il marito di lei nel castello di Ekaterinhof.

Avere 18 anni e non essere sposata costituiva per Elisabetta motivo di grande sconforto. Così, mentre a corte le si cercava un altro marito, lei prese a solleticare il desiderio incestuoso di Pietro che, contemporaneamente, si dilettava con il ciambellano Ivan Dolgoruki. Nonostante non avesse neanche 13 anni Pietro era già dedito a tutti i vizi: l'unica persona che davvero non gli interessava era la sua fidanzata Maria. Elisabetta si rivelò abile: sobillato da lei, dalla sorella Natalia e dal clan del ciambellano Ivan, Pietro ordinò l'arresto di Menshikov e sottopose lui e la sua famiglia a un crescendo di cattiverie. Menshikov sarebbe morto di apoplessia nel novembre del 1729, nell'esilio siberiano. Maria l'avrebbe seguito nella tomba un mese dopo.

Nel frattempo Elisabetta aveva già cambiato fronte. I suoi alleati, compreso il conte di Ostermann, sapevano che lei era l'unica a poter bilanciare l'influenza del ciambellano Dolgoruki su Pietro. Decisero quindi di farla fidanzare con Maurizio di Sassonia: ma Elisabetta lo ignorò e prese a passare da un amante all'altro con la stessa disinvoltura dimostrata dalla madre. Non solo, decise di adescare lo stesso Ivan Dolgoruki. La eccitava l'idea di sedurre un omosessuale o quella di sottrarlo a Pietro e quindi di accrescere il suo potere sul futuro zar? Difficile dirlo. Pietro scoprì la tresca, ma già nella Pasqua del 1728 zia e nipote avevano fatto pace.

Portata via dalla polmonite a soli 20 anni, morì allora Anna: per Elisabetta fu un immenso dolore. Ebbe una crisi mistica, che superò innamorandosi del conte Simone Naryskin, uomo di grande fascino. Il clan dei Dolgoruki, ormai persuasi che Elisabetta dovesse sposare Ivan e rendersi così innocua nei confronti di Pietro, accolse con rabbia il suo nuovo amore e minacciò di farla chiudere in convento. Avevano fatto male i conti: Elisabetta aveva il sangue iroso e ardito di Pietro il Grande. Rifiutò di abbandonare il conte, che venne allora spedito all'estero. Furibonda, la ragazza minacciò vendette. Doveva aspettare ancora.

All'una del mattino, tra il 18 e il 19 gennaio 1730, un nuovo colpo di scena: Pietro morì, a 14 anni e mezzo, colpito dal vaiolo.

Elisabetta però fu scartata ancora una volta dalla successione: venne invece scelta dai boiari Anna Ivanovna, figlia di Ivan V, il fratello ritardato di Pietro il Grande che, in teoria, aveva diviso con lui il trono per alcuni anni. Anna, vedova di Federico Guglielmo, duca di Curlandia, sembrava la più equilibrata tra le tre figlie di Ivan: vissuta in povertà, appariva facile da manipolare ai nobili che tenevano le redini del regno. Si rivelò tutto il contrario, riuscendo anche a neutralizzare il tentativo di limitare per legge i suoi poteri.

Nel frattempo Elisabetta rimase inspiegabilmente passiva: Armando Lestocq, suo medico e confidente, cercò invano di avvertirla della macchinazione a suo danno e la supplicò di rivendicare il proprio diritto al trono. Lei mostrò invece un gran disprezzo per la corte e un atteggiamento molto remissivo verso Anna che, pur non fidandosi di lei, ordinò che non le mancasse nulla nel suo solitario ritiro.

Anna aveva ragione a non fidarsi della cugina, ma il suo primo problema era consolidare il potere ai danni dell'Alto consiglio segreto e con l'aiuto degli ufficiali della Guardia. La manovra riuscì alla perfezione. Alla fine Anna, incoronata il 15 marzo 1730, si rivelò una perfetta autocrate, intelligente e feroce. La riscossa di Elisabetta partì in modo inatteso. La zarina era autorevole oltre che autoritaria, ma non piaceva al popolo. Elisabetta, invece, che, pur vivendo quasi in esilio, si concedeva frequenti bagni di folla, aveva il dono di risultare simpatica e naturale. L'ambasciatore di Francia, il marchese de La Chétardie, si accorse subito di questa sua dote, e decise di conquistarne la fiducia, con l'aiuto del medico Lestocq. Elisabetta adorava la Francia, ne parlava la lingua e ne ballava le danze in voga. Leggeva pochissimo, e per quanto più istruita della madre, una ex lavandaia rimasta praticamente analfabeta, non aveva mai mostrato interesse per i libri. In compenso, nonostante l'incombente pinguedine, a 30 anni era splendente e seducente come non mai; se ne accorsero tutti il 15 luglio 1739 in occasione del matrimonio di Anna Leopoldovna, nipote e poi figlia adottiva della zarina. La ragazza, di tendenze lesbiche o almeno bisessuali, sposava controvoglia, anzi realmente in lacrime, Antonio Ulrico di Bevern, cognato del principe ereditario di Prussia.

Alla festa non fu la sposa, già di per sé scialba, ma la zarevna Elisabetta ad attrarre gli sguardi di tutti. Compreso quello, preoccupato, della zarina Anna.

Dopo dieci anni di regno, il 28 ottobre 1740, Anna entrò in coma: un colpo di Stato dichiarò reggente la Leopoldovna ed erede suo figlio, il neonato e futuro zar Ivan VI. Elisabetta parve ancora una volta fuori gioco, ma per quanto l'ambasciatore inglese Edoardo Finch la giudicasse "troppo grassa per cospirare",[2] la figlia di Pietro il Grande sapeva di poter ancora giocare le sue carte.

Il merito era di una sorta di furbizia popolare, ereditata forse dalla madre. Elisabetta riusciva ad amare sia le raffinatezze della Francia, sia le più rustiche espressioni dell'anima russa. Anzi, a letto, preferiva senz'altro la ruvidezza dei popolani ai modi dei nobili. Il suo amante preferito era Aleksey Razumovski, "l'imperato-

[2] Henri Troyat, *Le zarine*, Piemme, Milano 1999.

re della notte", come l'avevano soprannominato, un semplice cantante del coro della cappella del palazzo reale. Ma era un uomo atletico, aveva una voce profonda, e, come da copione, si ubriacava volentieri. Diventava allora violento, urlava e rovesciava i mobili. Pur alternandolo con vari altri amanti, Elisabetta lo volle sempre con sé, nonostante le proteste della corte. Aleksey ebbe il merito di rimanerle accanto senza chiedere, incredibilmente, favori per sé e per i suoi.

Quando il solito, onnipotente conte di Ostermann confidò all'ambasciatore inglese che se Elisabetta avesse continuato a tenere quel "comportamento equivoco" con gli uomini, sarebbe stata chiusa in convento, Finch rispose ironico: "Potrebbe essere un espediente pericoloso, perché non ha nulla di una suora, ed è estremamente popolare!"[3] Aveva ragione. I reggimenti della Guardia erano sempre più scontenti della nuova situazione, dominata da ministri e cortigiani tedeschi, e si chiedevano perché, finalmente, Elisabetta non si comportasse da vera figlia di Pietro il Grande. A spingere verso il golpe era in particolare l'ambasciatore francese. Ma Elisabetta esitava.

Tanto che quando, a complotto già avviato, Anna le chiese, il 23 novembre 1741, giorno di ricevimento a palazzo, se era vero che stesse tramando contro di lei, la zarevna protestò la sua innocenza. Disse che era stata mal consigliata e ingannata, e si gettò piangendo ai piedi della nipote. Anna, inspiegabilmente, le credette e la serata terminò tra abbracci e sospiri. I sostenitori di Elisabetta valutarono allora che, prima che l'ira di Anna piombasse su di loro, risparmiando la figlia di Pietro, occorresse agire, l'indomani stesso. Elisabetta,

[3] Olivier Daria, *Elisabetta di Russia*, Dall'Oglio, Milano 1964.

subito dimentica delle lacrime e superato un momento di paura, aderì prontamente; prima però si inginocchiò davanti alle icone della sua camera e giurò che, se avesse vinto, avrebbe soppresso la pena di morte in Russia.

Proposito che avrebbe poi dimenticato per un po', ma che ripeté davanti agli sconcertati ufficiali e granatieri di stanza a Pietroburgo, i quali avevano subito risposto all'appello per il colpo di Stato. Rendendosi conto di averli delusi con tutta questa magnanimità, Elisabetta cambiò tono. "Giuro di morire per voi", gridò baciando la croce d'argento che le aveva passato Lestocq. "Giurate di fare la stessa cosa per me, ma senza versare inutilmente sangue!"[4] Per i soldati era una promessa accettabile e così il golpe, il quinto in quindici anni, si svolse quasi senza colpo ferire.

Elisabetta, alla testa degli armati, ebbe anche la prontezza di allontanare con una manata la baionetta di un suo granatiere dal petto dell'ufficiale che comandava il picchetto di guardia a palazzo: il gesto le valse la simpatia di tutti i soldati che si occupavano della sicurezza del Palazzo d'Inverno.

Giunta nella stanza di Anna, Elisabetta, ignorando quanto aveva affermato solo il giorno prima, la svegliò e le ordinò di alzarsi. Nessuno intervenne a difendere la reggente e suo marito. Elisabetta, con un altro colpo di teatro, sollevò dalla culla il futuro zar Ivan VI e ne proclamò l'innocenza: tutta la colpa, disse, era dei genitori.

Il 6 dicembre 1741, secondo il nostro calendario, Pietroburgo si risvegliò con una nuova zarina. L'incoronazione sarebbe avvenuta il 25 aprile 1742.

Elisabetta, ormai trentaduenne, era raggiante. Venne rispettato il solito copione: arresti in massa dei presun-

[4] Da Henri Troyat, *op. cit.*

ti oppositori, ricompense a pioggia e quasi sempre esagerate a chi l'aveva sostenuta, rivendicazione del suo diritto divino a regnare.

In occasione della repressione che seguì il putsch, Elisabetta svelò la sua vera natura: nascosta dietro a una tenda, almeno secondo una diceria popolare, o comunque informata di ogni processo istituito dal principe Nikita Trubetzkoy, la zarina ispirò o dettò tutte le sentenze. La morte, immancabilmente. Anziché abolire la sentenza capitale, come aveva promesso alla vigilia del colpo di Stato, Elisabetta si concesse un altro, sottile piacere: graziare i condannati un attimo prima che la sentenza fosse eseguita. I nobili e i ministri, molti dei quali di origine tedesca, portati sul patibolo per essere decapitati o squartati, venivano così dirottati verso l'esilio siberiano che, in realtà, si rivelava quasi sempre una condanna a morte posposta. Ivan VI e i suoi genitori vennero invece relegati a Riga.

Ma, come i russi ben sapevano, gli abusi non erano destinati a scomparire. Cambiavano solo i nomi degli autori. Coloro che avevano aiutato Elisabetta furono ricompensati con generosità, ma questo, anziché placarli, ne incoraggiò la tracotanza.

Senza prole, Elisabetta si preoccupò subito di scegliersi un erede e l'individuò nel figlio di sua sorella Anna Petrovna: Carlo Pietro Ulrico di Holstein-Gottorp, rimasto orfano anche di padre. Il 7 novembre 1742 lo proclamò granduca, principe ereditario e altezza imperiale, con il nome russo di Pietro Fedorovich; il ragazzo aveva 15 anni e si era già rivelato, subito dopo il suo arrivo in Russia, deludente sotto tutti i punti di vista. Brutto, ferocemente filo-tedesco, era appassionato solo di soldati, ma sostanzialmente imbelle e inetto.

Intanto, dopo essersi fatta corteggiare con grande

ironia e leggerezza da Maurizio di Sassonia, Elisabetta fece sapere una volta per tutte che non si sarebbe mai sposata. Con il "pretendente" si era soprattutto divertita a cavalcare in abiti maschili, cosa che, nonostante la mole, amava spesso fare.

La sua immagine, com'era già accaduto in Inghilterra in altri tempi con Elisabetta I, sarebbe stata quella della *zar-dievitsa*, la Vergine imperiale. Che vergine, ovviamente, tra amanti e favoriti, non era affatto.

A questo punto, però, si rese necessario non soltanto che Pietro Fedorovich si sposasse, ma che generasse al più presto un figlio. Meglio maschio, visto che i russi iniziavano a mostrare una certa insofferenza verso le zarine. E meglio con una donna di area tedesca che consolidasse le alleanze ai confini occidentali.

Il problema di Elisabetta era sostanzialmente sempre lo stesso: riuscire a coltivare i suoi vizi e intanto mantenere saldo il potere. Di sicuro era un'autocrate e con altrettanta certezza una gaudente. Se avesse avuto una discendenza sicura, ovviamente, si sarebbe sentita più tranquilla. E questo spiega il vero accanimento con cui cercò moglie a Pietro.

Bisogna anche dire che non tutti i comportamenti di Elisabetta erano così lucidi: aveva furie improvvise e quasi del tutto ingiustificate. Nonostante amasse vestirsi da uomo nelle due mascherate settimanali che si organizzavano a corte, era invidiosissima della bellezza delle altre dame. Anzi, pare che si abbigliasse da uomo proprio perché pensava che, in abiti maschili, nessuna donna la superasse in fascino. Una volta si accorse che la contessa Natalia Lopuchin aveva, proprio come lei, una rosa fra i capelli: fece tacere l'orchestra a metà minuetto, intimò alla contessa terrorizzata di inginocchiarsi, afferrò un paio di forbici e le tagliò la rosa con tutti i capelli. Non soddisfatta, la schiaffeggiò in pubblico. La contessa svenne per la vergogna; Elisabetta, invece, un attimo dopo, aveva dimenticato l'evento. Allo stesso modo, un'altra volta ordinò che fosse consegnato al carnefice un buffone che aveva avuto l'infelice idea di mostrarle un porcospino nascosto nel cappello.

Alle rappresaglie ingiustificate, alle sberle inattese a dame, damigelle e servitori, seguivano altrettanto sproporzionati riti espiatori: si imponeva lunghi pellegrinaggi, rimaneva in piedi per ore in chiesa, digiunava. E il giorno dopo rifaceva indigestione, eccessiva, capricciosa e bizzarra come quasi tutti i suoi predecessori, ma anche come molti altri sovrani del suo tempo. Amava la cucina francese, ma era difficile starle dietro quando, vestita da capitano del reggimento, dava il via al banchetto della Leib-Kompania, vuotando d'un fiato enormi bicchieri di vodka. A fine pasto pretendeva che alcune dame le grattassero i piedi e le parlassero a voce bassa finché non arrivava il favorito di turno.

Benché il popolo la giudicasse misericordiosa, non è del tutto vero che Elisabetta dimenticasse subito le "offese": quando si scoprì un probabile complotto ai suoi danni per portare sul trono Ivan VI, con la complicità dell'ambasciatore austriaco Antoniotto Botta d'Adorno e alcuni esponenti del clan Lopuchin, la zarina fece arrestare anche la contessa Natalia e suo figlio Ivan, e li sottopose a terribili torture, nonostante la loro colpevolezza fosse molto dubbia. Il 31 agosto 1743 Natalia salì sul patibolo insieme con la contessa Bestuzhev, il cui primo marito era stato tra i più stretti collaboratori di Pietro il Grande. Le due donne e il giovane Ivan erano stati condannati al supplizio della ruota, allo squartamento e alla decapitazione. Elisabetta aveva deciso ancora una volta di salvarli in extremis e godersi il trionfo per la sua bontà evangelica. La Bestuzhev venne spogliata davanti alla folla: il boia si limitò a sfiorarle la spalla con la frusta e la lingua col coltello, e lei non fece una piega. Natalia invece si ribellò al denudamento e morse la mano al boia che, per tutta risposta, le tagliò la lingua, la mostrò al pubblico e urlò che la metteva in vendita per un rublo. La contessa era nel frattempo svenuta e il boia la rianimò a frustate, per poi issarla su un carro che partì immediatamente alla volta della Siberia. La Bestuzhev non ebbe destino migliore. Ma la fama della bontà di Elisabetta si era vieppiù rafforzata: il popolo la chiamava ormai la Clemente. Un anno dopo, nel 1744, decise di commutare tutte le pene di morte in esilio a vita in Siberia.

Nel frattempo aveva trovato anche la nuora ideale: si chiamava Sofia d'Anhalt-Zerbst e aveva 15 anni. Sarebbe stata Caterina la Grande. Sua madre, Giovanna, era cugina germana del padre di Pietro Fedorovich nonché un'infaticabile tessitrice di intrighi: Elisabetta la rispedì presto a casa. Ma provò subito simpatia per la ragazza, pallida, magra, ma molto ben educata. Peccato che il matrimonio, celebrato il 21 agosto 1745, dopo che Pietro si era salvato dal vaiolo, si rivelasse un disastro. Vantando altre relazioni, l'erede al trono non sfiorò nemmeno la fanciulla. E la cosa andò avanti per anni, con Elisabetta sempre più infuriata non con Pietro, bensì con Sofia-Caterina, accusata di frigidità. La giovane tentava di difendersi, ma la zarina non ascoltava ragioni e moltiplicava le angherie. Ne andò di mezzo il fedele medico Lestocq che l'aveva portata sul trono: diventato il confidente di Sofia, il dottore si era prestato a far da tramite con la madre, Giovanna, con la quale era stato vietato qualsiasi contatto. Fu torturato, deportato e privato di tutti i beni. "Aspettavo il momento in cui mi avrebbe picchiata", avrebbe scritto più tardi Caterina nelle sue *Memorie*[5] a proposito di Elisabetta, "sapevo che batteva le sue dame, i suoi intimi e talvolta, in preda alla collera, anche i suoi cavalieri."

Nello stesso periodo, però, la zarina, soprattutto sotto l'influsso dell'amante Ivan Ivanovich, diede uno straordinario impulso alla modernizzazione e allo sviluppo della cultura in Russia. Fondò l'Università di Mosca e l'Accademia delle Belle Arti di Pietroburgo; restaurò il Palazzo d'Inverno e costruì quello d'Estate; arricchì la capitale di splendidi edifici e gli appartamenti imperiali di opere d'arte. Sostenne il teatro e la danza, e tentò lei stessa di cimentarsi nella poesia, benché non fosse assolutamente all'altezza. Tuttavia, parlava bene francese, tedesco e italiano. E si fidava del suo istinto con gli uomini. In particolare diede grandi opportunità a Michail Vasilevic Lomonosov, un bizzarro personaggio, scienziato e letterato, che fu tra i fondatori dell'Università di Mosca, scoprì importanti principi della fisica e della chimica, e scrisse nel 1755 una *Grammatica russa* che gettò le basi della lingua russa moderna.

Non sempre il risultato degli sforzi di Elisabetta fu apprezzato: riferendosi ai frequenti balli, il marchese de l'Hôpital, ambasciatore francese, si lamentò con il suo ministro degli Esteri, Étienne-François, duca de Choiseul, "dell'inesprimibile noia".

Nello stesso periodo il Paese si trovò spesso coinvolto in guerre incomprensibili per il popolo e legate semplicemente a questioni dinastiche europee, ma la zarina seppe districarsi bene tra i continui cambi di allean-

[5] Henri Troyat, *La Grande Caterina*, Bompiani, Milano 2004. La frase è tratta dalle memorie di Caterina II che si trovano anche online sul sito www.questia.com (il testo pubblicato è *The Memoirs of Catherine the Great*, traduzione in inglese di Moura Budberg, Macmillan, New York 1955).

ze. Meno bene sembrava saper risolvere la questione ereditaria: Pietro subì un intervento al pene che avrebbe dovuto renderlo "operativo". Ma nel 1754 Sofia-Caterina si "organizzò" da sola: dopo qualche aborto, rimase incinta del suo amante, Sergei Saltykov. Elisabetta non era donna da formalizzarsi su queste questioni: voleva un erede e il 20 settembre 1754, dopo nove anni di matrimonio, Caterina gliene diede uno. Pietro brindò a "suo" figlio Paolo e riprese a occuparsi di giochini militari. La zarina si impossessò del bambino, spedì Saltykov a fare l'ambasciatore ad Amburgo e mise Sofia sotto controllo. La ragazza stava diventando incredibilmente matura. Il suo successivo amante, l'aristocratico polacco Stanislao Augusto Poniatowski, la rese anche edotta in politica internazionale.

La rivalità tra le due donne costituì l'ultimo motivo d'ira di Elisabetta. Se è vero che all'inizio la zarina aveva apprezzato quella ragazza serissima, che in seguito l'aveva ingiustamente insultata perché non aveva figli, salvo poi coprirne le successive, e fertili, scappatelle, Elisabetta aveva alla fine capito che si erano create due corti, la sua e quella della granduchessa. Nel 1757 era arrivata a sospettare un complotto e aveva deciso di liberarsi di Caterina. Ma la ragazza sembrava averla preceduta: era rimasta di nuovo incinta e questo la rendeva intoccabile. Il padre non era ancora una volta Pietro, l'erede al trono, che ormai odiava la moglie, ma Poniatowski. Caterina riuscì a ottenere che Elisabetta non lo spedisse lontano, almeno fino alla nascita del bambino. Che poi si rivelò una femmina: Caterina propose di chiamarla Elisabetta, forse per ingraziarsi la zarina. Questa rifiutò e impose il nome di Anna, madre di Pietro. Poi si prese la bambina, come aveva fatto col maschio. E soprattutto riaprì le ostilità contro la granduchessa: il primo alleato della ragazza, il feldmaresciallo Stepan Fedorovich Apraksin, già privato di titoli e averi, fu imprigionato. Sarebbe morto per colpo apoplettico alla fine del primo interrogatorio, nell'agosto 1758. Anche Poniatowski e il cancelliere Aleksey Petrovich Bestuzhev-Ryumin, gli altri due fedelissimi di Caterina, vennero accusati di amicizia con la nemica Prussia. Elisabetta credette ai calunniatori, ma fu indulgente con Bestuzhev. E alla fine dovette anche rinunciare a vendicarsi con Caterina, che si rivelò molto abile a placare l'ira della zarina; le fu perfino concesso di vedere i figli, e il processo a Bestuzhev, e quindi a lei, finì nel nulla. Ciò non toglie che Bestuzhev venne esiliato, per fortuna nelle sue terre, e non in Siberia. Anche Poniatowski fu allontanato definitivamente. Caterina sembrava ormai fuori gioco. Non era così, e sarebbe stata la fortuna della Russia.

Elisabetta, invece, stava sempre peggio; l'asma e l'idropisia la tormentavano. Si consolava con l'alcool, che la faceva ingrassare sempre di più, e con il sesso: pretendeva ogni sera un uomo nel suo letto. Il che non le impediva di mostrarsi bigotta. Al tempo stesso si lanciò in un conflitto pericolosissimo. Nel maggio del 1756 l'Inghilterra aveva dichiarato guerra alla Francia e Federico di Prussia aveva invaso la Sassonia. Era cominciata così la Guerra dei Sette anni che si sarebbe estesa ad Asia e America. Forse la vera prima guerra mondiale.

Elisabetta non sarebbe riuscita a vederne la fine: morente, poté ancora progettare un piano d'attacco in Slesia e Sassonia e nominare comandante in capo Alessandro Buturlin, il cui unico vero merito, in realtà, era di essere stato un tempo suo amante. I dubbi sulle scelte della zarina si infittirono ma, alla fine del 1761, Kolberg, in Pomerania, cadde nelle mani dei russi.

Ormai, però, la zarina vomitava sangue. Il 17 novembre ebbe ancora la forza di prendere qualche provvedimento pubblico, come la riduzione della tassa sul sale. Il 24 dicembre 1761, secondo il calendario russo, ricevette l'estrema unzione: morì il giorno dopo, a 53 anni (il 5 gennaio 1762 secondo il nostro calendario), dopo un violento sbocco di sangue. Accanto al feretro, pallida e inginocchiata, Caterina.[6]

"Mi sentivo in cuore un qualche cosa che non mi ha mai fatto dubitare neppure per un istante che sarei riuscita a divenire imperatrice di Russia, e facendo a modo mio", avrebbe scritto Caterina nelle *Memorie*.[7] Non dovette attendere troppo: il 30 giugno 1762, con un colpo di Stato ai danni dell'incapace e troppo germanofilo marito, prese il potere. Determinata, implacabile, insaziabile nelle passioni: c'è chi dice che per i russi, da Caterina I a Caterina II, passando per Anna Ivanovna ed Elisabetta I, è stato come se un'unica, invincibile e ingorda zarina abbia dominato la Russia. Dei loro appetiti, sessuali, gastronomici e soprattutto politici, si sarebbe favoleggiato a lungo. Ma alla fine, il grandioso progetto di modernizzazione della Russia, iniziato da Pietro il Grande, sarebbe stato compiuto proprio da loro. Non senza contraddizioni: Elisabetta, in particolare, accrebbe il potere dei nobili sui servi della gleba, che già vivevano in condizioni miserrime.[8]

[6] Sui rapporti tra Caterina ed Elisabetta, da vedere anche il film *L'imperatrice Caterina* (1934), diretto da Josef von Sternberg, con Marlene Dietrich nei panni di Caterina II, e Louise Dresser in quelli della zarina Elisabetta.

[7] Henri Troyat, *La Grande Caterina*, *op. cit.*

[8] Evgeny Anisimov, *Empress Elizabeth: Her Reign and Her Russia, 1741-1761*, traduzione in inglese di John T. Alexander, Academic International Press, 2005.

Francisca de Zubiaga
L'altera Mariscala

"Come in Napoleone, tutta la bellezza del suo potere stava nello sguardo. Quanto orgoglio! Quanta spavalderia!... A coloro ai quali Dio concede questo sguardo non serve la parola per governare i loro simili. Possiedono un potere di persuasione che si sopporta e non si discute..."

Flora Tristán su Francisca de Zubiaga
in *Peregrinaciones de una paria*

Francisca de Zubiaga, il cui nome a noi europei non dice praticamente nulla, è stata la più celebre e chiacchierata "donna d'armi" dell'America latina[1] assieme a Catalina Erauso, la *Monja Alférez*, la Monaca alfiere, una suora basca che nel 1619 combatté in Cile vestita da uomo, in nome del re di Spagna e con l'autorizzazione di papa Urbano VIII.[2] Due secoli dopo, nel primo '800, Francisca ne avrebbe oscurato le imprese, imponendosi anche come prima donna di potere dell'America del Sud, appena liberata dal giogo spagnolo da Simón Bolívar.

Francisca Zubiaga y Bernales de Gamarra entrò in scena a modo suo: la madre, Antonia Bernales, "donna di

[1] La più completa descrizione del carattere e delle imprese di Francisca Zubiaga ci è giunta da Flora Tristán, la nonna di Gauguin, autrice del libro di memorie *Les Péregrinations d'une paria*, Indigo & côté-femmes éditions, Paris 2000. Alla vita di Flora Tristán, invece, Mario Vargas Llosa ha dedicato *Il paradiso è altrove*, Einaudi, Torino 2003.

[2] La sua vita è stata narrata da lei stessa con una certa fantasia nella *Historia de la Monja alférez*, pubblicata a Parigi solo nel 1829.

carattere forte, altera e orgogliosa dei suoi natali", come la ricordavano i peruviani, la mise al mondo l'11 settembre 1802 mentre procedeva a cavallo in un piccolo corteo formato dai servitori e da suo marito, don Antonio de Zubiaga. Don Antonio era un baldanzoso e giovane *hidalgo* di stirpe guipuzcoana, ovvero un nobile cavaliere basco, un uomo al tempo stesso generoso e arrogante, come si confaceva alla sua condizione. Stava conducendo la sua famiglia e i servitori dalla costa dell'oceano Pacifico alla capitale degli Incas, Cuzco, e non poteva certo immaginare quale destino attendeva la piccola che apriva gli occhi in quell'improvvisato bivacco.

Nata quasi su un cavallo, come a presagire la sua futura abilità d'amazzone, Francisca fu portata a Cuzco, nell'attuale Perú, e lì crebbe nella grande casa dei suoi genitori, finché il padre decise di trasferirsi a Lima, dove risiedeva il viceré spagnolo. Francisca e le sue sorelle, Antonia e Manuela, entrarono allora nel collegio di monache del Convento di Santa Teresa. Per Francisca fu una rivelazione: credette di trovare nel misticismo la sua vocazione e chiese, e ottenne, dai genitori, di poter prendere i voti. La crisi mistica durò pochissimo, ma le mortificazioni a cui sottopose il suo corpo, tra cilicio e altre penitenze, le sarebbero risultate un ottimo allenamento per le privazioni e le sofferenze che avrebbe incontrato in seguito sui campi di battaglia, anche perché non godette mai di buona salute. Al tempo stesso il collegio le diede una scarsissima istruzione e Francisca restò ignorante per tutta la vita.

La giovinezza di Francisca de Zubiaga trascorse negli anni immediatamente precedenti all'indipendenza del Perú e la nascita della Repubblica. Anni tormentatissimi. La prospettiva di affrancarsi dalla Spagna, favorita dall'invasione napoleonica della madrepatria nel 1808, accendeva la fantasia dei giovani intellettuali latinoamericani, ma lasciava diffidenti le élite tradizionali e in particolare il clero e i funzionari regi. Inoltre, la speranza di ritrovare la libertà diede per un breve periodo anche agli indios dell'Alto Perú, oggi Bolivia, la voglia di lottare per essa. Cuzco fu il centro di questo risveglio indigeno. Nel 1814 ne fu nominato presidente un capo indio, Mateo Pumacahua, che finì però sconfitto e ucciso dai realisti il 17 marzo 1815, con sollievo generale dei bianchi, anche dei più progressisti. Intanto a Lima, il potere spagnolo resisteva: avrebbe capitolato solo nel 1824.

Tra i giovani ufficiali che avevano servito nell'esercito spagnolo e avevano partecipato al soffocamento di alcune rivolte, in particolare quella di Pumacahua, c'era il tenente colonnello Agustín Gamarra, nato a Cuzco ma anche lui di origini basche. Gamarra rimase piuttosto deluso e disgustato dal comportamento delle truppe realiste. Oppure, più semplicemente, fiutò che il vento stava per cambiare.

Così, nel 1821 si presentò al Libertador, José de San Martin,[3] e si convertì alla causa rivoluzionaria. Quando poi, a vittoria avvenuta, arrivò in Perú il grande eroe e protagonista della lotta d'indipendenza latinoamericana, Simón Bolívar,[4] l'ormai generale Gamarra gli offrì subito i suoi servigi. Non era stato il solo, a Lima, a pensare che Bolívar fosse l'uomo del futuro, quello a

[3] José de San Martin, nato nel 1778 e morto nel 1850, ha lasciato un pamphlet, *Maximas para su hija*, in cui riassume la sua filosofia di vita: in *José de San Martín, Libertador de América*, Instituto Sanmartiniano, Ed. Manrique Zago, Buenos Aires 1995. Su di lui e la storia della liberazione dell'America latina, vedi anche Marcello Carmagnani, *L'altro Occidente. L'America Latina dall'invasione europea al nuovo millennio*, Einaudi, Torino 2003.

[4] Su Simón Bolívar, vale la pena di leggere *Il generale nel suo labirinto* di Gabriel García Márquez, Mondadori, Milano 2000.

cui legarsi: Francisca, ormai ventenne, capì subito che la rivoluzione era un fatto definitivo, ma che la vera partita per il potere era ancora da giocare. Bisognava scegliersi i partiti giusti. Avrebbe volentieri puntato sullo stesso Bolívar; l'eroe dell'indipendenza però aveva sposato, nel 1802, una ragazza spagnola, María Teresa Rodríguez del Toro y Alayza. Se n'era perdutamente innamorato. Così, quando María morì di febbri, nel 1803, Bolívar giurò che non avrebbe mai più preso moglie. Mantenne il proposito.

Francisca mise allora gli occhi su quel generale che trotterellava ossequioso dietro Bolívar e che stava diventando il suo favorito. Il fatto che Gamarra avesse ben diciotto anni più di lei, fosse vedovo e con figli, non le apparve affatto un ostacolo. Gamarra avrebbe potuto essere un ottimo trampolino di lancio. E poi il generale era un uomo di bella presenza, maniere garbate e buona educazione, caratteristiche non sempre comuni tra i "rivoluzionari".

Francisca, violando tutte le convenzioni sociali, non aspettò che suo padre rientrasse dalla Spagna, dove si era recato in viaggio, e si fidanzò col generale. Un'ottima scelta: durante la decisiva battaglia di Ayacucho, il 9 dicembre 1824, Gamarra si batté con astuzia e valore, tanto che subito dopo fu nominato capo di Stato maggiore. A questo punto caddero le riserve della mamma di Francisca, Antonia, che diede il suo consenso al matrimonio, assecondata poi anche dal marito. Le nozze si celebrarono poco dopo, a Cuzco, la città di cui Gamarra andava a prendere possesso in nome di Bolívar.

I cronisti dell'epoca[5] descrivono la Zubiaga come

[5] Lo riferisce Francisco Igartua, uno dei più autorevoli giornalisti peruviani, in articoli apparsi sulla rivista basca *Euskonews & Media*, dal luglio al settembre 2003.

bella e straordinariamente seducente. In realtà aveva il naso lungo, la bocca larga, gli zigomi sporgenti, la testa grossa, la pelle olivastra, una statura media. Insomma, non corrispondeva ai canoni dell'epoca, tutti centrati su delicate bellezze dalla pelle bianca. Ma era piena di vita, aveva lunghi e folti capelli neri e lucenti, una voce profonda, quasi maschile, aspra. Sensualissima. In poche parole, aveva fascino.

Francisca seppe abilmente sfruttare queste sue doti per la propria carriera e per quella del marito, che nel 1828, dopo aver invaso la Bolivia, divenne feldmaresciallo. La stagione di Bolívar, che sognava un'unica nazione latinoamericana e che era stato proclamato presidente della Grande Colombia, la federazione di tutte le repubbliche nate dalla lotta di liberazione, sarebbe durata meno di tre anni. Gamarra avrebbe finito col diventarne nemico, appena la sua stella si fosse appannata.

Nel frattempo, Francisca tesseva la sua rete di relazioni. Quando, poco tempo dopo le nozze, Bolívar giunse a Cuzco, riuscì a far in modo di essere lei a porre sul capo del Libertador la corona di oro e diamanti che la città donava al suo eroe. Il tenebroso Simón, lasciando tutti di stucco, si tolse il diadema e incoronò lei. Francisca, nient'affatto intimidita dal gesto e dalle sue conseguenze, tenne la corona sul capo tutta la notte, al gran ballo dato in onore di Bolívar. Poiché non era affatto stupida, alla fine della festa la rimise sulla fronte del Libertador. Intanto, tutti erano stati avvertiti.

Francisca era una seduttrice, ma ciò per cui ancora oggi è ricordata in America latina è il suo coraggio: dal matrimonio in poi partecipò a tutte le battaglie del marito, persino quando era incinta. Lo affiancava in armi e vestita da uomo, ma soprattutto battendosi con valore. Tanto da meritarsi il soprannome di doña Pancha "la Mariscala", la Feldmarescialla. Si conquistò anche il titolo di "*heroína de Piquiza*", in riferimento all'impeto con cui, nel 1828, si lanciò negli scontri contro il grande generale Sucre, in Bolivia, terminati vittoriosamente con il trattato di Piquiza del 6 luglio. Era abile tanto con la spada che con la pistola, cavalcava magistralmente e i soldati l'adoravano, anche perché, nei momenti di riposo, si divertiva rumorosamente con loro alle battaglie di galli e alle corride di tori. E anziché ballare preferiva di gran lunga giocare a scacchi.

Eccessiva e sempre molto teatrale,[6] ma dotata di un indubbio carisma, si scelse una improbabile divisa da ussaro. In più prese a girare sempre con un frustino, che utilizzava anche per colpire chi non fosse d'accordo o non obbedisse prontamente ai suoi ordini. Si occupò della regia dei suoi spettacolari ingressi nelle città e cittadine peruviane proprio come se si trattasse di rappresentazioni teatrali, si circondò di spie efficientissime e creò le proprie cricche in tutti i palazzi del potere limense. Si raccontava che soffrisse di disturbi nervosi simili all'epilessia; di certo perdeva facilmente il controllo e si faceva prendere da attacchi d'ira spaventosi, con tanto di bava alla bocca.

Questo non le impediva di tramare lucidamente: quando José de La Mar, il presidente del Perú in carica, fu sconfitto, la Mariscala e suo marito riuscirono a fare in modo che il Congresso, al tempo stesso ammirato e spaventato dalle loro vittorie militari, proclamasse Gamarra nuovo presidente del Paese, il 19 dicembre 1829. Lei, neanche a dirlo, si trasformò subito nella

[6] Su Francisca Zubiaga è stata anche scritta, nel 1960, un'opera teatrale: *Bajo el signo de la Mariscala*. L'autore è Francisco Vegas Seminario, uno scrittore peruviano morto nel 1988.

"Presidenta", intervenendo in modo molto spavaldo in tutte le decisioni ed emanando addirittura editti personali o modificando di suo pugno articoli di leggi già approvate. Ufficialmente Gamarra aveva vinto elezioni regolari, le prime in assoluto mai tenute in Perú; ma era stato il candidato unico e ottenne facilmente più della maggioranza assoluta dei voti dei collegi elettorali, così come richiesto dalla costituzione.

Di sicuro nella decisione di Gamarra di rinnegare la politica di La Mar, ci fu lo zampino della Mariscala. Il nuovo presidente abbandonò la costituzione del 1828 che, a suo avviso, concedeva troppo pochi poteri all'esecutivo, e si attribuì prerogative sempre più ampie.[7] Il risultato furono una serie di ribellioni locali che lui stesso si preoccupò di reprimere lasciando spesso la capitale in mano sia alla moglie, sia al vicepresidente Antonio Gutierrez de La Fuente. Certo, il governo dei Gamarra non aiutò l'economia e impedì la pace: però Flora Tristán avrebbe scritto che solo la Mariscala ebbe la capacità di domare e ridare orgoglio a un popolo che nemmeno Bolívar era riuscito a governare.

La prima ribellione, facilmente soffocata, fu quella di José Gregorio Escobedo, a Cuzco. Subito dopo il presidente boliviano, Andrés de Santa Cruz, volendo realizzare il sogno di Bolívar, propose la creazione di una confederazione Perú-boliviana. Gamarra era d'accordo, ma ovviamente sognava un'integrazione sotto il suo comando, non una federazione. A Lima si formarono due partiti: uno capitanato dalla Mariscala, che sosteneva il presidente e le sue mire espansionistiche, e uno capeggiato da Gutierrez de la Fuente e appoggiato dai

[7] Questi eventi sono narrati nel saggio di Rizo Patrón e Carlos Neuhaus, *Pancha Gamarra, la Mariscala*, Francisco Moncloa editores, Lima 1967.

liberali. Gutierrez voleva che si convocasse il Congresso e si dichiarasse vacante la presidenza; temeva, e a ragione, che Gamarra scatenasse una guerra contro la Bolivia. Ma il 16 aprile del 1831 un movimento popolare chiese la destituzione dello stesso Gutierrez, mentre Gamarra era già al fronte. O meglio, fu Francisca a prevenire il golpe progettato dal vicepresidente e a cacciarlo dal palazzo, costringendolo a una rocambolesca fuga dai tetti che in Perú viene ancora ricordata come la "Campagna del caminetto". L'episodio, che sarebbe stato narrato dallo stesso Gutierrez in un *Manifesto* che pubblicò poco tempo dopo a Santiago del Cile, dovette però suscitare la sua ammirazione, perché l'ex vicepresidente sarebbe stato l'unico dell'entourage di Gamarra a prestare aiuto a Francisca durante l'esilio cileno e a offrirle le ultime cure durante la malattia che l'avrebbe uccisa. In effetti, che un'esponente del sesso femminile fosse riuscita a ottenere tanto potere era motivo di ammirazione oltre che di scandalo: né la prima costituzione politica della Repubblica peruviana, né le successive del 1828, 1834 e 1839 citano le donne. Come se non fossero esistite. La cittadinanza veniva concessa solo ai maschi liberi.

Sempre il 16 aprile del 1831, il prefetto di Lima si insediò al posto di Gamarra, ma durò solo due notti perché, il 18 aprile, il Congresso designò come presidente provvisorio il capo del Senato, il colonnello Andrés Reyes, che restò al potere fino al dicembre del 1831. La vita repubblicana del Perú rivelava così il volto che avrebbe conservato fino ai giorni nostri, caratterizzato dall'instabilità, i continui colpi di Stato, il peso opprimente dell'esercito, le tendenze dittatoriali. Francisca Zubiaga, pronta, come fu, a sostenere tutte le istanze autoritarie del marito, ha la sua responsabilità. Soprattutto perché alimentò la corruzione, distribuendo cariche e onorificenze a suo capriccio, in particolare tra i militari.

Non tutto andò secondo i suoi piani: nel 1832 Gamarra, che era di nuovo al potere, si ammalò, e Manuel Tellería, presidente del Senato, prese il suo posto per due mesi. Nel 1833, mentre il marito della Mariscala si recava ad Ayacucho per soffocare una rivolta, fu José Braulio del Campo Ridondo a sostituirlo. Grazie anche agli intrighi della Zubiaga, Gamarra restò sempre in sella, ma in meno di quattro anni il Perú vide sfilare cinque presidenti provvisori. Gamarra seppe comunque conservare la titolarità della presidenza e difendersi dai nemici: a fine mandato, aveva superato, sempre con l'aiuto di Francisca, ben diciassette sollevazioni.

Il 19 dicembre 1833 Gamarra passò il potere al generale Luis José de Obergoso, eletto presidente provvisorio da una Convenzione. In realtà fu costretto a farlo.

Nonostante i cambi di scena, le battaglie e le sconfitte, la Mariscala aveva trovato in quegli anni il modo di esercitare, anche nel privato, il suo eccentrico potere al femminile. In Perú si racconta ancora oggi un episodio legato a un giovane ufficiale che si era vantato di aver avuto con lei un'avventura sentimentale. doña Pancha convocò immediatamente gli amici dell'ufficiale e pretese la conferma di ciò che le era stato riferito. Il giovane venne allora invitato a pranzo al palazzo del governo per il giorno seguente. La Mariscala lo accolse con molta cortesia e lo invitò a sedersi a tavola, dove già si erano accomodati due o tre ufficiali, suoi amici. Francisca aspettò che il pranzo fosse terminato, che il clima fosse disteso e ridanciano, poi si rivolse al giovane indicando i commilitoni. Gli riferì che i signori presenti le avevano detto che lui si vantava di essere stato il suo amante. Se ciò che avevano affermato fosse stato falso, lei e l'ufficiale li avrebbero immediatamente castigati. Se avessero detto la verità, sarebbe stato lui a essere punito dalla stessa Mariscala e dai suoi amici. Il giovanotto non seppe rispondere e doña Pancha ne concluse che era colpevole. Gli fece denudare la schiena da due servi di colore e lo frustò senza pietà.

In un'altra occasione, appreso che un reggimento si era ammutinato doña Pancha indossò l'uniforme, raggiunse la caserma, fece schioccare la frusta davanti ai capi dei rivoltosi e li sfidò: "*Cholos*,[8] voi contro di me?" I soldati rimasero un attimo sconcertati e poi presero ad acclamarla. Pare che Francisca avesse portato con sé la frusta, che teneva in una mano, ma anche una borsa piena di denari, che faceva tintinnare nell'altra. Però di questo episodio non esiste nessuna prova storica; piuttosto fa parte del folclore creato intorno alla figura della Mariscala, che non smetteva di suscitare scandalo con i suoi atteggiamenti, gli abiti mascolini e la sua abitudine di fumare il sigaro. Lei ci scherzava su, dicendo che vestita da donna si sentiva scomoda: preferiva un abbigliamento che le permettesse di montare a cavallo, partecipare alle battaglie, visitare le campagne, le caserme e le navi. In genere portava un paio di larghi pantaloni di panno grezzo, fabbricati a Cuzco, un'ampia giacca dello stesso tessuto e un mantello pesante che, sosteneva, era appartenuto a suo padre. In questo, a dire il vero, non era l'unica: altre donne, come Juana Arzuduy, che guidò un vero battaglione di amazzoni, e Manuela Sáenz, si vestirono da uomini e combatterono per la libertà dell'America latina nell'800.[9]

[8] Da Flora Tristán, *op. cit. Cholos* è il termine con cui i peruviani indicano i meticci tra bianchi e indios.

[9] Ne ha scritto Stella Calloni in *Manuela Sáenz: la amante eterna de la libertad,*

A differenza che per le altre, però, i comportamenti trasgressivi fecero guadagnare a Francisca un'infinità di epiteti, quasi tutti offensivi, tra i quali "la crudele", "la nevrotica", "*la Señora Prefecta*", "*la Agripina peruana*", "*la marimacho*", che significa "maschiaccio" ma è un'offesa, "l'imperatrice", "Cleopatra" e più volgarmente la "puttana", in riferimento ai numerosi amori che le venivano attribuiti. Tutti erano certi che anche Bolívar avesse ceduto al suo fascino. Eppure la Mariscala affermò una volta con disprezzo, a proposito degli uomini che la inseguivano, e che lei, una volta sedotti, cacciava quasi con rabbia: "Che bisogno ho del loro amore? Sono le loro braccia a servirmi. Che tengano i loro sospiri o le loro parole sdolcinate e le loro serenate per le ragazze. Io non sono sensibile a nient'altro che ai sospiri dei cannoni, alle parole del Congresso e alle acclamazioni del popolo quando passo per strada".[10]

Il 27 aprile 1834 la Mariscala e suo marito, già allontanati da Lima, entrarono nella città di Arequipa e imposero ai cittadini più ricchi una tassa straordinaria, minacciando punizioni, se si fossero rifiutati. I loro soldati esagerarono e pretesero soldi anche dai contadini. Era troppo. La cittadinanza si sollevò nel nome del grande nemico dei Gamarra, il presidente José Luis de Obergoso. Il 18 maggio i rivoltosi si impadronirono della città in suo nome e l'ex viceré spagnolo Pío Tristán y Moscoso assunse il comando militare. La Mariscala e Gamarra furono allora cacciati da Arequipa e condannati all'esilio. Lui partì per quella Bolivia con-

capitolo della raccolta di saggi *Pasión y coraje. Mujeres de la América profunda*, Ediciones Instituto Movilizador de Fondos Cooperativos, Buenos Aires 2002.

[10] Flora Tristán, *op. cit.*

tro cui aveva sempre combattuto. Lei fu dichiarata "non gradita" perfino dalla Bolivia.

Con l'esilio sembrò tutto finito. Lo comprese anche la socialista francese Flora Tristán, futura nonna del pittore Paul Gauguin e nipote del viceré spagnolo Pío Tristán y Moscoso. Mentre cercava di rifarsi una vita in America latina e di affidarsi alla protezione dello zio, Flora volle conoscere la celebre Mariscala e la incontrò nel luglio 1834 sulla nave *William Rowston* in partenza da Arequipa. Si incontrarono due volte perché la Mariscala chiese di essere intervistata per comparire nel diario di Flora. La francese ne comprese al tempo stesso la grandezza e la perversità, lo strano intreccio di seduttività femminile e modi, voce, tratti maschili. Ne avrebbe descritto la capacità di ingannare, mentire, tessere intrighi, usare tutti i mezzi illeciti per conservare il potere. Ma le chiese anche della sua infanzia, e ne intuì le doti di leader. La Mariscala, in cambio, riconobbe nella Tristán l'unica donna a cui avrebbe potuto confidare i suoi segreti, le sue rabbie, la sua verità: "... supplire alla debolezza del nostro sesso e al tempo stesso conservarne il fascino, e servirmene, e armarmi, a seconda delle necessità, con il braccio stesso degli uomini", le confessò durante l'incontro. "Oh, le umiliazioni sanguinose che ho dovuto sopportare, ho pregato, adulato, mentito; ho usato qualsiasi mezzo a mia disposizione; non sono indietreggiata davanti a nulla... eppure, senza dubbio, non è stato sufficiente."[11] Non aveva torto: da Arequipa fu espulsa in tutta fretta. La leggenda racconta che dovette fuggire vestita da monaca, saltando da un tetto nel patio sottostante. Certo era circondata dall'odio. Per il Cile partì sola. Il marito intanto si dirigeva verso la Bolivia. Non si sarebbero più

[11] Flora Tristán, *op. cit.*

visti e lei, che si era sempre lamentata della scarsa preparazione dei soldati peruviani e della codardia degli ufficiali, a cui aveva dovuto porre rimedio gettandosi lei stessa dove più infuriava la battaglia, dovette fare i conti con la diserzione dell'uomo a cui aveva dato tutto. Parenti, amici, persone che le dovevano onori e carriere: nell'esilio non avrebbe avuto accanto nessuno, tranne il fedelissimo colonnello spagnolo Bernardo Escudero, forse il suo ultimo amore.

La sua fierezza non diminuì neanche alla fine se, ancora alla Tristán, dichiarò di dover fuggire solo per aver commesso un errore: "... non aver potuto sottomettere il mio indomabile orgoglio alla forza bruta, per questo mi vedo prigioniera qui, gettata via e abbandonata da quegli stessi che per tre anni ho governato... Ho voluto far loro vedere che non avevo paura né del sangue né della morte. Ogni rovescio mi rende più crudele... "[12]

La campagna stampa che si sollevò per tutto il 1834 contro di lei non aveva precedenti: *El Telégrafo, El Convencional, El Playero, El Teniente*, ovvero tutti i giornali peruviani dell'epoca, l'attaccarono con violenza. Circolarono barzellette, caricature, satire teatrali che la paragonavano alla Monaca alfiere, Catalina Erauso, insulti e perfino epitaffi. Uno diceva: "Qui giace la donna più insolente che si sia mai vista in tutti i secoli del mondo. Non ne è mai esistita una più criminale".[13]

L'intellettuale Juan Calorio, che era stato maltrattato durante il governo di Gamarra e della Mariscala, scrisse: "Vendetta! Vendetta, reclamano le anime delle gloriose vittime di Huaililachuco e Porongoche. La Zubiaga, quest'idra orribile che il 28 gennaio correva da-

[12] Flora Tristán, *op. cit.*
[13] Rizo Patrón e Carlos Neuhaus, *op. cit.*

vanti alle file ribelli per eccitarle alla mattanza del popolo indifeso..."[14]

L'8 maggio 1835, la Mariscala morì a Valparaiso, in Cile, di tubercolosi. Aveva solo 32 anni. Il rituale che preparò per la sua stessa morte rivela quanto fosse rimasta fedele a se stessa, anche se gli storici oggi pensano che si tratti di una leggenda: chiese la comunione e poi pretese che la lasciassero sola, nella sua stanza, fino al giorno successivo. Quindi si spogliò e si vestì tutta di bianco. Poi si sedette a scrivere un breve testamento nel quale dichiarava di essere cristiana e chiedeva che alla sua morte le fosse estratto il cuore e che fosse mandato al marito, nel caso vivesse ancora, o a Cuzco, da uno zio prete. Non sappiamo se questa disposizione venne mai eseguita perché non conosciamo il luogo dove la Mariscala fu sepolta. Il testamento invece ci è rimasto. Vi si legge che una volta morta avrebbe voluto essere condotta alla sepoltura senza pompa, solo con una modesta messa funebre. I soldi risparmiati sarebbero dovuti andare all'Ospizio dei poveri di Valparaiso.

Che il cuore della moglie gli sia giunto o no, nel 1834 Gamarra era ancora vivo.[15] Nel 1838 rientrò in Perú con truppe cilene per prendere il controllo della Confederazione peruviano-boliviana e assumere di nuovo la presidenza della Repubblica. Morì in battaglia, a Ingavi nel 1845, combattendo contro Santa Cruz, ancora presidente della Bolivia. Lasciava un Paese inquieto, sempre più in preda alle ribellioni degli indios.

[14] Rizo Patrón e Carlos Neuhaus, *op. cit.*

[15] Lo riferisce in un articolo sulla rivista *Gloobal Hoy*, Ana Maria da Costa Toscano, direttrice del Centro de Estudos Latino-Americanos da Universidade Fernando Pessoa, a sua volta citando Juan Lastres, in *Una neurosis célebre. El extraño caso de "la Mariscala", Francisca Zubiaga Bernales de Gamarra*, Libros de colección, Lima 1945.

Elisabeth Nietzsche
L'antisemita viscerale

"Quando cerco la più profonda antitesi di me stesso, l'incalcolabile volgarità degli istinti, trovo sempre mia madre e mia sorella, – credere di essere imparentato con una tale *canaille* sarebbe un'offesa alla mia divinità. Il trattamento che, fino a questo momento, ricevo da parte di mia madre e mia sorella, mi ispira un indicibile orrore: qui lavora una perfetta macchina infernale, che conosce con infallibile sicurezza l'istante in cui mi si può ferire sanguinosamente..."

Friedrich Nietzsche, *Ecce Homo*,
Perché sono diventato tanto saggio, III

Gli storici della filosofia si domandano da tempo: che influenza ha avuto l'invadente e prepotente sorella di Friedrich Wilhelm Nietzsche sul grande filosofo tedesco? La risposta è quasi sempre: negativa. In realtà i presunti "danni" provocati da Elisabeth riguardano più l'opera che l'uomo; la Nietzsche ha manipolato gli scritti del fratello, durante la sua malattia e dopo la morte, per trasformarlo nell'ideologo dell'estrema destra tedesca, nel precursore del leader da lei immensamente ammirato, Adolf Hitler. Azione solo in parte riuscita.

Di sicuro Elisabeth non fu una donna simpatica e la sua insistenza nel ribadire di essersi sacrificata come persona e aver sacrificato i propri talenti per il fratello non l'ha aiutata. Però ha avuto un'esistenza singolare, che val la pena raccontare e la cui parte più insolita – il periodo in cui fondò una colonia ariana in America latina – si è svolta lontano dalle cittadine termali europee in cui il geniale ma lamentoso fratello ha passato gran parte della sua vita.

Therese Elisabeth Alexandra Nietzsche venne al mondo il 10 luglio 1846, due anni dopo il fratello, Friedrich Wilhelm, che era nato il 15 ottobre 1844. Fu preceduta anche da un altro fratellino, Ludwig Joseph, che però morì presto, nel 1850. La famiglia era di Röcken, un villaggio agricolo sassone nei pressi di Lipsia, allora prussiana. Il padre si chiamava Karl Ludwig ed era il pastore della chiesa locale dal 1842. La madre, Franziska Ernestine Rosaura Oehler, era a sua volta la sesta degli undici figli del pastore del vicino villaggio di Pobles; si erano sposati nel 1843 quando lei aveva 17 anni. Anche il nonno del futuro filosofo e di sua sorella era stato pastore luterano; la famiglia apparteneva a una borghesia di medio livello che annoverava tra i suoi ranghi, oltre a un nutrito numero di ministri del culto protestante, notai, funzionari dello Stato ma anche macellai.

Il padre, prima di finire a Röcken, era stato scelto dal duca di Altenburg come precettore di tre delle sue sei figlie: Therese, Elisabeth Pauline ed Elisabeth Alexandra, ai cui nomi Karl Ludwig si sarebbe ispirato per quello della figlia. Friedrich Wilhelm, invece, fu battezzato come l'allora re di Prussia, Friedrich Wilhelm IV, un sovrano diventato famoso perché rifiutò la corona della Germania trovando abominevole che gliela offrisse il popolo. Il primogenito era stato chiamato Joseph come il duca di Altenburg. Più che per piaggeria, quei tre nomi servivano a Karl Ludwig per testimoniare il suo peso sociale: il duca lo aveva addirittura condotto con sé in alcuni viaggi al palazzo reale di Berlino, una corte peraltro che grondava restaurazione e cupezza, mentre nel resto della Germania si agitavano le idee liberali e risorgimentali che avrebbero portato alle rivoluzioni del 1848 in tutta Europa.

Delle sue frequentazioni aristocratiche Karl Ludwig aveva conservato la passione per gli abiti eleganti, i modi cortesi e una certa solennità che avrebbe trasmesso ai figli. Era abbastanza colto e amava suonare il piano. Aveva sempre sofferto di epilessia, ma i moti del 1848, dei quali vietò di parlare in casa, gli provocarono disturbi mentali gravi e curiosi che i medici dell'epoca diagnosticarono come "rammollimento cerebrale". Probabilmente si trattava di un tumore al cervello. Il suo ultimo anno di vita fu atroce, tra emicranie, vomito, cecità, paralisi, afasia. Spirò il 10 luglio 1849, a 36 anni, lasciando i bambini nella disperazione e la madre in seri problemi economici. L'anno dopo morì di convulsioni anche il fratellino Joseph: la notte prima Friedrich Wilhelm aveva fatto uno strano e lugubre sogno premonitore, cosa che gli sarebbe accaduta più di una volta nella vita. Non solo: verso i 12 anni avrebbe iniziato a soffrire degli stessi disturbi che avevano preceduto la morte del padre, evento che l'aveva traumatizzato profondamente. Per questo si convinse presto di dover morire alla stessa età e nello stesso modo.

Elisabeth era troppo piccola per rimanere così colpita dalla scomparsa del fragile e dolce papà. O forse rivelò subito la forza d'animo che avrebbe caratterizzato tutta la sua vita. In fondo, proprio al contrario del fratello, il fatto di crescere in una sorta di gineceo le diede sicurezza: a parte lei e la mamma, in casa c'erano la nonna paterna Erdmuthe Krause, le due zie Rosalie e Auguste, una sorella e l'altra sorellastra del padre; e la governante Minnie. Se il fratello si prendeva tutte le coccole e le attenzioni, lei studiava come “fagocitare” un uomo viziandolo.

Dopo la morte di Joseph, Franziska decise di trasferire l’intera famiglia nella vicina città di Naumburg, dove la nonna Erdmuthe poteva contare su una rete di parenti e amici. Ma la situazione era tutt’altro che rosea: avevano solo una pensione vedovile e, all’inizio, un piccolo aiuto dal duca di Altenburg. Franziska prese in affitto alcune camere interne della casa di uno spedizioniere delle ferrovie. Ai bambini venne assegnata la più buia: un guaio per i loro occhi, visto che entrambi avevano ereditato la grave miopia del padre. La consegna era di parlare a voce bassissima per non disturbare la nonna e le zie. Franziska, che sarebbe rimasta sempre una persona molto vitale, dovette adeguarsi a quel clima lugubre e continuare a vestirsi di nero come le altre.

Ovviamente sappiamo tutto dell’infanzia del futuro filosofo, malinconico, saccente, disciplinato, non troppo brillante a scuola. E molto poco dell’altrettanto pigra scolara Elisabeth, che pure ci ha lasciato preziose testimonianze sul fratello da giovane. Di certo, tra i due fratelli si sviluppò subito un rapporto strettissimo, simbiotico, quasi morboso.

Forse con sollievo di Franziska, nel 1855 morì la zia Auguste, seguita nel 1856 dalla nonna Erdmuthe. La zia Rosalie, invece, si fece da parte in altro modo: nel 1858 decise di non seguire la famiglia nella nuova casa in affitto di Weingarten 18 che, una decina d’anni dopo, Franziska avrebbe definitivamente acquistato.

Nel settembre 1858 la madre di Nietzsche, che fino ad allora si era sempre rifiutata di separarsi dal figlio, accettò per lui il posto gratuito presso il Collegio reale di Pforta, uno dei più prestigiosi licei prussiani. La città era a solo un'ora da Naumburg, ma il trasferimento di Friedrich dovette essere un trauma per tutti e tre. In ogni caso Elisabeth e il fratello, come pure la madre, si mantennero in strettissimi e affettuosi rapporti epistolari. Le lettere, che li accompagnarono per tutta la vita, sono oggi per noi un documento fondamentale.[1]

La disciplina a Pforta era durissima, ma Friedrich non era tipo da sbandate; si prese però una cotta, del tutto platonica, per la sorella di un compagno di classe, Anna Redtel. Elisabeth si mostrò subito gelosa, tanto che Friedrich dovette tranquillizzarla dicendole che Anna era meravigliosa e così spiritualmente ricca al punto da ricordargli proprio lei, la sua sorellina; per questo lui non poteva negarle la sua simpatia.

La distanza fisica però allontanò i due fratelli nelle idee: quando, per le vacanze della Pasqua 1865, Friedrich tornò a casa da Bonn, dove studiava teologia, lasciò di stucco madre e sorella presentandosi non solo meno femmineo e affettato del solito, ma soprattutto rifiutandosi di fare con loro la comunione. Di più: annunciò di voler abbandonare teologia per filologia e di non essere più cristiano. Franziska, a differenza di Elisabeth, era molto religiosa, ma anche intelligente e nient'affatto bigotta; accettò la decisione e gli impose solo di non affrontare temi di fede in casa. Elisabeth, invece, si limitò per il momento a fare buon viso

[1] *Epistolario di Friedrich Nietzsche*, edizione italiana diretta da Giorgio Colli e Mazzino Montinari, testo critico originale stabilito da Giorgio Colli e Mazzino Montinari, Adelphi, Milano 1977 ss. Alcuni scambi epistolari tra Elisabeth (sono rimaste 535 delle lettere che scrisse al fratello tra il 1854 e il 1896) e Friedrich Nietzsche o tra il filosofo e i suoi amici si trovano su Internet, http://thenietzschechannel.fws1.com/ e sul sito di Ludovic Frère, traduttore francese di Nietzsche (*Correspondance avec Malwida von Meysenbug*, Allia, ottobre 2005): http://perso.wanadoo.fr/nietzsche_a_la_lettre/sommaire.htm; inoltre sono in via di pubblicazione su http://nietzsche.is.uni-sb.de/briefe/, il sito del progetto Nietzsche Online dell'Università di Saarbrücken.

a cattivo gioco, tanto che per il Natale del 1866 accettò di regalargli, assieme alla madre, i *Parerga e paralipomena* dello "scandaloso" filosofo ateo Arthur Schopenhauer.[2]

In realtà Elisabeth assecondò spesso gli interessi del filosofo: nel 1870 frequentò con lui, che si stava curando sul lago dei Quattro Cantoni, in Svizzera, Giuseppe Mazzini. Il vecchio rivoluzionario si nascondeva dietro il nome di Dr. Brown, ma tutti sapevano chi fosse; per i due fratelli l'incontro fu una sorta di "avventura" esotica. Elisabeth ne fu la vera protagonista: poiché Friedrich parlava un francese troppo letterario lasciò che fosse la sorella a condurre la conversazione. Lui si inseriva ogni tanto con una frase in latino. Tuttavia entrambi i Nietzsche capivano poco di politica ed è probabile che non abbiano fatto alcuna impressione a Mazzini.

Per quanto conservatrice, comunque, Elisabeth desiderava sottrarsi all'ambiente ristretto di Naumburg. Così si dichiarò d'accordo col fratello, che da Bonn era passato a Lipsia e intendeva farsi seguire dalla madre e dalla sorella. Franziska invece rifiutò: voleva che Friedrich imparasse a vivere da solo e si liberasse da quell'aria goffa e impacciata. I rapporti con Elisabeth, che ormai aveva 20 anni, restarono in ogni caso molto stretti e affettuosi. Lui, da fratello maggiore, le rimproverava di esprimersi con troppa enfasi e con troppo entusiasmo. La pregava poi di imparare a scrivere meglio e di istruirsi, frequentando le sue lezioni a Lipsia. Insomma, le dava della provinciale. Non nascondeva inoltre di giudicarla poco intelligente, però ne apprezzava la dedizione da "lama", da instancabile portatrice di cari-

[2] Arthur Schopenhauer, *Parerga e paralipomena*, a cura di Giorgio Colli e Mario Carpitella, 2 tomi, Adelphi, Milano 1998.

chi. Paragonarla a una bestia da soma, in ricordo di una comune lettura infantile, non era gentile, anche perché faceva forse riferimento alla tendenza della sorella a "sputare" sul prossimo, ma, per quanto riguardava la capacità di sopportare la fatica, era la stessa Elisabeth a prestarsi al paragone.

In fondo il vero talento di Lisbeth, come la chiamava Friedrich, fu intuire il valore di quel lagnoso e cagionevole fratello, tanto che da subito ne andò raccogliendo anche il più piccolo appunto scritto.

Mentre il fratello si lanciava nel mondo, diventava amico, sia pure umilissimo, del compositore Richard Wagner e si avviava per le sue spericolate avventure intellettuali, Elisabeth continuava a vivere a Naumburg con la madre. Col tempo si andava inacidendo, viveva di pettegolezzi, era diventata bigotta, aveva maniere affettate. Ma aveva sviluppato un sorprendente senso pratico, forse ereditato proprio da Franziska. Così, quando Friedrich, diventato nel frattempo famoso tra gli studenti che accorrevano in massa alle sue lezioni, ebbe la sua prima crisi, Elisabeth partì da Naumburg per prendersi cura di lui. Era il 1873. Nietzsche temette di diventare cieco. In seguito Elisabeth avrebbe scritto che guardava commosso i paesaggi quasi a prenderne congedo.[3] Lei intanto gli riorganizzò la vita assecondando il suo desiderio di vedere meno persone possibile. A settembre la vista del filosofo migliorò, ma per Natale era di nuovo a letto, a Naumburg, assistito da Elisabeth e dalla madre.

In occasione del Natale dell'anno successivo Friedrich si riammalò. Elisabeth era sempre nubile e si prese an-

[3] Lo riporta Massimo Fini in *Nietzsche, L'apolide dell'esistenza*, Marsilio, Venezia 2002.

cora una volta cura di lui. Fu nel gennaio del 1875 che Cosima Wagner le chiese, o meglio chiese a Friedrich, se poteva andare a far da governante ai suoi cinque figli. I coniugi Wagner erano infatti attesi da una tournée di tre settimane a Vienna e a Budapest. Il filosofo, riconoscente, scrisse entusiasta alla sorella, anzi le intimò: "Ti prego caldamente di fare ciò che ti viene chiesto".[4] E lei si mostrò ancora più entusiasta. Cosima la trovò carina, gentile e allegra. La verità è che da "provinciale" Elisabeth non vedeva l'ora di entrare nel bel mondo. Subito calata nel ruolo, quasi dimenticò di essere solo una baby sitter e tirò fuori ben presto il suo pessimo carattere: licenziò una cameriera, il maggiordomo e sua moglie definendo le due donne "false, malvagie... mostri"[5] perché spettegolavano sulla padrona, peraltro una donna decisamente perfida. Non a caso Cosima approvò la scelta e concesse a Elisabeth di darle del "tu", cosa che Friedrich non avrebbe mai potuto permettersi. Le due donne si erano riconosciute della stessa natura.

Eppure di quegli anni, per quanto riguarda Elisabeth, si può solo annotare la dedizione assoluta con cui curava il fratello, sempre più malato. Che cosa in realtà avesse Friedrich rimane un mistero: nel 1875, a Natale, momento sempre molto critico per lui, ebbe un vero collasso e si convinse di essere in punto di morte. Nell'inverno successivo dovette sospendere le lezioni e Franziska si precipitò a Basilea per capire che cosa gli stesse succedendo. La primavera fu freddissima, ma Nietzsche non volle rinunciare a una vacanza a Montreux, sul

[4] Dall'*Epistolario, op. cit.* Volume III, pag. 8, Lettera a Elisabeth Nietzsche, Basilea, 17 gennaio 1875.
[5] Cfr. Massimo Fini, *op. cit.*

lago di Ginevra: era convinto che questi viaggi gli facessero bene. Al ritorno a Basilea trovò Elisabeth ad accudirlo in pianta stabile. Quando però il filosofo si astraeva dalle sue occupazioni intellettuali, i sintomi del male sparivano quasi per miracolo. Durante quella primavera però dovette scrivere la *Quarta inattuale. Richard Wagner a Bayreuth*,[6] un peana del compositore in occasione dell'inaugurazione dell'ormai celebre Festival. La cosa lo disgustava profondamente perché il compositore e il suo bel mondo non gli piacevano più. Fu Elisabeth a dover gestire il suo improvviso rifiuto a partecipare agli spettacoli, ma anche le relazioni con l'entourage di Wagner: fu lei ad andare per prima a Bayreuth mentre Friedrich partiva per Klingenbrunn, una stazione climatica della Foresta boema. Poi si pentì e la raggiunse, il giorno precedente alla prima.

Elisabeth offriva la sua completa disponibilità a patto, non esplicito ma sottinteso, che Friedrich si tenesse alla larga dalle donne. Altrimenti la sua ira esplodeva irresistibile. Nell'estate del 1873, per esempio, il filosofo aveva conosciuto a Flims la venticinquenne Bertha Rohr, che proveniva da una ricca famiglia svizzera. Era una ragazza molto sportiva ma non priva di intelligenza e cultura. La rivide l'anno successivo e si accorse di esserne infatuato. Fece l'errore di scriverlo a Elisabeth che, contrariamente al solito, non trascorreva con lui quell'estate. Le disse che "a titolo di curiosità" le dava la notizia che qualche tempo prima si era quasi deciso a sposare la signorina Rohr. Nonostante la formulazione della

[6] Friedrich Nietzsche, *Richard Wagner a Bayreuth e frammenti postumi*, traduzione di Giorgio Colli, Mazzino Montinari e Sossio Giametta, Adelphi, Milano 1967. Gli scritti preparatori per *Wagner a Bayreuth* si trovano in originale su Internet, sul Projekt Gutenberg Deutschland: http://gutenberg.spiegel.de/autoren/nietzsche.htm.

lettera supponesse un cambiamento d'idea, Elisabeth si affrettò a rispondere che la ragazza non era adatta. Lui rispose che aveva ragione: condivideva la sua perplessità. Non era vero: alla ragazza non smise di pensare per anni, e poiché la Rohr si sposò solo nel 1890, avrebbe fatto mille volte in tempo a chiedere la sua mano.

È inevitabile chiedersi come mai un uomo così rivoluzionario e radicale nelle idee potesse essere tanto debole e soccombente nella vita privata. La sua insistenza filosofica sulla "debolezza delle donne" e sul fatto che lui "non si sarebbe fatto incastrare",[7] il suo sarcasmo verso quelle emancipate, in realtà non sono che il riflesso della sua incapacità ad affrontarle. Va aggiunto che la Rohr non apparve mai desiderosa di impalmare il malaticcio filosofo. In realtà Nietzsche avrebbe voluto sposarsi. Ma proprio non ci riusciva. Una volta scrisse all'amico Carl von Gersdorff, che insisteva sul fatto che bisognasse trovare la "ragazza giusta": "Pensi che le donne verrebbero da me per farsi controllare se sono quelle *giuste*?"[8]

La verità è che Elisabeth non voleva e Friedrich sapeva benissimo che nessuno l'avrebbe curato, coccolato e sopportato come lei. Ma forse, sotto sotto, Elisabeth desiderava anche sottrarlo alle figure tragicomiche che faceva quasi sempre quando, colto da veri raptus sentimentali, si gettava ai piedi di una ragazza. Accadde per esempio con Mathilde Trampedach, una bellissima olandese che Friedrich aveva conosciuto a Ginevra tramite il direttore d'orchestra Hugo von Senger. Nietzsche non si accorse neanche vagamente che tra la giovane e il qua-

[7] Sono le tesi sostenute in *Ecce Homo*, la sua autobiografia, Adelphi, Milano 1974.

[8] Dall'*Epistolario, op. cit.* Volume II, pag. 534, Lettera a Carl von Gersdorff, Basilea, 1° giugno 1874.

rantenne direttore c'era del tenero e scelse proprio lui, l'11 aprile 1876, per consegnarle una proposta di matrimonio. Peccato che si fossero visti appena tre volte e a Mathilde non interessasse per niente. In più perse anche l'amicizia di Senger senza riuscire mai a capire perché. L'aveva capito benissimo, invece, Elisabeth: quando, qualche tempo dopo il rifiuto, il filosofo le mandò una foto della ragazza per averne un giudizio, Elisabeth gli scrisse esplicitamente che Senger le aveva parlato del sentimento che Mathilde provava nei suoi confronti e che si era sentita molto sollevata all'idea che quella graziosa ragazza non sarebbe diventata sua cognata. Innamorarsi di Senger, sibilò, rivelava cattivo gusto.

Poco dopo Friedrich ruppe con Wagner. Tra le cause, anche il suo radicale attacco al cristianesimo contenuto in *Umano, troppo umano*. Elisabeth, pur rimanendo scandalizzata quanto e più dei Wagner, si sentì in dovere di difendere il fratello e scrisse un paio di volte a Cosima Wagner cercando di mediare. La moglie del compositore rispose che disconosceva Nietzsche. E non ne volle più parlare. Per Elisabeth fu un doppio dolore e chissà che non sia stata questa storia a influire sulla sua decisione di lasciare il fratello e tornare a vivere con la madre a Naumburg. Friedrich continuò però a informarla dei suoi progressi filosofici: nell'agosto 1881, per esempio, le scrisse del germogliare della sua più innovativa, più "abissale" idea, come la definì, quella dell'eterno ritorno.

L'estate successiva tuttavia le inflisse un'umiliazione senza pari: le chiese di raggiungerlo in vacanza con Lou Salomè, la donna più trasgressiva, intelligente, insolita che abbia mai risvegliato la passione del filosofo e che fu da lui amata in un fallimentare triangolo, la "santa trinità", con l'amico Paul Rée. Le possibilità di intesa tra la zitella provinciale sempre vestita color pastello, con improbabili cappellini ornati di violette, e la forse meno bella ma carismatica e soprattutto libera intellettuale russa erano del tutto remote. Non a caso all'inizio Nietzsche aveva pregato gli amici di tacere con la sorella questo suo nuovo amore.

Le due si incontrarono a Lipsia per proseguire alla volta di Bayreuth, e di primo acchito sembrarono andare d'accordo: si diedero del tu e Lou prese a definirsi, non senza una certa malizia, la "sorellina minore" della trentaseienne sorella del filosofo. Ma a Bayreuth Lou fu circondata da un nugolo di corteggiatori e cominciò, forse suo malgrado, a dare scandalo; Elisabeth trovò per sé solo un personaggio schivato da tutti, l'antisemita e wagneriano fanatico Bernhard Förster.

Come più tardi si sarebbe scoperto, Lou sfruttò l'infantile passione di Friedrich Nietzsche nei suoi riguardi senza molti scrupoli. Però in quell'occasione fu Friedrich a sfruttare senza remore la disponibilità e la remissività della sorella nei suoi confronti: le due donne stavano a Bayreuth e lui restava nella vicina Tautenburg; Lou folleggiava ed Elisabeth non poteva nemmeno avvicinarsi ai Wagner perché questi, che tenevano lì la loro corte, non volevano sentir citare Nietzsche. Parlar male di Lou non placava il furore di Elisabeth. Ma il litigio scoppiò giorni dopo, a Jena: la Nietzsche tentò di far la predica a Lou su quanto fosse facile per una ragazza perdere la reputazione e insinuò che forse lei era troppo giovane per rendersene conto. L'altra rispose che non gliene importava nulla. Elisabeth le rimproverò allora i suoi flirt di Bayreuth, ma cominciò a urlare solo quando Lou sembrò mettere in dubbio la fama di Friedrich. A quel punto le rinfacciò anche lo scandalo del ménage à trois, affermando ovviamente che suo fratello era un santo ed era stato traviato da Lou e Paul. Quando la ragazza, mentendo, sostenne il contrario, Elisabeth ebbe una crisi isterica e di vomito.

Il 7 agosto 1882 le due donne arrivarono finalmente a Tautenburg, tese fino all'insostenibile. Litigavano in continuazione, ma ciò che rendeva più furiosa Elisabeth era vedere il fratello letteralmente in ginocchio davanti a Lou, alla quale, come saltava agli occhi, non importava nulla di lui. In più Elisabeth fu del tutto emarginata: quando finalmente Lou partì, senza che il filosofo fosse riuscito a strapparle neanche una promessa d'amore, Elisabeth ebbe la sua piccola ribellione e si rifiutò di seguirlo a Naumburg dicendo che finalmente aveva capito in che cosa consistesse la sua filosofia. Nel frattempo aveva avvertito anche la madre di quanto era successo, proclamando che non avrebbe più messo piede a Naumburg finché ci fosse stato Friedrich. Franziska, come Elisabeth, vedeva solo l'aspetto ridicolo e scandaloso di quel rapporto a tre nel quale il figlio faceva la figura dello zerbino.

"Mia sorella considera Lou un rettile velenoso, che bisognerebbe ad ogni costo annientare – e agisce anche in conseguenza",[9] scrisse Friedrich nel novembre 1882 a Malwida von Meysenbug, amica di entrambi e donna di grande intelligenza, cultura, ideali di libertà. E con un'irresistibile vocazione a far la ruffiana d'alto bordo. Fu proprio lei a tentare una riconciliazione tra i due fratelli. Li fece ritrovare a Roma, nell'aprile 1883. A quel punto Elisabeth si sentì autorizzata a lanciare una personale campagna di diffamazione contro Lou Salomè. Aiutata da Malwida, oltre a screditare la ragazza con Nietzsche, spedì lettere a tutti i conoscenti per de-

[9] Cfr. Curt Paul Janz, *Vita di Nietzsche*, Laterza, Bari 1981.

nunciarne la “scandalosa condotta”. Lo fece anche con la madre di Paul Rée.

Nietzsche, debole come al solito, non seppe fermarla. Elisabeth arrivò al punto di cercare di far espellere Lou dalla Germania perché conviveva con Rée – il concubinato era allora severamente vietato: più rincarava la dose, più si esaltava e meno era lucida. Nietzsche era disperato ma, incapace di opporsi, finiva con l’assecondarla. Il suo vero terrore era che Rée lo sfidasse a duello. Si trovò nella ridicola posizione di chiedere, invano, aiuto agli amici affinché lo liberassero dalla sorella e al tempo stesso difendessero il suo onore contro Lou e Paul.

Nondimeno Nietzsche, pur così vigliacco, ammirava la libertà di Lou[10] e alla fine, nei primi mesi del 1884, decise di rompere un’altra volta con Elisabeth, giurando di odiare solo lei e accusandola di aver messo in pericolo tre volte la sua vita con il suo volgare chiacchiericcio moralistico. Quando, anni dopo, nel 1891, Lou, approfittando sia della ormai conclamata follia di Nietzsche, sia della sua immensa fama, si sarebbe messa a sfruttare giornalisticamente il loro rapporto, pubblicando anche le lettere che Friedrich le aveva mandato, Elisabeth avrebbe avuto la sua rivincita: la Salomè si rivelava per quello che era, un’approfittatrice.

Comunque era ovvio che i due fratelli non sarebbero stati capaci di rimanere a lungo lontani: già nel settembre 1884 Franziska fece da paciere. Si incontrarono a Zurigo e lì Elisabeth annunciò a Friedrich di essersi fidanzata con Bernhard Förster e che l’avrebbe sposato presto. Lui la prese piuttosto male come c’era da aspet-

[10] Vedi *Triangolo di lettere, Carteggio di Friedrich Nietzsche, Lou von Salomè e Paul Rée*, a cura di Ernst Pfeiffer, ed. italiana a cura di Mario Carpitella, Adelphi, Milano 1999.

tarsi. Lei, più che della delusione e delle immotivate crisi psicologiche del fratello, si preoccupò della sua declinante salute e delle sue improvvise paresi.

Come annunciato, il 22 maggio 1885 Elisabeth sposò Bernhard, figlio, come lei, di un pastore protestante. Förster era nato nel 1843 ed era già piuttosto noto per le sue posizioni di razzismo e antisemitismo radicale. Aveva preso parte alla guerra franco-prussiana del 1870 ed era stato decorato con la croce di ferro. Nel 1880 aveva provocato alcuni ebrei su un tram e, nonostante fosse uscito malconcio dalla rissa, era stato ammonito dalla polizia per comportamento indegno. Questo però l'aveva reso famoso tra i razzisti e trasformato nel loro leader. Aveva così fondato due gruppi politici: il Partito del popolo germanico e I sette tedeschi. Wagner aveva dato largo spazio alle sue tesi sulla sua rivista *Bayreuther Blätter*. Così Förster trovò terreno fertile, tanto da farsi promotore di una petizione al cancelliere Otto von Bismarck perché bloccasse l'immigrazione ebraica in Germania e imponesse dei limiti all'attività degli ebrei nell'editoria e nella finanza. Perfino Wagner, però, si rifiutò di sottoscriverla. A Förster la petizione guadagnò consensi ma fece perdere il posto di insegnante, perché la sua continua incitazione all'odio fu giudicata pericolosa dagli altri docenti del ginnasio di Berlino dove lavorava.

Bernhard decise allora di fondare una colonia tedesca nel centro del Paraguay, idea che qualche tempo prima era venuta a Wagner, che di America latina non sapeva nulla. Förster partì per verificare sul posto se l'impresa fosse possibile e da lì scrisse a Elisabeth per chiederle di sposarlo. Dopo il loro incontro a Bayreuth, nel 1882, si erano rivisti qualche volta a Naumburg, dove viveva la madre di Förster. Le due famiglie già si conoscevano. Elisabeth accettò e da quel momento la vendicativa, bigotta ma tutto sommato inoffensiva sorellina di Nietzsche, tutta sermoni e cure familiari, si trasformò in una delle più accese ed entusiaste anticipatrici del nazismo. Un vero mistero. Può essere che abbiano influito solo la rabbia di essere arrivata nubile a 39 anni e la coscienza che la sua condizione suscitasse una sorta di compatimento nel mondo contraddittorio ma fervido di nuove idee del fratello filosofo? Fatto sta che non si dovette trattare di un matrimonio d'amore, per quanto Bernhard fosse un bell'uomo e nonostante le loro lettere esprimano grande tenerezza. Lei si firmava per esempio "La tua piccola Eli" e lui la definiva "Cara, magnifica, grande!" Entrambi erano antisemiti, anche se Elisabeth si era mostrata fino a quel momento meno fanatica. Forse, però, la sorella di Nietzsche scelse di sposarsi perché credette che Bernhard fosse un cavallo vincente su cui puntare. Invece, proprio come suo fratello, era un uomo fragile, insicuro, con parecchi problemi con le donne. In pratica, dipese subito da lei.

Chissà poi se, nel volere questo doppio del fratello, che però professava principi ai suoi antipodi, si nascondesse la volontà di punire Friedrich: il filosofo, che non conosceva Bernhard di persona, lo disprezzava profondamente per le sue idee, anche se un po' ne invidiava i modi da uomo di azione.

In ogni caso si immischiò nell'affare proprio come Elisabeth aveva fatto con Lou. Solo che la sorella aveva un carattere opposto al suo e ne ignorò le proteste. Friedrich si rifiutò allora di farle da testimone di nozze e perfino di partecipare alla cerimonia: come regalo le mandò una riproduzione dell'incisione di Albrecht Dürer, *Il Cavaliere, la Morte e il Diavolo*.

I due cognati si sarebbero visti solo in occasione del

quarantunesimo compleanno di Nietzsche, nell'ottobre 1885. Ai primi di febbraio del 1886 Elisabeth e Bernhard partirono per il Paraguay con quattordici famiglie di "purissima" razza ariana.

Nietzsche, che vedeva con sollievo la partenza dell'imbarazzante cognato ma soffriva indicibilmente per quella della sorella, si rifiutò di contribuire finanziariamente alla sgangherata iniziativa. Prevedeva che sarebbe andata a finire malissimo, e aveva ragione, ma poiché tutti versarono dei soldi, comprese la fedele domestica di casa Nietzsche, Alwine, e la stessa Elisabeth, il filosofo apparve come un traditore.

La colonia fu battezzata Nueva Germania: doveva costituire la risposta dei veri tedeschi contro una patria in declino. Avrebbe dovuto essere quindi una società perfettamente antisemita, antimodernista, vegetariana, etnicamente pura, fervidamente luterana.[11]

Già nell'aprile 1886 giunsero a Friedrich perentorie richieste di denaro, sia da parte della sorella, sia dello stesso Bernhard. Nietzsche tentò di rispondere con durezza, in una lettera mai spedita, sostenendo, come già aveva scritto altrove, che con gli antisemiti non voleva avere nulla a che fare, anzi, non vedeva l'ora che gli ebrei prendessero il potere in Germania. D'altra parte era convinto che fossero "la più antica e pura razza d'Europa".[12] Alla sorella scrisse solo che non poteva

[11] La colonia esiste tutt'oggi e dopo la Seconda guerra mondiale ha offerto rifugio a numerosi nazisti in fuga, compreso, secondo un testimone, Josef Mengele. Cfr. Ben McIntyre, *Sulle tracce di Elisabeth Nietzsche*, Rizzoli, Milano 1993. Gli attuali coloni vivono soprattutto della coltivazione di una droga-erba medica, la Yerba Maté. Vengono organizzate visite dalla città gemellata, la californiana Juniper Hills (http://juniperhills.net/nuevagermania.html).

[12] Dai *Frammenti (1885)*, Projekt Gutenberg Deutschland, sito Internet citato. Adelphi ha pubblicato i *Frammenti postumi* di Nietzsche in diversi volumi dal 1971 al 2005.

permettersi questi esborsi perché il futuro era incerto; intanto diede disposizione al suo banchiere di Naumburg di non rispondere a eventuali richieste dei Förster.

Nel frattempo, nella colonia Nueva Germania stava andando tutto male. Le terre che erano state date in concessione alle famiglie tedesche dal governo del Paraguay erano nel bel mezzo della giungla e quindi inadatte a qualsiasi tipo di coltivazione. Il luogo era torrido e battuto da piogge torrenziali. In totale si era arrivati a una quarantina di famiglie che, a tre anni dall'insediamento, vivevano peggio dei più poveri contadini tedeschi in patria. In più Förster li aveva imbrogliati: aveva venduto loro gli appezzamenti di terreno che in realtà erano ancora proprietà demaniale del Paraguay. Un colono denunciò la truffa in un libro e Bernhard ed Elisabeth risposero con furiosi attacchi pubblicati sulla rivista *Bayreuther Blätter*. Le cattive notizie però si diffusero e gli arrivi si bloccarono: benché nuove famiglie avessero sostituito i coloni in fuga, non si sarebbe mai riusciti ad arrivare al numero di centoquaranta, concordato con il governo del Paraguay perché l'esperimento potesse proseguire. Sommerso dai debiti e incapace di trovare una soluzione, Bernhard prese a trascurare la colonia, lasciandola tutta sulle spalle di Elisabeth. Se ne stava per gran parte del tempo nell'hotel Lago di San Bernardino, un'altra colonia tedesca presso Asunción, la capitale del Paraguay. Si ubriacava, colto da tremiti ingovernabili.

Elisabeth era odiatissima dai coloni, non solo perché era l'unica a vivere in una casa di muratura mentre loro tentavano di ripararsi dalle piogge feroci in precarie baracche, ma perché era autoritaria, prepotente, e si dava assurde arie da padrona. Tuttavia fece di tutto per sostenere il marito e la colonia.

Intanto, all'inizio del 1889, Nietzsche, che si trovava

a Torino, impazzì completamente; il 18 gennaio fu portato nel manicomio di Jena e lì rimase fino al 24 marzo 1890. Ad assisterlo c'erano la madre, Franziska, e alcuni amici. Elisabeth era lontana e i suoi gravi problemi economici non le permisero nemmeno di mandare un po' di soldi perché suo fratello venisse alloggiato meglio e non stesse con gli altri pazienti, sottoposto alle violenze tipiche e terribili dei manicomi.

Tutto sembrava precipitare: il 3 giugno 1890 Bernhard ingoiò una mistura di stricnina e morfina e morì. Elisabeth pensò per prima cosa a evitare lo scandalo e riuscì a ottenere da un medico paraguayano un certificato in cui si attestava che Förster era morto di un colpo apoplettico a causa della fatica, del dolore e dello stress.

Poi ritornò in Germania a caccia di soldi. Arrivò nel dicembre 1890. Friedrich, apparentemente in ripresa, andò ad accoglierla alla stazione con un gran mazzo di fiori, ma i due non si prestarono molta attenzione. Elisabeth però risolse un grave problema: Nietzsche era stato interdetto per la sua follia e la tutela era stata affidata a Franziska, la madre, e a un fratello di lei, il pastore Edmund Oehler.

Nel frattempo lo stampatore di Nietzsche, Naumann, di Lipsia, aveva approfittato sia del fatto che il filosofo non gli aveva fatto firmare alcun contratto, sia del successo crescente delle sue opere, e aveva cominciato a stamparle a proprio piacimento, guadagnandoci lautamente. Elisabeth mise in mezzo l'avvocato; fece cancellare un presunto debito vantato dallo stampatore, lo costrinse a pagare gli arretrati e fece in modo che al fratello venissero riconosciuti i normali diritti d'autore. Questo risollevò un po' le sorti economiche della povera Franziska. In cambio Naumann diventò l'editore di tutte le opere di Nietzsche.

Nel giugno del 1892, raccolti i fondi per la sua Nueva Germania e fatto pubblicare un libro tratto dalle lettere e dagli scritti del marito, *Dr. Bernhard Försters Kolonie Neu-Germania in Paraguay* (La Colonia Nueva Germania del dr. Bernhard Förster in Paraguay), spacciato per un successo editoriale, Elisabeth, ormai quarantaseienne, ripartì per l'America latina. Nel frattempo le condizioni di Friedrich erano peggiorate al punto che non era possibile portarlo a spasso o fargli ricevere visite: dava in escandescenze. I momenti di lucidità si erano fatti rarissimi. Forse per questo, per aiutare la madre, rimasta sola a gestire una situazione molto difficile, o forse perché si era resa conto del fallimento della colonia, dove era stata accolta così male da rischiare il linciaggio, nei primi giorni del settembre 1893 Elisabeth tornò definitivamente in Germania.

A quel punto decise di affrontare la montagna di carte lasciate dal fratello, tra cui molte opere incompiute o da mandare in stampa, come il *Crepuscolo degli idoli* e *Nietzsche contro Wagner*. Erano in molti a voler mettere le mani su quel materiale. A quell'epoca sui testi erano già state fatte alcune manipolazioni dall'amico di Friedrich, Franz Overbeck, e dal musicista Heinrich Koselitz, più noto con lo pseudonimo di Peter Gast, anche lui discepolo di Nietzsche. Pochi giorni dopo il suo ritorno dal Paraguay, Elisabeth convocò Gast da Naumann, a Lipsia, gli chiese chi mai l'avesse nominato curatore delle nuove edizioni e lo rimproverò per le manomissioni. Il tono non ammetteva repliche: il 23 ottobre Elisabeth si fece restituire tutto il materiale in suo possesso, poi gli vietò di scrivere una biografia del fratello, sostenendo di essere l'unica in grado di farlo; quindi, al suo solito, mandò lettere a tutto il mondo per screditare Gast. Infine assunse un filologo e manager d'industria di un certo rilievo, Fritz Kögel, e lo circondò via via di vari collaboratori perché si occupassero delle carte.

Il 18 novembre Elisabeth inaugurò di fatto l'Archivio Nietzsche in una stanza della casa di Naumburg: la fondazione ufficiale risale però al 4 febbraio dell'anno seguente. Subito dopo, insieme con Kögel cominciò a pubblicare una serie di articoli sulla rivista *Magazin für Literatur*, in cui descriveva come sarebbe avanzata in futuro la pubblicazione delle opere del fratello e della biografia scritta da lei. Overbeck giudicò gli articoli mostruosi e da lì cominciò una guerra in cui, a dire il vero, Elisabeth si mostrò la più pacata. Fu invece implacabile nei confronti di tutti coloro che avevano qualcosa a che fare con Nietzsche: pretese che le fossero restituite persino le lettere del fratello. Alcuni, tra i quali Cosima Wagner, si rifiutarono di mandargliele.

Così Elisabeth andò creando un museo di Friedrich prima ancora che il filosofo fosse morto: espose perfino il suo bastone da passeggio, che il 2 novembre 1933 avrebbe regalato a Hitler. Ogni tanto concedeva a qualche ospite di vedere il fratello, ridotto a un automa che lei faceva vestire tutto di bianco come una specie di santone. Poi trasferì l'archivio in un appartamento più adatto, non lontano da quello della madre, strinse un contratto più vantaggioso con Naumann e tentò di convincere Franziska a cederle i diritti d'autore del filosofo. La madre resisteva anche perché la figlia le aveva promesso un vitalizio e trentamila marchi che non avrebbe potuto trovare da nessuna parte. Elisabeth riuscì però a portare dalla sua il cugino Albert Oehler, subentrato nella cotutela allo zio Edmund, e alla fine, dopo averla letteralmente estenuata, convinse la madre a firmare la cessione dei diritti, il 23 dicembre 1895. Franziska non ne era affatto contenta.

Dopo di che la "sorellina" si mise a caccia di soldi per ottemperare ai suoi impegni. Guarda caso, tra i finanziatori dell'Archivio ci furono molti ebrei. Elisabeth era una donna concreta e il suo antisemitismo non le impediva affatto di concludere affari con loro, tanto che, pur essendo diventata in seguito una fervente nazista, si espresse contro le leggi razziali, che impedivano appunto business misti.

Elisabeth sapeva benissimo che le carte del fratello costituivano una miniera d'oro. E le manipolazioni? In fondo furono meno di quanto in genere si pensi. Certo, tagliò tutte le critiche indirizzate a lei e qualcuna rivolta alla Chiesa. Decisione più grave: pubblicò alcuni frammenti postumi di Nietzsche selezionati in modo tendenzioso con il titolo *Volontà di Potenza*. Mandò poi alle stampe una versione censurata di *Ecce Homo*. Ma era davvero convinta che suo fratello fosse un genio e non lo censurò quasi mai, anche se non lo capì.

È difficile dunque dire se sia stato il suo lavoro o i voluti fraintendimenti del nazismo e quindi i pregiudizi successivi a trasformare Friedrich in un apologeta del potere, in un ammiratore incondizionato del successo, della prepotenza, dell'arbitrio anche brutale dei forti sui presunti deboli.

Elisabeth ha meno colpe di quanto in genere non si creda nella successiva lettura "nazista" di Nietzsche, e ha invece il merito di aver salvato le carte scritte dal fratello. In compenso la sua biografia, i cui primi tre volumi furono pubblicati nel 1895, nel 1897 e nel 1904, è una montagna di bugie. Distrusse tutti gli attacchi contro di lei e cambiò l'intestazione di lettere affettuose, girandole a suo favore. Screditò tutti gli amici, per emergere come la sola che l'avesse capito, difeso e amato. Mise in cattiva luce la madre, che a sua volta tentò di scrivere una contro-biografia, salvo poi rinunciarvi. Per accreditarsi quale migliore discepola del fratello, Elisabeth si prese come insegnante, nel gennaio 1896, il giovane e brillante Rudolf Steiner, a cui affidò anche la biblioteca dell'Archivio. Steiner si accorse subito della difficoltà di lavorare con una donna che cambiava opinione ogni giorno, in base a puri capricci, e che litigava di continuo con tutti. I rapporti con la madre, per esempio, si erano fatti pessimi.

A quel punto Elisabeth pensò di trasferire l'Archivio a Weimar per far concorrenza a quello di Goethe-Schiller. A dire il vero il suo progetto era trasformare Weimar in un centro di richiamo intellettuale internazionale come Cosima Wagner aveva fatto con Bayreuth.

Il 20 aprile 1897 morì Franziska, a 71 anni; Friedrich stava così male che non se ne accorse nemmeno. Il 17 luglio Elisabeth lo portò a Weimar, quasi fosse ormai un'attrazione per il pubblico. Nell'aprile 1899 la donna tentò di riavvicinare Gast, l'unico che capiva bene la calligrafia di Nietzsche, il quale non si lasciò subito convincere. Come scrisse a Overbeck: "Non sa far altro che offendere, ferire e scorticare la gente e condannarla ingiustamente nella maniera più offensiva possibile".[13] In compenso nell'ottobre del 1899 Gast iniziò a lavorare per lei.

Friedrich Nietzsche morì il 25 agosto 1900: ancora oggi si discute se la causa della sua lunga malattia sia stata la sifilide, cosa che il filosofo temeva e la sorella negò sempre vigorosamente per evitare lo scandalo.

[13] Raymond J. Benders e Stephan Oettermann, *Friedrich Nietzsche Chronik in Bildern und Texten*, Carl Hanser Verlag, Monaco-Vienna 2000.

Elisabeth divise il funerale, una vera performance teatrale con tanto di letture e lamenti, in due tranche tra Weimar e Röcken, il paese natale.

In quel periodo Elisabeth era riuscita a stringere rapporti con l'intellighenzia di mezza Europa: era diventata amica di Gabriele D'Annunzio, come più tardi lo sarebbe stata di Benito Mussolini e poco dopo anche di Adolf Hitler, che le fu molto grato del sostegno ideologico.[14] Si incontrarono più volte ed Elisabeth, che aveva piazzato un busto del marito di fronte a quello di Nietzsche, gli lesse, a conclusione della visita del 1933, la petizione antisemita di Förster a Bismarck.

Vestita sempre di nero, girava ormai per Weimar come una gran signora: si circondò di servitori e prese a dare ricevimenti suscitando la sdegnosa gelosia di Cosima Wagner, che pure restava il suo modello. Le due donne si sarebbero riconciliate solo nel 1926, quando la città di Weimar ospitò un festival di opere di Siegfried Wagner, il figlio di Richard. A permettere a Elisabeth un tenore di vita tanto alto erano da una parte i diritti d'autore del fratello, le cui opere erano ormai molto vendute, e dall'altra i generosi contributi degli ammiratori; la straordinaria capacità della donna fu non solo alimentare il culto del povero "cadavere vivente", ma trasformarlo in denaro contante. Elisabeth fu la sacerdotessa di questo culto. Arrivò ad appoggiare un libro sulle ginocchia del fratello, incapace di intendere e di volere da anni, quando arrivava un ospite, per far sembrare che avesse ancora qualche attività intellettuale. E negò sempre che fosse pazzo: preferì parlare di esaurimento dovuto all'eccesso di lavoro e, cu-

[14] Su questo periodo: Carol Diethe, *Nietzsche's Sister and the Will to Power*, University of Illinois Press, Urbana e Chicago 2003.

riosamente, all'abuso di droghe. Nel frattempo, durante la Repubblica di Weimar e prima di abbracciare il nazismo, si schierò apertamente con il Partito conservatore. Nonostante le molte antipatie suscitate venne incredibilmente proposta per il premio Nobel per la letteratura due volte: nel 1911 e nel 1923. La candidatura non ebbe però successo.

In compenso non mollò mai: tra le sue battaglie più tenaci quella contro l'emancipazione femminile. Condannava la diffusione della macchina da cucire perché, sosteneva, permetteva alle donne di avere più tempo libero per pensare e quindi farsi venire cattive idee. E perfino, cosa che trovava abominevole, il mettersi a fumare.

Ribadì questi principi nel saggio *Friedrich Nietzsche e le donne del suo tempo*,[15] che pubblicò nel 1935 e nel quale si scagliava ancora una volta contro Lou Salomè.

Morì a Weimar l'8 novembre 1935 mentre era ancora direttrice dell'Archivio. Hitler partecipò commosso al suo funerale.

[15] Cfr. Elisabeth Förster-Nietzsche, *Friedrich Nietzsche und die Frauen seiner Zeit*, C.H. Beck, Monaco 1935.

TZU HSI
L'ESTREMA IMPERATRICE

"Ho pensato spesso di essere la donna più intelligente che sia mai esistita... 400 milioni di persone dipendono dal mio giudizio."

Tzu Hsi, secondo quanto riferito dalla principessa DER LING, in *Two Years in the Forbidden City*, 1911

Una sfinge. Implacabile, ma lucida nella consapevolezza di guidare il più antico impero del mondo: la cinese Tzu Hsi è stata senz'altro una delle donne più straordinarie degli ultimi tre secoli, erede, per determinazione e spietatezza, di un'altra sovrana del Celeste Impero, Wu Zetian, salita sul trono nel 690 d.C. e ideatrice della polizia politica oltre che della casta dei mandarini. La critica storica è sempre stata compatta nell'addebitare a Tzu Hsi tutte le sventure che la Cina patì nel secondo '800. Usurpatrice, di presunta origine manciù e quindi "straniera", ma soprattutto donna ambiziosa: tutti gli elementi hanno giocato a suo sfavore. Di sicuro ha capito troppo tardi la necessità di modernizzare l'impero. Ma la pessima fama di cui gode in Occidente deriva soprattutto da un menzognero libro di memorie, *China under the Empress Dowager*, scritto nel 1910 da Edmund Backhouse, un americano dai traffici piuttosto loschi che visse a lungo in Cina. Oggi lo si considera un millantatore anche nelle sue altre narrazioni. Per questo e grazie a nuovi studi il giudizio su Tzu Hsi sta diventando meno severo.[1]

[1] Cfr. Sterling Seagrave, *Dragon Lady: The Life and Legend of the Last Empress*

Tzu Hsi o Cixi nacque il 29 novembre 1835 e in passato si è sostenuto che il suo primo nome fosse Yulan, Orchidea di Giada, o, per la famiglia, Lan'er, Piccola Orchidea. Si è ritenuto anche che l'appellativo del suo clan manciù fosse Yehenara e che suo padre si chiamasse Huei-cheng o Huizheng, e avesse servito come ufficiale di basso rango dapprima nella provincia dello Shanxi, poi in quella dell'Anhui e che, infine, avesse trasferito la famiglia a Pechino. Sarebbe poi morto verso il 1853, decapitato per diserzione per non aver tenuto le posizioni durante la ribellione Taiping nell'Anhui. Secondo le stesse fonti tradizionali, la madre di Tzu Hsi, moglie principale di Huizheng, sarebbe appartenuta al clan Fuca.

Studi più recenti[2] indicano che Tzu Hsi nacque invece a Xipo, vicino alla città di Beicheng, nella prefettura di Changzhi, provincia dello Shanxi. La famiglia originaria era probabilmente composta da poverissimi contadini cinesi di etnia Han, gli Wang, e la bambina si chiamava Xiaoqian. La mamma morì prestissimo e la futura Tzu Hsi, allora di soli 4 anni, fu venduta dal padre all'agricoltore Song Siyuan, del vicino villaggio di Shangqin. Vendere i figli era pratica comune, nell'800, perfino in Italia. La bambina prese allora il nome Ling'e e il cognome del nuovo padre, Song. Ma a 12 anni fu rivenduta, forse perché anche la nuova famiglia

of China, Vintage, 1993. Anche la rete televisiva cinese CCTV in un serial del 2003, intitolato *Verso la Repubblica* e censurato dal governo, ha per la prima volta offerto un'immagine abbastanza positiva di Tzu Hsi.

2 Un team cinese guidato dallo storico Liu Qi, direttore dell'Istituto di storia locale della città di Changzhi, ha condotto uno studio decennale nella zona natale di Tzu Hsi che ha messo in discussione tutte le precedenti biografie. Il risultato è stato pubblicato nel 1999 in un libro in mandarino: *Rompendo il mistero della giovinezza di Cixi*. Pur contestato da molti studiosi tradizionali, il saggio ha ricevuto un premio dall'Istituto artistico di ricerca della Repubblica popolare cinese nel 1999. Vedi anche la *Columbia Electronic Encyclopedia*, sesta edizione, 2003, Columbia University Press, www.columbia.edu/cu/cup.

era caduta in miseria, al prefetto della città di Lu'an, l'ufficiale manciù Huizheng, che da sempre viene considerato il suo vero padre.

In effetti Huizheng, che l'aveva comprata come serva, le si affezionò, l'adottò e le offrì il suo status sociale, dandole, appunto, il nome di Yulan.

L'origine Han, ossia umile ma cinese autoctona, di Tzu Hsi spiegherebbe alcune sue caratteristiche: non parlava la lingua manciù – anche se ciò non era inusuale tra le élite dei nuovi dominatori –, conosceva molto bene le canzoni popolari dello Shanxi e, appena prese il potere, si dimostrò molto generosa con gli abitanti della prefettura di Lu'an, facendo loro grandi regali. È vero però che non aveva i piedi fasciati, proprio come le donne manciù e al contrario di quelle Han, ma è possibile che la sua famiglia d'origine fosse troppo povera per permettersi il lusso di tenere in casa una bambina che non potesse muoversi e non fosse quindi utilizzabile per i lavori più umili.

All'epoca sulla Cina regnava appunto la dinastia Manciù, in origine una stirpe di nomadi della Manciuria, la regione a nord-est dell'impero. Contro di loro, nel 220 a.C., il primo imperatore della Cina unificata, Shi Huang-di, della dinastia Qin, aveva ordinato di costruire la Grande Muraglia, una barriera che continuò a essere fortificata e accresciuta nei successivi millecinquecento anni, fino alla dinastia Ming, che mantenne il potere dal 1368 al 1644. Nonostante l'immensa barriera, i Manciù riuscirono a sopraffare i Ming, a conquistare la Cina e prendere il potere con il nome di dinastia Ching.

Una leggenda narra che, ancora adolescente, Tzu Hsi si innamorò di un comandante dei portavessilli manciù, Jung Lu, e decise di sposarlo. Forse neppure questo innamoramento avvenne mai, ma fu inventato dai suoi detrattori per affermare che non fosse vergine. In ogni caso la bellezza e il fascino di Tzu Hsi attrassero l'attenzione degli alti funzionari di corte e a 16 anni, nel settembre 1851, la ragazza fu chiamata a corte per partecipare, insieme con altre cinquantotto fanciulle, a una sorta di concorso per diventare una delle concubine del nuovo imperatore Hsien Feng o Xianfeng. Solo le ragazze manciù potevano prendervi parte: la selezione venne affidata alla Prima concubina vedova Kangci. Tzu Hsi lasciò allora Jung Lu e si trasferì nella Città Proibita, o in quell'anno, o, secondo altre fonti, nel giugno del 1852. Passata la selezione, lei e le altre future concubine dovettero aspettare i due anni e tre mesi previsti per il lutto del precedente imperatore Daoguang. Quindi entrarono in servizio. La sorella di Tzu Hsi fu invece rifiutata, ma sarebbe poi diventata la prima e più importante moglie del principe Chun, settimo figlio dell'imperatore Daoguang e influente figura di corte.

Il 14 giugno 1853 Tzu Hsi venne ribattezzata Lan, concubina di quinto rango, il più basso. Secondo i nostri canoni, la ragazza era tutt'altro che bella: alta un metro e cinquanta, i tratti marcati e irregolari, poteva però contare su un sorriso e uno sguardo luminosi e su folti capelli neri. Portava le unghie lunghe anche dieci centimetri, come allora si usava per sottolineare di non dover compiere lavori manuali. Le proteggeva con copriunghie di giada e filigrana.

La Città Proibita, dove si trovò a vivere, era un immenso insieme di palazzi, padiglioni e giardini. Un grande edificio, con tre sale per le cerimonie, era riservato alle udienze dell'imperatore. Un altro, più interno, era dedicato alla sua famiglia. Intorno, dodici cortili, su cui si affacciavano le dimore delle concubine. Ogni sera una di loro veniva convocata nella camera del sovrano, scortata dagli eunuchi, che vivevano a centinaia nella Città Proibita, e lasciata nuda ai piedi del letto perché non potesse nascondere alcuna arma.

Tra il dicembre del 1854 e il gennaio 1855, Tzu Hsi salì di rango e fu rinominata Yi. Nell'agosto del 1855, l'imperatore la "promosse" ancora, chiamandola Pin. La motivazione ufficiale fu la commemorazione della morte della matrigna dell'imperatore, la vedova di Daoguang, colei che si era occupata della selezione delle concubine. Quindi l'ascesa poco aveva a che fare con le sue grazie, sebbene, tra le voci che gli europei avrebbero sparso in seguito su Tzu Hsi, la prima riguardasse, ovviamente, la sua spregiudicatezza sessuale.

Nove mesi dopo, il 27 aprile 1856, Tzu Hsi partorì un bambino, Tung Chih o Tongzhi, il solo figlio maschio dell'imperatore Xianfeng che riuscì a sopravvivere all'infanzia. Ciò le valse il nome di Guifei, concubina di secondo rango. Da qui cominciò la sua inarrestabile ascesa. Questo non vuol dire che Hsien Feng l'amasse, anzi. In poco tempo l'imperatore aveva perso interesse nei suoi confronti e si era innamorato di un'altra ragazza, Li, conosciuta poi come Zhuangjing Huang Kuai Fei. La poveretta avrebbe pagato caro l'affetto del sovrano: Tzu Hsi l'avrebbe fatta scomparire misteriosamente appena nominata imperatrice. In compenso, Tzu Hsi non passò gli anni dell'oblio a rimuginare odio. Studiò a fondo i classici cinesi, il che le avrebbe in seguito permesso di mettere a tacere i suoi ministri con colte citazioni confuciane.

Hsien Feng morì il 22 agosto 1861 a soli 30 anni, al termine della Seconda guerra dell'oppio, con cui la Cina fu piegata al volere delle potenze europee. Sua moglie, Ci'an, un'ex ancella diventata concubina e poi, dal 1852, imperatrice dopo la morte della prima consorte del sovrano, non gli aveva dato figli. Così Tongzhi, il figlio di Tzu Hsi, un bambino di soli 5 anni, venne proclamato imperatore. Fu allora, per l'esattezza, che la sua mamma prese il nome di Tzu Hsi, che significa "materna e propizia". In vecchiaia il suo soprannome sarebbe stato "Il vecchio Buddha", non in riferimento alla bellezza sfiorita e al volto severo, ma all'imperturbabilità, e soprattutto al fatto che Tzu Hsi volle sempre essere chiamata al maschile, per non sminuire la propria autorevolezza.

Ci'an e Tzu Hsi, ormai le due donne più importanti dell'impero, si accordarono per assumere una reggenza congiunta. Alcuni nobili e influenti funzionari di corte cercarono di opporsi in tutti i modi. Le signore si erano però assicurate per tempo i loro alleati, uno dei quali era il fratello di Hsien Feng, il principe Gong. Anche gli ufficiali, alla cui casta apparteneva il padre adottivo di Tzu Hsi, si schierarono dalla parte delle vedove. Con il loro aiuto, le imperatrici attuarono un vero colpo di Stato, il cosiddetto golpe di Xinyou.

Tutto si risolse in una rapida mossa di Tzu Hsi che, tornata di corsa a Pechino dal luogo in cui era morto l'imperatore, Jehol, emanò un editto nel quale accusava di complotto il primo consiglio di reggenza, composto da otto uomini, tra i quali il potente principe Sushun, fiero nemico della corruzione. L'accusa era di aver fatto precipitare negativamente la guerra con la Gran Bretagna e la Francia nel 1860, di aver contribuito alla morte prematura dell'imperatore Hsien Feng e di aver tramato per occupare il potere. I consiglieri furono arrestati; a qualcuno fu concesso di suicidarsi, mentre il principe Sushun venne giustiziato.[3] Sebbene

[3] Cfr. J.A.G. Roberts, *Storia della Cina*, Universale storica Newton, Roma 2002.

a Pechino si ritenesse che il vero regista del colpo di Stato era il principe Gong, qualcuno già sospettava che Tzu Hsi non fosse un'ex concubina come le altre.

Tzu Hsi fu proclamata non solo Sacra madre ma anche Imperatrice vedova, titolo che, a rigore, spettava solo a Ci'an. In compenso, Ci'an ebbe l'appellativo di Imperatrice madre e di Imperatrice vedova, e questo, nella complicatissima liturgia cinese dei nomi, le dava un leggero vantaggio gerarchico su Tzu Hsi. Per quanto difficile per noi da comprendere, l'attribuzione di nuovi nomi era tutt'altro che un atto formale: era un riconoscimento di ulteriori poteri. Dal 1861 alla fine del suo regno Tzu Hsi ricevette per altre sette volte titoli onorifici sempre più alti; ognuno di essi era rappresentato da due ideogrammi. Quando morì, il suo nome era composto da sedici ideogrammi che stavano per: Attuale Sacra Madre e Imperatrice vedova Cixi Duanyou Kangyi Zhaoyu Zhuangcheng Shougong Qinxian Chongxi. In teoria aveva diritto ad arrivare a venti ideogrammi, ma si spense prima. In compenso le sarebbe stato attribuito un lunghissimo nome postumo, simbolo di un potere del tutto inedito per una donna.

In un primo momento, le due imperatrici cercarono di dividersi la scena. Poiché Tzu Hsi abitava nella zona ovest della Città Proibita fu identificata come l'Imperatrice vedova occidentale; Ci'an invece divenne l'Imperatrice vedova orientale. Curioso destino visto che Tzu Hsi odiò sempre, senza riserve, gli occidentali.

Farsi accettare come sovrane fu tutt'altro che facile: il protocollo prevedeva, per esempio, che, in quanto donne, Ci'an e Tzu Hsi dovessero assistere alle udienze dietro a una tenda. Una vera istigazione all'intrigo, si potrebbe pensare. Nel 1869 Ci'an, che in genere si occupava molto poco di politica e lasciava fare a Tzu Hsi, prese una decisione che, secondo le voci popolari, le sarebbe costata cara: An Dehai, il più temuto degli eunuchi di corte, era in missione commerciale nel sud della Cina per conto di Tzu Hsi. Passando nella provincia di Shadong approfittò del potere di inviato dell'imperatrice per estorcere denato ai sudditi, cosa che peraltro Tzu Hsi lasciò spesso fare ai suoi eunuchi. L'abuso suscitò una profonda indignazione e la protesta arrivò prima al governatore dello Shadong poi alle orecchie di Ci'an, la quale ordinò l'immediata esecuzione di An Dehai. Tzu Hsi non glielo perdonò. Qualcuno ha voluto collegare quest'episodio con l'improvvisa morte di Ci'an, ben dodici anni dopo, l'8 aprile 1881. Tuttavia, non esistono prove che sia stata causata da un avvelenamento ordinato da Tzu Hsi. È vero che Ci'an godeva di ottima salute, ma perché vendicarsi con tanto ritardo? In ogni caso questa voce conferma sia i rapporti tesi tra le due ex alleate, sia la fama di crudeltà che Tzu Hsi riuscì subito a guadagnarsi. Più dubbio è invece che Ci'an fosse la sovrana affabile e serena che ci ha consegnato la tradizione: gli storici moderni ritengono che fosse semplicemente più dedita ai piaceri che alla politica, all'esatto contrario di Tzu Hsi.

Intanto, il 12 gennaio 1875, morì il giovane imperatore Tongzhi, seguito dopo pochi mesi dalla sua sposa, forse incinta, Alute, suicida o, come si sospettò, "suicidata" da Tzu Hsi. Cresciuto nel palazzo sempre sotto sorveglianza, Tongzhi era arrivato al potere solo nel 1872. Al suo nome è legata la fase di politica conservatrice chiamata la Restaurazione di Tongzhi. Invece l'imperatore ne era estraneo; era stata la madre a volerla e progettarla con l'aiuto del potente generale Zeng Guofan. Un ritorno all'ordine le serviva per rafforzare il suo dominio assoluto e soprattutto per chiudere il Paese a ogni tipo di riforma, in particolare se ispirata dalle potenze occidentali.

Il debole Tongzhi, dedito all'alcool e al sesso, fu ucciso dalla sifilide. La madre lo pianse e ordinò l'esecuzione del medico di corte, "colpevole" di non averlo saputo curare. Pur tra le lacrime, Tzu Hsi non si distrasse neanche un momento e, infrangendo le regole di corte sulla successione imperiale, impose Guangxu, un bambino di 3 anni, figlio del principe Chun, a sua volta figlio del defunto imperatore Daoguang e marito della sorella di Tzu Hsi. L'imperatrice dovette adottare il piccolo per farlo salire sul trono. Questo le permise, sempre insieme con Ci'an, di riassumere la reggenza. Il bambino ascese ufficialmente al trono il 25 febbraio 1875; ma non solo era troppo piccino, era anche malaticcio e lo sarebbe sempre stato. In particolare, un'infezione ai polmoni avrebbe reso la sua voce quasi impercettibile. Il carattere debole, poi, avrebbe permesso a Tzu Hsi di rimanere la vera sovrana anche quando, nel 1887, Guangxu raggiunse la maggiore età. Il ragazzo chiese ufficialmente alla madre adottiva di prolungare la sua reggenza e salì sul trono solo nel 1889.

In teoria l'imperatrice si ritirò allora dalla politica attiva e dalla Città Proibita. In pratica, invece, si circondò di una efficacissima rete di spie e mantenne il controllo. Dalla parte di Tzu Hsi si schierò il padre del nuovo imperatore, il principe Chun, che evidentemente stimava e al tempo stesso temeva l'imperatrice e che, proprio per questo, ne era diventato, forse senza volerlo, complice. Nel 1885 la reggente l'aveva nominato controllore dell'Ammiragliato, una carica che gli affidava la gestione dei fondi destinati alla Marina. Negli anni successivi, anziché utilizzare i soldi pubblici per riammodernare la flotta, Chun li dirottò sui lavori di restauro e abbellimento del Palazzo d'Estate, abitato da Tzu Hsi. La costruzione non si arrestò neanche durante la terribile inondazione che colpì la regione di Pechino, il che permise di terminare i lavori nella primavera del 1891 ma suscitò un grave malcontento popolare. Chun non vide la fine dell'opera: morì all'inizio del 1891, e ciò rese impossibile metterlo sotto accusa, soprattutto quando, durante la guerra cino-giapponese del 1894-95, la flotta cinese rivelò tutte le carenze causate dal mancato ammodernamento e subì umilianti sconfitte.

Tzu Hsi, però, non imparò la lezione perché, nel 1895, anziché usare i fondi pubblici per ricostruire la flotta e, finalmente, avviarne il rinnovamento, spese una cifra astronomica per festeggiare il suo sessantesimo compleanno.

Questa civetteria dimostra il carattere vorace, anche a tavola, capriccioso e a volte bizzarro dell'imperatrice. La sua giornata iniziava molto presto. Dormiva in modo irregolare e in genere si alzava alle due del mattino per passeggiare nei giardini rocciosi del suo palazzo. Amava il lusso e alla sua morte si sarebbero contati tremila scrigni d'ebano ricolmi di gioielli. Adorava in particolare gli orologi: ne teneva una dozzina che ticchettavano nella sua profumatissima camera da letto, nella quale era anche appeso il ritratto della regina d'Inghilterra Vittoria, un'icona per tutte le donne di potere dalla seconda metà dell'800.

Una cameriera dormiva con lei e sei eunuchi montavano la guardia alla porta. Alle vedove era proibito usare i cosmetici, ma Tzu Hsi non riusciva a farne a meno e prese a tingersi i capelli appena vide i primi fili bianchi. A tavola beveva da una tazza di giada e usava bacchette d'oro; sedeva da sola e si faceva servire circa centocinquanta piatti differenti, assaggiando sempre gli stessi. Perciò, secondo quanto si mormorava[4] a corte, i cuochi avevano preso l'abitudine di riproporre fino alla muffa quelli che non toccava o di cui concedeva un boccone a una dama di compagnia. Così potevano fare la cresta sulla spesa, con la complicità degli eunuchi. Un'altra diceria di palazzo insinuava che Tzu Hsi utilizzasse gli eunuchi per far sparire senza "fastidiosi" processi regolari i suoi nemici. Ma è quasi impossibile verificare se sia successo davvero.

Per evitare che una qualsiasi mossa dell'imperatore Guangxu sfuggisse al suo controllo, Tzu Hsi si preoccupò di farlo sposare, il 22 febbraio 1889, con la figlia di suo fratello, Xiaoding Jing Longyu. Il giovane imperatore la detestò da subito e non a torto: la donna si prestò sempre a fare la spia per Tzu Hsi.

In ogni caso Guangxu si lasciò docilmente guidare dall'imperatrice, da cui pare fosse terrorizzato e a cui si rivolgeva di continuo per chiedere consiglio. Improvvisamente, però, nel giugno del 1898 avviò quella che fu poi chiamata la Riforma dei cento giorni,[5] un tentativo di adeguare l'impero ai drastici cambiamenti che coinvolgevano non solo l'Europa e l'America, ma anche il Giappone, l'India, la Russia. L'ideologo di questa "rivoluzione" era un giovane studioso che proveniva dal Guangdong, Kang Youwei.

A questo tentativo Tzu Hsi, che pure in teoria non si era opposta alla costruzione delle ferrovie e delle fabbriche né all'uso delle armi e delle tecniche militari occidentali, rispose con un vero colpo di Stato, il 21 settembre 1898. Guangxu, che progettava onestamente di

[4] Cfr. Mauro Pascalis, *L'orchidea che divenne imperatrice*, *Frammenti d'Oriente n. 3*, 1/1998, periodico di CentrOriente, Torino.

[5] Cfr. Luke S.K. Kwong, *A Mosaic of the Hundred Days: Personalities, Politics, and Ideas of 1898*, Harvard University Press, Cambridge, Massachusetts, 1984.

riformare l'impero e che aveva perfino deciso di inaugurare una moderna università a Pechino, aveva, con le sue decisioni, scontentato una serie di vecchi ufficiali, messi in congedo perché del tutto inadeguati alle nuove tecniche di guerra. Gli ufficiali si rivolsero allora a Tzu Hsi. Guangxu, informato, decise di difendersi facendo affidamento su un generale tanto moderno quanto, come si sarebbe rivelato in seguito, doppiogiochista: Yuan Shikai, capo dell'Esercito di Nuova costituzione. Tzu Hsi si scelse invece come campione Rong Lu, capo delle forze armate della Cina settentrionale e governatore generale dello Zhili, una regione del nord che oggi si chiama Hebei.

I golpisti procedettero all'arresto dell'imperatore e di sei dei riformatori principali, tra i quali il giovane e radicale Tan Sitong, ispiratore dei quaranta editti che costituivano il cuore della riforma.

L'imperatore fu posto in isolamento e costretto ad abdicare, gli altri sei furono giustiziati, mentre l'ideologo Kang Youwei, sfuggito all'arresto, trovò rifugio a Hong Kong grazie agli inglesi.

Tzu Hsi aveva potuto agire così impudentemente perché aveva sfruttato la notizia di un presunto complotto a suo danno. Sostenne che Kang Youwei e i suoi seguaci avevano cercato di usare le forze armate per occupare il Palazzo d'Estate dove lei viveva. Forse fu tutta un'invenzione posteriore per giustificare la repressione, ma l'imperatrice fece anche sapere in giro che i "cospiratori" avevano chiesto aiuto al generale Yuan Shikai; in particolare, il 18 settembre il riformatore Tan Sitong gli avrebbe ordinato di giustiziare Rong Lu e occupare l'edificio. Yuan Shikai invece aveva denunciato tutto a Tzu Hsi che poté così reagire, invocando la legge a proprio favore.

Guangxu fu privato di tutti i titoli, del potere e dei privilegi, i suoi amici mandati in esilio. Ufficialmente rimase sul trono, ma fu rinchiuso fino alla morte su un'isoletta chiamata Ying Tai, la Terrazza sull'Oceano, che in realtà era in un laghetto nella Città Proibita. La stanza che gli fu destinata aveva il lugubre nome di Camera vuota. Per quanto indignata del fatto che le potenze occidentali continuassero a riconoscerlo come imperatore, Tzu Hsi, su suggerimento di Rong Lu, non prese ulteriori misure contro di lui. In compenso, il 26 settembre, con un editto annullò tutte le riforme dei Cento giorni. Sopravvissero alcune istituzioni, tipo l'Università di Pechino, e un notevole fermento culturale che Tzu Hsi non poté reprimere.

Subito dopo l'imperatrice si trovò a far fronte a una curiosa rivolta contadina, quella dei Boxer, una sorta di setta ferocemente antioccidentale e anticristiana, con una solida formazione in arti marziali. La rivolta si diffuse nel 1899, partendo dalle province settentrionali dello Zhili e dello Shandong. All'inizio Tzu Hsi emanò due editti per proteggere i missionari cristiani ed evitare incidenti. Poi cambiò strategia, accorgendosi di poter sfruttare il movimento.[6] Nel gennaio 1900 firmò un editto per invitare i funzionari a distinguere tra fuorilegge e cittadini che praticavano "l'autodifesa".

In realtà, nonostante la semiprigionia di Guangxu, la corte fu per mesi paralizzata tra la fazione di Tzu Hsi, che simpatizzava per i Boxer, e quella dell'imperatore deposto che intendeva annientarli. All'inizio del 1900 i Boxer moltiplicarono gli attacchi agli europei con reazioni molto diverse da parte dei funzionari cinesi: ci fu chi sostenne l'esecuzione dei missionari e delle loro fa-

[6] Cfr. J.A.G. Roberts, *op. cit.*

miglie e chi, come Yuan Shikai, ne prese le difese. L'episodio più drammatico, ampiamente falsificato dalla storiografia occidentale, che parlò di eroica resistenza europea, fu l'assedio delle legazioni straniere a Pechino, iniziato il 20 giugno e durato cinquantacinque giorni. Nella realtà l'attacco non fu condotto fino in fondo, forse perché il fido Rong Lu, comandante degli eserciti della città, moderò l'azione dei Boxer.[7] L'aneddoto più curioso, invece, che rivela le profonde credenze superstiziose dei Boxer, riguarda l'assedio della cattedrale cattolica di Pechino. Ci si erano rifugiati molti cristiani cinesi, comprese ottocentocinquanta scolare. I Boxer attribuirono il fallimento dell'assalto alle donne presenti in chiesa, che, con il loro influsso, avrebbero bloccato gli assedianti. Per sconfiggerle i ribelli mandarono, invano, contro la cattedrale un battaglione femminile, chiamato la Lanterna rossa luminosa, che sosteneva di poter cavalcare le nuvole e attirare tempesta e distruzione sui nemici. Il 14 agosto un grande esercito internazionale, composto dai soldati di otto nazioni, raggiunse Pechino: la città fu saccheggiata e, nel frattempo, la Russia approfittò del caos per varcare i confini e occupare la Manciuria. Tzu Hsi fuggì in abiti civili a Xi'An, portandosi dietro Guangxu. Il trattato di pace al quale fu costretta era terribilmente umiliante per la Cina e imponeva anche una pesantissima indennità di guerra. I capi della rivolta e i funzionari che li avevano appoggiati furono, su imposizione degli occidentali, mandati a morte o puniti. I forti che proteggevano Pechino furono distrutti. La città rimase sotto occupazione straniera per più di un anno. Ma, come incapace di comprendere i suoi gravi errori politici, il 29 gennaio

[7] Helwig Schmidt-Glintzer, *Storia della Cina*, Mondadori, Milano 2005.

1901 Tzu Hsi, ancora rifugiata a Xi'an, emanò un editto nel quale imputava tutti i problemi della Cina ai difetti del povero Guangxu e agli insuccessi dei funzionari e dei loro metodi di governo. Con un voltafaccia radicale richiedeva l'adozione di tecnologie moderne e strutture di governo europee. Ma soprattutto invitava i funzionari di grado superiore ad avanzare proposte di riforme. Le più importanti furono accolte: comprendevano la costituzione di scuole non tradizionali, il rinnovamento dei concorsi per i funzionari pubblici, l'invio di studenti all'estero, molte riforme militari, innovazioni nell'industria e nell'agricoltura, modifiche finanziarie e giuridiche, la sostituzione dei sei "consigli di governo" con dodici veri ministeri. Si lavorò subito e alacremente all'attuazione del piano. Nel febbraio del 1902 fu promulgato un decreto contro la fasciatura dei piedi delle bambine, ma solo le classi elevate e gli abitanti delle grandi città obbedirono prontamente. Nel 1906 un nuovo decreto proibì l'uso dell'oppio; al contempo si cercò di limitarne la coltivazione e l'importazione: nel 1911 vaste zone della Cina avevano già cambiato colture.

Insomma, l'ultimo periodo di Tzu Hsi fu fertile di riforme. Probabilmente l'imperatrice non era affatto contraria in linea di principio alle novità, ma temeva sia di perdere il potere, sia l'arrogante presenza degli europei. Per fare un esempio, le cosiddette Guerre dell'oppio, dal 1839 al 1860, erano state provocate dalla pretesa britannica di poter contrabbandare liberamente l'oppio in Cina e dalla volontà di usare i porti cinesi come moli privati. Tzu Hsi, erede di una tradizione millenaria, fiera della cultura confuciana del suo popolo e della corte, non poteva accettare l'atteggiamento sprezzante degli europei. Certo, volle gestire il potere in prima persona e soffrì del fatto di poter aspirare solo alla reggenza di imperatori fantoccio. In compenso si preoccupò sempre di proteggere le arti e in particolare l'opera cinese, e nel 1906 fece fondare lo zoo di Pechino.

Il 14 novembre 1908 Guangxu morì. Il giorno dopo Tzu Hsi annunciò il nome del successore, individuato evidentemente in precedenza, tanto che si sospettò che Guangxu fosse stato avvelenato. L'imperatrice, che si sentiva a sua volta in fin di vita per via di un ictus, aveva scelto il piccolo Puyi, passato alla storia come l'ultimo imperatore cinese. Il bambino era il figlio maggiore del secondo principe Chun, fratellastro dell'imperatore Guangxu. La madre era la figlia del governatore Rong Lu, grande alleato di Tzu Hsi.

Per coincidenza Tzu Hsi morì quello stesso giorno, il 15 novembre 1908, tra l'una e le tre del pomeriggio, per la Cina l'ora della Capra. Il suo funerale costò il triplo di quello di Guangxu. Tzu Hsi lasciò un'immensa fortuna personale, circa ventidue milioni di sterline in verghe d'oro e d'argento.[8]

Con un ultimo gesto di malizia femminile, dispose che la reggenza non passasse più a una donna.[9] Non poté però impedire che la madre di Puyi, Longyu, diventasse un personaggio di primo piano. Ma la tempra non era quella della vecchia imperatrice e Longyu si fece influenzare sia dal giovane reggente ufficiale Zaifeng, sia da Yuan Shikai, il perfido ex alleato di Guangxu. Fu pro-

[8] Cfr. Katherine Augusta Carl, *With the Empress Dowager of China*, Kessinger Publishing, Montana, maggio 2004. L'autrice era una pittrice americana che ritrasse Tzu Hsi nel 1903 e pubblicò la sua memoria della corte cinese nel 1905.

[9] Cfr. Der Ling, *Two Years in the Forbidden City*, Kessinger Publishing, Montana, giugno 2004. È il diario scritto nel 1911 dalla principessa Der Ling, per due anni prima dama di camera dell'imperatrice e poi, dal 1907, sposa di un americano, Thaddeus C. White. Si trova anche su Internet all'indirizzo della Electronic Text Center, University of Virginia Library: http://etext.lib.virginia.edu/toc/modeng/public/DerYear.html.

prio Yuan a suggerirle, nell'autunno del 1911, di firmare l'abdicazione di Puyi, che era nato il 7 febbraio 1906 e aveva quindi 5 anni. Il gesto era giustificato dall'avanzare della prima rivoluzione repubblicana cinese, partita il 10 ottobre 1911 dalla provincia del Wuchang.

Nel 1912 la dinastia Ching fu dichiarata decaduta: Puyi rimase come "ospite di rango" nella Città Proibita fino al 1924 per poi terminare i suoi giorni, dopo l'inevitabile rieducazione, come giardiniere di quello che fu il suo palazzo. Sua madre, Longyu, morì nel 1913 a 46 anni. Sempre nel 1913 Yuan Shikai si fece proclamare primo presidente della Repubblica cinese. Sarebbe morto nel 1916. Da allora la storia della Cina avrebbe cavalcato tumultuosamente fino alla rivoluzione comunista.

Ma di Tzu Hsi si sarebbe tornati a parlare. Nel luglio del 1928, a vent'anni dalla sua morte, le truppe del generale Sun Dianying, che apparteneva al nuovo partito al potere, il Kuomintang, fecero saltare con la dinamite l'accesso alle tombe del sontuoso mausoleo della dinastia Ching, nella campagna a est di Pechino. I soldati penetrarono nelle cripte e fecero man bassa di tutti i tesori che contenevano; profanarono le tombe e poi si rivolsero contro Tzu Hsi; la tirarono fuori dal sarcofago, a quanto pare intatta, la gettarono a terra, la denudarono, rubarono i gioielli contenuti nella bara, estrassero la grande perla che le era stata inserita in bocca, perché, secondo le credenze cinesi, il suo corpo non si decomponesse. Un'altra grande perla che decorava la corona di Tzu Hsi venne invece regalata da Sun Dianying a Chiang Kai-shek, il leader del Kuomintang. Sarebbe finita sulle scarpe di gala di sua moglie. Dopo il 1949, però, il complesso venne restaurato su ordine della Repubblica popolare cinese e ancora oggi costituisce uno dei monumenti più belli e importanti del Paese.

TAITÙ
LA SCALTRA NEMICA DEGLI ITALIANI

"Sono una donna. Non amo la guerra. Tuttavia, preferirei morire piuttosto che accettare il vostro accordo..."

L'imperatrice Taitù all'ambasciatore italiano Antonelli,
da PAULOS GNOGNO, *Ate Menelik*

Quando i soldati italiani, in vista della battaglia di Adua del 1896, salparono da Napoli per dare una lezione a quei "selvaggi" degli etiopi, la partenza avvenne in pieno giorno, in un tripudio di folla, che già li salutava come eroi. Lo scrisse la reporter-pioniera Matilde Serao sul *Mattino*, giornale di convinta impostazione colonialista. Quando tornarono, dopo la prima, clamorosa sconfitta di un Paese europeo sul suolo africano, furono fatti sbarcare di notte, quasi fossero clandestini o prigionieri di guerra. Matilde Serao era ancora lì e il *Mattino* smise di essere colonialista.[1] Ma forse la Serao non poteva sapere che la più grande vergogna militare del nuovo Regno d'Italia nascondeva un altro e forse peggiore smacco: alla testa dei "selvaggi" che avevano così sonoramente battuto le nostre truppe, c'era anche una donna, Taytu Betul o Taitù, come l'abbiamo ribattezzata noi, imperatrice d'Etiopia.

Su quel particolare cadde una vera congiura del silenzio e, nonostante il grande numero di studi sull'Italia coloniale, di Taitù ancora oggi si parla e si scrive pochissimo.

[1] Luigi Lodi, *Giornalisti*, Laterza, Bari 1930.

Taytu Betul nacque nel 1851. Era la terza di quattro figli di una nobile famiglia imparentata con la dinastia Salomonica, che si gloriava di discendere dalla leggendaria regina di Saba e da re Salomone, il cui figlio, Menelik avrebbe fondato l'Impero etiope. La dinastia aveva effettivamente preso il potere sull'altopiano centroafricano nel 1270.

Il padre di Taitù era un ras, un capo locale, ma ben più importante, in famiglia, era lo zio Wube Haile Maryam, il quale vantava il titolo di *dejazmatch*, che letteralmente significa "comandante della porta" ed equivaleva più o meno a visconte. Wube Haile Maryam era il sovrano del Tigré e si era imposto come signore di gran parte del nord dell'Etiopia nel decennio successivo al 1840. Per questo divenne rivale dell'imperatore Teodoro II, che tentava di unificare il Paese. La contesa venne risolta, come spesso accadeva, con un matrimonio: la figlia del *dejazmatch*, cugina di primo grado di Taitù, Tiruwork Wube, venne chiesta in sposa dall'imperatore. All'inizio la ragazza si rifiutò: giudicava Teodoro un parvenu e un impostore. Alla fine dovette cedere alle insistenze dei parenti, ma ebbe subito modo di vedere che le donne della sua famiglia non avevano perso la fierezza e l'orgoglio che attribuiva loro la tradizione. Forse li avevano ereditati dalla storia gloriosa di una dinastia di regine nere che per secoli avevano governato sul Sudan e sull'Etiopia del Nord, sconfiggendo sia Alessandro Magno sia i romani.

Il padre di Taitù era diretto discendente della figlia dell'imperatore etiope seicentesco Susneyos il Cattolico. La mamma, Yewubdar, veniva dalla piccola nobiltà di Gondar, che era stata capitale dell'altopiano nel '600. Una cugina di Taitù, Tewabech, era stata la prima moglie dell'imperatore Teodoro II. E in più Taitù apparteneva alla dinastia feudale degli Yejju Oromo, la più potente, nel '700, durante la *Zamana Mesafint*, l'Era dei principi: i suoi antenati erano stati spesso reggenti per gli imperatori-fantoccio di Gondar. In origine musulmani, si erano da tempo convertiti al cristianesimo ortodosso. Dei fratelli di Taitù, il ras Wele Bitul, che era stato prigioniero di Teodoro II assieme all'altro fratello Alula e a Menelik, sarebbe diventato signore dello Yejju e del Semien, il massiccio settentrionale al confine con l'attuale Eritrea.

Da queste annotazioni già si nota quanto fosse complessa, ancora nell'800, la situazione dell'Etiopia: dal Tigré alla Scioa resisteva la vecchia nazione cristiana, copta, variegata ma nell'insieme ben identificata dalla sua religione, cultura e lingua liturgica e letteraria, il *ghéez*. A est e a sud esistevano una serie di "feudi" con popolazioni musulmane. Il più celebre era l'emirato di Harar. Da sud era col tempo penetrata la popolazione dei Galla, di fatto schiacciando le etnie pagane, che avevano come capitale Gondar. In generale dominava il caos: tra il 1784 e il 1851 si contarono almeno ventisette imperatori rivali e senza potere. Durante l'infanzia di Taitù, l'Etiopia era però stata riunificata dall'imperatore Tewodros o Teodoro II, che aveva avviato importanti riforme, ma poi si era rivelato un autocrate.

Prima di incontrare Menelik, Taitù si era già sposata quattro volte. La prima a 15 anni, nel 1867, quando era bellissima, esile e con un volto delicato, esaltato dalla carnagione chiara; il marito si chiamava Walde Gabriele ed era un generale dell'esercito dell'imperatore Teodoro. Subito dopo le nozze era però finito in disgrazia e quindi in catene. Avvertita del suicidio di Teodoro, Taitù non aspettò la liberazione del suo sposo, ma se ne tornò a Gondar e poco dopo convolò a nozze con il *dejazmatch* Tekla Giorgis, un generale piuttosto insignificante, dal quale divorziò in breve tempo per sposare un governatore del Tigrè.[2] Quando questi finì in carcere, Taitù si rifugiò in un convento. Ne uscì per unirsi in matrimonio a un ufficiale di Menelik.

Furono i suoi fratelli, diventati amici di Menelik, a promuovere l'incontro con il re dello Scioa e del Keffa. All'inizio pensarono di proporgli l'altra sorella, Desta Bitul, ma pare che quando gli presentarono Taitù, Menelik chiese perché mai gli avessero tenuto per ultima la più bella.

Menelik era nato nel 1844, da Haila Melekot e da una schiava, Ijigayehu, al servizio della sua bisnonna Zenebework. Il nonno, re dello Scioa dal 1813, si chiamava Menelik: lo legittimò e, seguendo le profezie di un oscuro monaco, diede a lui, che si chiamava Sahla Mariàm, "Clemenza di Maria", il suo nome. A se stesso riservò invece quello di Sahla Sellasie, "Clemenza della Trinità". Un'altra profezia, mal trascritta, aveva predetto che Menelik sarebbe vissuto "*sabàt amet*", ovvero sette anni. In realtà era "*sebà amet*", settant'anni. E così sarebbe stato.

Menelik, che non aveva i raffinati tratti etiopi, era però un ragazzo sano e robusto, con occhi grandi e vivaci. Era intelligente e dal padre aveva ereditato una certa astuzia, ma era di indole piuttosto mite. Quando morì Haila Melekot, nel 1855, Menelik, al quale sarebbe spettato il trono dello Scioa, fu fatto prigioniero da Teodoro II, insieme con la madre Ijigayehu e la moglie

[2] La facilità di divorziare in Etiopia era legata all'esistenza di diverse forme di matrimonio: da quello in chiesa, *qurban*, che poteva essere sciolto solo con la dispensa delle autorità religiose; al *semanya* o *kal kidan*, più o meno equivalente al matrimonio civile; fino al *damoz*, la semplice convivenza. Uomini e donne, a tale proposito, godevano in pratica degli stessi diritti, soprattutto nelle classi alte. Era abitudine che i ras possedessero schiave e concubine.

del padre, la bellissima Tidenekialesh.[3] Teodoro prese però a trattarlo come un figlio e gli diede in moglie sua figlia, Alitash Tewodros.

Il ragazzo invece non ricambiò l'affetto e fuggì nel 1865, abbandonando anche Alitash.

Rientrato nello Scioa, Menelik, seguendo l'esempio di altri ras, scatenò una ribellione contro l'imperatore, che, incalzato anche dalle truppe britanniche, si suicidò nel 1867. Dopo quattro anni di lotta per la successione, nel 1872 un capo tigrino divenne imperatore con il nome di Giovanni IV. Il nuovo Negus si trovò di fronte due pericoli esterni: la crescente penetrazione italiana in Eritrea e la pressione egiziana da nord. Ma soprattutto dovette fronteggiare l'irrequietezza dei capi locali, dei quali Menelik era forse il più ambizioso e capace.

Anche Menelik, prima di sposare Taitù, aveva avuto altre donne: in particolare chiamava "moglie", pur non avendola sposata in chiesa, una nobildonna più anziana di lui, Bafena. Non era stata una scelta saggia. Bafena, che era già stata sposata più volte, era intrigante e pericolosa. Odiata dalla corte, venne accusata anche di lavorare come spia al soldo dell'imperatore Giovanni IV. Menelik ebbe poi dalla *woizero* (titolo che spettava alle donne sposate) Abechi una bambina, Zewditu o Zauditu, che sarebbe stata incoronata imperatrice d'Etiopia nel 1917. Una domestica, Desta, gli diede una seconda figlia, Shewaregga, futura madre di Iyasu Michele, secondo pretendente al trono di Menelik. Infine ebbe due maschi, che morirono presto. Gli si attribuivano anche altri figli, ma non furono mai riconosciuti.

Di tutte queste donne, la più amata fu Bafena. Dopo il suo allontanamento dalla corte perché rea confessa di

[3] Richard Pankhurst, *The Ethiopians: A History*, Blackwell Publishers, NJ 2000.

tradimento e spionaggio, a Menelik fu sottoposta una serie di ragazze. Il sovrano le trovava del tutto insignificanti rispetto alla matura ex concubina. Sembrava che nessuna fosse più in grado di sostituirla nel suo cuore.

Poi, grazie all'incontro propiziato dai fratelli di lei, arrivò Taitù. Menelik ne rimase subito sedotto e il 29 aprile 1883 la sposò nella chiesa di Medhane Alem, ad Ankober, la sua capitale. Taitù non avrebbe avuto figli da lui, ma allevò tanti bambini della sua famiglia a cui garantì ottimi matrimoni e carriere importanti. Il nepotismo avrebbe caratterizzato tutto il suo regno. Così come l'orgoglio: lei stessa ripeté più volte che non era tanto il fatto di essere la moglie di Menelik a renderla fiera, quanto le sue origini.

I suoi pochi ammiratori avrebbero sostenuto che era una fiera nazionalista, una fine diplomatica e negoziatrice, una grande stratega e soprattutto una decisionista, mentre suo marito Menelik tendeva sempre a rimandare le misure da prendere. I suoi detrattori avrebbero sottolineato il suo nepotismo, il conservatorismo estremo, la fame di potere e la feroce xenofobia. Nessuno, in compenso, ha mai messo in dubbio il suo peso sulla storia dell'Etiopia.

Poco dopo il matrimonio, Menelik e Taitù decisero di far costruire una chiesa dedicata alla Vergine Maria sul monte Entoto: lì il re, che già nel 1881 vi aveva fissato il suo accampamento permanente, volle edificare il nuovo palazzo reale. Era una fortezza inespugnabile, ma il luogo era freddo. Nel giro di poco tempo, poi, con l'arrivo di tutti i cortigiani, legna e acqua cominciarono a scarseggiare. Sotto le cime dell'Entoto, si trovava invece un altopiano con tre fiumi: il Finfine, il Kebena e l'Akaki. Accanto al Finfine sgorgavano alcune sorgenti di acqua calda dove Taitù e le sue dame presero a recarsi sempre più spesso, tanto che alla fine la regina decise di costruire una casa sul posto. Le altre nobildonne la imitarono e in breve si formò una cittadella reale; seguirono i servi, i soldati e infine anche i mercanti. Era nata una città che Taitù, nel 1887, battezzò Addis Abeba, Nuovo fiore, e che presto diventò la capitale del regno di Menelik. Il palazzo reale che vi venne edificato era decisamente insolito: "Nel senso europeo della parola non era affatto un palazzo, ma una raccolta di capanne e di case. L'abitazione di Menelik, in cui viveva con la consorte, era un edificio a due piani imbiancato, chiamato *elfin*, che aveva un tetto a tegole rosse, unico a quel tempo in Etiopia. Ne pendevano balconi e scale esterne, dipinti nelle gradazioni più violente del giallo, rosso, blu e verde".[4]

Intanto, però, nuove nuvole si addensavano sull'impero. L'antefatto risaliva a poco prima del matrimonio reale: gli italiani avevano iniziato a trattare con Menelik, cercando di conquistarne l'amicizia in cambio di armi. In particolare, nel 1881, il marchese Orazio Antinori era stato incaricato dal nostro governo di stringere con lui un'alleanza contro l'imperatore Giovanni. Antinori era però morto nel 1882 ed era stato il suo successore, il conte Pietro Antonelli, a negoziare. Le trattative ufficiali furono commerciali; segretamente però il conte promise la fornitura di armi per la ribellione che Menelik stava preparando contro l'imperatore e gli assicurò un prestito per l'acquisto. A Menelik gli italiani piacevano, nonostante lo stesso imperatore Giovanni IV l'avesse avvertito delle loro mire espansionistiche. Taitù, invece, ne diffidò subito.

In ogni caso fu proprio con l'aiuto degli italiani che

[4] Cfr. Leonard Mosley, *Il negus*, Longanesi, Milano 1968.

Menelik si ribellò all'imperatore Giovanni, che, impegnato su più fronti, morì nella battaglia di Mettema, l'11 marzo 1889. Il Paese piombò nel caos. Menelik capì che era arrivato il suo momento e inviò messaggeri a tutti i ras dell'Etiopia perché gli giurassero fedeltà. Si autoproclamò "Menelik II, Leone di Giuda, Eletto di Dio, Re dei re d'Etiopia" e quasi tutti i ras decisero di sostenerlo.

In cambio dell'aiuto ricevuto, con il Trattato di Wuchale, Uccialli per gli italiani, Menelik cedette al nostro Paese la zona costiera, ovvero l'Eritrea: la città di Keren fu occupata il 2 giugno; l'Asmara il 2 agosto. Menelik donava così terre non sue, ma del ras Mengesha, che inevitabilmente divenne suo nemico.

Al tempo stesso, l'interpretazione diversa che Italia ed Etiopia avrebbero dato di questo Trattato, e in particolare dell'articolo 17, avrebbe minato i rapporti tra i due Paesi. In sintesi: nella versione amarica, ossia quella ufficiale etiope, Menelik affermava che avrebbe potuto avvalersi dei "servigi" del governo italiano per trattare con le altre potenze europee; in quella italiana, consentiva che il nostro re prendesse per lui contatti con gli altri Stati europei.

Era una differenza sostanziale perché la versione italiana stabiliva una sorta di protettorato sull'Etiopia.

Il 3 novembre 1889 Menelik fu incoronato imperatore d'Etiopia nella chiesa di Maria sul monte Entoto; due giorni dopo a sua volta incoronò Taitù, con il titolo di Luce d'Etiopia. Le cerimonie furono fastosissime e vi parteciparono migliaia di sudditi. Ma il Paese non era ancora pacificato e si andava diffondendo una spaventosa epidemia nel bestiame. Quando, in dicembre, Menelik marciò verso nord per sottomettere il Tigré, ancora in mano a ras ribelli, si accorse di quanto fossero avanzati gli italiani, arrivati nel frattempo fino ad

Axum. Taitù, delusa dalla debole protesta del marito contro il nuovo, e peraltro ignaro, inviato del governo italiano, il conte Augusto Salimbeni, quasi lo aggredì: "L'imperatore Giovanni non ha venduto neanche un pugno della nostra terra, si è battuto contro gli italiani e gli egiziani per questo, è addirittura morto in battaglia e tu vuoi vendere il tuo Paese? Che dirà di te la storia?"[5] Menelik fu punto sul vivo e decise non solo di opporre un rifiuto a tutte le richieste italiane, ma di contrastare le manovre più o meno truffaldine dei nostri inviati.

Il 17 dicembre 1890 ritornò a Entoto, al posto di Salimbeni, il conte Antonelli. Le sue manovre per riscrivere l'articolo 17 del Trattato di Uccialli, ancora più in favore dell'Italia, indignarono Menelik e soprattutto Taitù. L'imperatrice chiese l'abolizione dell'articolo mentre il marito voleva congelarlo per cinque anni. Quando Antonelli obiettò che ne andava della dignità dell'Italia, Taitù rispose che lo stesso valeva per l'Etiopia.[6] A quel punto la situazione degenerò. L'11 febbraio 1891 gli italiani lasciarono il Paese pretendendo la restituzione dei debiti contratti da Menelik. Taitù aveva vinto la partita ma il prezzo da pagare era altissimo. Un anno dopo Menelik, chiedendo aiuto alla popolazione, già poverissima, riuscì a restituire i soldi.

Gli italiani però non demordevano. Sollecitarono in tutti i modi, in particolare con la corruzione, la ribellione dei ras locali. Nel 1894 i rapporti con Menelik si

[5] Cfr. Chris Prouty, *Empress Taytu and Menelik II Ethiopia 1883-1910*, Red Sea Press, Londra 1986.

[6] Una versione tutta filoitaliana e non affidabile di questa vicenda si trova in *Menelik II. L'Etiopia e le relazioni con l'Italia in base allo studio essenzialmente delle fonti abissine*, di Ettore Falcone, stampato dalle Officine Arti Grafiche friulane il 15 settembre 1941 e conservato presso la Biblioteca dell'Isiao a Roma.

interruppero. Nel frattempo la coppia imperiale stringeva nuove relazioni internazionali, soprattutto con la Russia, e avviava un'attenta politica di alleanze matrimoniali. Taitù fece sposare sua nipote Kefey Welle con il ras tigrino Mengesha Giovanni, che fino a poco prima aveva tramato con gli italiani. A guadagnarlo alla causa di Menelik era stato il tradimento dei nostri connazionali che avevano ripreso la loro avanzata e nel 1895 erano riusciti a cacciarlo dalle sue terre. Il 26 luglio 1895 il generale Oreste Baratieri, a capo delle truppe d'Eritrea, promise a re Umberto di portargli Menelik in gabbia a Roma. Era così certo della nostra "superiorità" da aver deciso di attaccare, con circa diecimila uomini, un esercito tre volte più numeroso.

Il 17 settembre 1895 nel palazzo imperiale etiope risuonò il tamburo della dichiarazione di guerra: Taitù, insieme con altre donne del suo seguito, si preparò a seguire il marito in battaglia. Diciotto giorni dopo aver lasciato Addis Abeba, Menelik e Taitù giunsero a Welle Irru; erano partiti dalla capitale con cinquantamila uomini, arrivavano sul luogo della battaglia con centocinquantamila. Il 7 dicembre 1895 l'avanguardia dell'esercito etiope si scontrò, malgrado la volontà di Menelik, con gli italiani presso la fortezza di Amba Alagi: fu una strage, soprattutto delle nostre truppe, che pure erano in posizione favorevole. L'avanzata etiope proseguì, aiutata dal fatto che molti ras locali, che gli italiani credevano alleati, passarono un po' alla volta dalla parte di Menelik. In più, le spie locali, di cui l'Italia si avvaleva, stavano facendo il doppio gioco. Alla fortezza di Enda Yesus a Mekelle, o Macallé, gli etiopi dovettero però arrestarsi: gli italiani resistevano. Fu Taitù a trovare la soluzione; le sue truppe si impossessarono dei pozzi della fortezza e tagliarono il rifornimento d'acqua ai nemici. Il 19 gennaio 1896 gli italiani distribuirono la loro ultima razione d'acqua. Speravano in rinforzi che non sarebbero mai arrivati; Menelik, intanto, stava trattando con Baratieri. Quando giunse l'ordine di arrendersi, Taitù riconcesse l'acqua. Ma appena si rese conto che gli italiani tentavano ancora una volta di imbrogliare, chiese che fossero messi a morte dieci nostri ufficiali, tenuti come ostaggi. Menelik non ritenne giusto che pagassero per colpe non loro e li lasciò liberi, ma le trattative si interruppero.

Il 23 febbraio l'esercito etiope si accampò vicino Adua. Mentre gli italiani tentavano di provocare un golpe che privasse Menelik del trono, gli etiopi riuscirono a far arrivare false notizie a Baratieri, che lo indussero ad attaccare. Il 29 febbraio 1896 il generale lasciò le fortificazioni con meno di diciottomila uomini per marciare su Adua. La mattina seguente, mentre Menelik, Taitù e gli altri nobili erano ancora riuniti in preghiera, arrivò la notizia dell'assalto italiano. Come tutti gli altri capi dell'esercito etiope, Taitù prese posizione con i suoi cinquemila uomini e i cannoni: a lei toccava schierarsi vicino ad Amba Abba Gerima; al suo fianco le altre donne della corte, tra le quali la principessa Zewditu, incaricata dei rifornimenti di munizioni e acqua. Le truppe etiopi arrivavano a centomila uomini. La loro vittoria fu totale e devastante. Baratieri si era salvato a stento, ma seimila dei suoi soldati erano rimasti sul campo; le perdite etiopi erano forse superiori. I prigionieri italiani e ascari, ovveri gli eritrei che combattevano a fianco degli italiani, erano numerosissimi. Se però alle nostre truppe venne concesso il ritorno a casa, agli ascari fu inflitta una punizione esemplare, non per volere di Menelik, ma del ras Mengesha Giovanni e più probabilmente di Taitù: furono tagliati loro la mano destra e il piede sinistro. Si racconta che Taitù, che volle assistere all'esecuzione, si mise così vicino ai prigionieri da venir schizzata del loro sangue. Molti ascari morirono per le ferite. Il 26 ottobre 1896 fu firmato il Trattato di Addis Abeba che abrogava quello di Uccialli. Per Taitù era un trionfo personale.

Anche il successo militare l'aveva galvanizzata: in una successiva campagna contro i ribelli del Tigré settentrionale, nel 1902, cavalcò alla testa di un reggimento di cavalleria, mise in rotta gli insorti e in seguito passò per le armi i prigionieri. Ciò che però in quel periodo disturbava l'imperatrice, e con lei il clero conservatore, era la volontà di Menelik di aprire l'Etiopia alle novità tecnologiche: ad Addis Abeba arrivarono il telefono, il telegrafo, la luce elettrica e l'automobile. Taitù non era contraria alla tecnologia in sé; non voleva che la portassero gli europei, realizzando una sorta di colonizzazione strisciante. Non le dispiacque affatto che nel palazzo imperiale arrivassero l'acqua corrente e l'elettricità, anzi. In particolare la divertì il fonografo inviato dall'Inghilterra con una registrazione della voce della regina Vittoria, che fra l'altro era il suo idolo e modello poiché sedeva da sola sul trono. Ma Taitù temeva che la modernizzazione avrebbe diffuso nuove e pericolose esigenze tra gli etiopi. Perciò concesse di far costruire la ferrovia solo quando le assicurarono che il treno le avrebbe permesso di raggiungere la Terra Santa.

Nel frattempo dovette affrontare un nuovo problema. Il ras Mengesha Giovanni pretendeva il titolo di re di Zion, ma Menelik era contrario. Toccò a Taitù spiegare al focoso ras che aver sposato sua nipote già gli garantiva una posizione di primo piano. Mengesha non si accontentò e Menelik lo fece rinchiudere a vita nel vecchio palazzo imperiale di Ankober. In realtà questa diatriba, oltre a rivelare la cronica insubordinazione dei ras locali, evidenziava il vero dilemma di Menelik e Taitù: l'imperatore non aveva figli maschi che potessero succedergli sul trono. A differenza di Taitù, Menelik sembrava puntare su suo cugino Makonnen che si era rivelato fidato e fedele, ma il ras morì all'improvviso nel marzo del 1906. È improbabile che fosse stato avvelenato, però tutti notarono quanto la sua morte fosse gradita all'imperatrice.

In corsa c'erano altri signori locali, ma il favorito divenne Iyasu Michele, unico nipote diretto. Taitù non amava neanche lui e l'antipatia era ricambiata. I motivi erano tribali: il clan degli Yejju, a cui Taitù apparteneva, contendeva a quello dei Mammadoch, di cui faceva parte Iyasu, il potere sulla regione del Wollo, nel nord-est dell'Etiopia. Il fratello di Taitù e il padre di Iyasu si odiavano. In più Taitù temeva le mire politiche dei nobili della Scioa, Paese originario di Menelik, e quindi diffidava di tutti i parenti del marito. Questo non le aveva impedito di far sposare i suoi nipoti a personaggi eminenti dello Scioa, del Tigré e del Gojjam, altra regione settentrionale.

Taitù avrebbe preferito che a salire sul trono fosse Zewditu, figlia di Menelik. La ragazza era sposata con un nipote di Taitù, Gugsa Welle, figlio di suo fratello Welle Bitul. Taitù sognava un trono congiunto dei due giovani e il ritorno della capitale a Gondar, settecentocinquanta chilometri a nord di Addis Abeba.

Intanto, per parare eventuali contromosse di Iyasu, l'imperatrice lo fece sposare, nell'ottobre del 1909, con sua nipote Romanework Mengesha. L'alleanza tra le due famiglie fu per lei una grande vittoria, ma costituiva una minaccia per un altro possibile candidato al trono, Tafari, figlio del ras Makonnen e futuro imperatore con il nome di Haile Selassie. Menelik l'amava, ma Taitu e il padre di Iyasu avrebbero fatto di tutto pur di sbarrargli la strada al trono.

Non restava molto tempo: Menelik aveva avuto un primo ictus nel 1906, seguito da un secondo nell'agosto 1907; non fece in tempo a riprendersi che il 18 maggio 1908 ne ebbe un altro a Entoto, che gli lasciò paralizzato il lato destro. Rientrato in Addis Abeba, fu praticamente messo sotto chiave da Taitù, che non solo prese a regolare le entrate e le uscite dalla sua camera, ma soprattutto assunse il potere.

Convinta che la fine dell'imperatore fosse vicina, la regina mandò a chiamare da Gondar suo cugino, il ras Gugsa, e dal Tigré suo fratello. I due si accamparono con i loro seguiti fuori dal palazzo.

All'inizio di maggio del 1909 i nobili furono convocati davanti a Taitù e Menelik: l'imperatrice chiese all'imperatore chi scegliesse come erede e lui le biascicò alcune parole all'orecchio. Taitù riferì che era stato scelto Iyasu, ma l'investituta ufficiale avvenne solo il 30 ottobre 1909, dopo il matrimonio con sua nipote. Come reggente, in attesa che il ragazzo raggiungesse la maggiore età, fu scelto il fedele ras Tessema Nadew che Taitù riuscì a raggirare in pochissimo tempo. Alcuni storici sostengono che, corrotto dai soldi, divenne un burattino nelle sue mani.[7]

Menelik non era ormai in grado di intendere e di volere. Tutto era controllato da Taitù, che emetteva editti, prendeva decisioni, accoglieva ambasciatori e dava udienza ai nobili. La sua immensa mole, issata sul trono, era diventata familiare tra gli stranieri che la coprivano di doni pur di riceverne i favori. Il suo volto, in-

[7] Cfr. Leonard Mosley, *op. cit.*

vece, rimaneva velato, ma oggi sappiamo dalle foto che l'obesità aveva stravolto i bei tratti della giovinezza.

Taitù riuscì anche a piazzare nei posti chiave dell'amministrazione e del governo membri dei suoi clan. In politica estera si rivelò fortemente filotedesca, permise il contrabbando di armi, lasciò che la corruzione crescesse ma soprattutto acconsentì a una nuova diffusione della schiavitù. In breve il malcontento dilagò e trovò un portavoce in un nobile, Hapte Giorgis Denagde, che denunciò il nepotismo di Taitù. Quando nel febbraio 1910 Tessema e Hapte Giorgis le intimarono di sospendere le nomine di suoi parenti e non allarmare più gli ambasciatori stranieri, l'imperatrice diede a uno dell'imbecille e all'altro dell'invalido. Fu la goccia che fece traboccare il vaso: i due convocarono un nutrito gruppo di nobili e decisero di estromettere Taitù dal potere. Le missioni estere furono subito d'accordo; l'arcivescovo Matteo, da sempre longa manus di Taitù, diede il suo consenso a patto che non si versasse sangue.

Prima, però, chiese di poter mediare, ma i fedelissimi dell'imperatrice lo accolsero letteralmente a sassate, insultandolo, e Taitù gli fece sapere di non aver tempo di riceverlo. Dovette però cedere e dare udienza ai nobili ribelli: le fu suggerito di farsi da parte e limitarsi a curare Menelik. L'imperatrice andò su tutte le furie. Tramite un portavoce, Taitù chiese che la lasciassero portare l'imperatore a Gondar o, se i nobili avessero voluto trattenerlo nella Scioa, nel monastero di Debre Libanos, o nel suo feudo di Bulga. La mossa era astuta: così Taitù avrebbe fatto credere al popolo che i nobili stessero tentando un vero colpo di Stato e volessero mettere alla porta il povero imperatore malato. I ribelli, presi alla sprovvista, la pregarono di restare. E lei domandò tempo per pensarci. Poi accettò e rimase nel palazzo imperiale, ma venne di fatto destituita. Le rimaneva l'accesso esclusivo all'imperatore che curava con l'aiuto di Zewditu.[8] Poco a poco i suoi servi furono ridotti, tanto che Taitù si lamentò di non vedere più uomini. Nel 1911, a fine marzo, morì anche Tessema Nadew, il che risolveva il problema delle sue dimissioni: molti lo avevano accusato di essere troppo vicino all'imperatrice. La sua scomparsa, però, rischiò di gettare l'Etiopia nel caos: chi avrebbe ora retto il Paese fino alla maggiore età di Iyasu?

Dal suo ritiro, Taitù riuscì a respingere il ras Abata che pretendeva di sposare Zewditu e proclamarsi imperatore e che si era accampato fuori dal palazzo imperiale. Nel frattempo arrivò ad Addis Abeba anche Iyasu: Taitù lo accolse con tutti gli onori. Persuasa, e a ragione, che il ragazzo avesse gravi problemi psichici, negli ultimi anni si era prodigata a soddisfare e rinforzare i suoi vizi, alcool e sesso per primi, pur di ridurlo in proprio potere. Ma Iyasu diffidava di lei e l'accusò di aver tentato di avvelenarlo. In realtà Taitù aveva fatto di peggio: durante il banchetto in suo onore l'aveva fatto infettare con la sifilide, offrendogli una donna malata. Questo almeno è quanto si disse in seguito; Iyasu passava la vita tra banchetti e orge, è impossibile stabilire dove si fosse infettato.

Subito dopo l'erede al trono, ancora inconsapevole di essere malato, la costrinse a consegnare i forzieri nascosti nel palazzo imperiale per pagare la soldataglia accampata presso Addis Abeba. Il suo comportamento peggiorava di giorno in giorno: pretendeva di essere incoronato prima che Menelik morisse.

[8] Su questa fase molte informazioni si trovano sul sito internet di Solomon Kibriye http://www.angelfire.com/ny/ethiocrown/. Kibriye è diacono della Chiesa ortodossa etiope e vive a New York. Il sito elenca le fonti di cui si avvale.

Il 12 dicembre 1913, l'imperatore Menelik spirò. Taitù e Zewditu furono spedite in convento a Entoto. A contenere gli eccessi del futuro imperatore, che non venne posto subito sul trono, rimase solo il padre, il ras Michele. Nel 1915 la sifilide si manifestò in tutta la sua gravità, mentre l'Etiopia, sia pure lontana dalla tragedia della Prima guerra mondiale, viveva in uno stato di caos. Intanto però montava la stella di Tafari, il futuro Haile Selassie: la lotta contro il cugino Iyasu, che si era avvicinato all'islamismo, fu senza esclusione di colpi.

Si concluse il 29 settembre 1916 con la deposizione di Iyasu e la proclamazione di Zewditu a imperatrice, con Tafari reggente: l'aiuto della Chiesa etiope era stato determinante.

Il Paese non trovò subito la pace, ma l'8 novembre del 1916, lungo le strade di Addis Abeba e davanti all'imperatrice Zewditu, si svolse una parata trionfale. Con la disfatta del ras Michele e la fuga di Iyasu, Taitù era riemersa dal suo esilio e si mostrava già pronta a riprendere il potere. Si sentiva vincitrice: la sua amata figlioccia era finalmente sul trono. Taitù continuava a provare antipatia per Tafari, ma contava di liberarsi facilmente del reggente. Si sbagliava.

L'anziana imperatrice aveva progettato di stabilirsi nel palazzo con la figliastra e il marito di lei, Gugsa, e di sbarrare le porte al ras Tafari. Dopo di che i tre avrebbero preso in mano il regno.[9] Fu preceduta. Qualche giorno dopo il ritorno di Taitù da Entoto, Tafari diede un banchetto in suo onore al quale invitò anche la nuova imperatrice e suo marito. Quando le due donne si ritirarono cominciò il vero festino: la mattina dopo Gugsa si svegliò fra le braccia di una sconosciuta in una casa

[9] Cfr. Leonard Mosley, *op. cit.*

dall'altra parte di Addis Abeba. Tafari l'aveva sequestrato: promise di trattarlo bene, ma gli intimò di non muoversi. Nonostante le proteste di Zewditu, Tafari annunciò che i due sposi avevano divorziato. Subito dopo Taitù fu rimandata a Entoto: la congiura era fallita. Zewditu dovette accettare il fatto compiuto. Ma non dimenticò il marito e continuò invano ad aspettarlo. L'11 febbraio 1917 fu incoronata imperatrice d'Etiopia nella cattedrale di San Giorgio in Addis Abeba. Taitù, ancora incapace di arrendersi, cominciò a prendere contatti con alcuni emissari tedeschi. L'idea era sostenere addirittura il ritorno di Iyasu, che era ancora vivo.

Ma l'11 febbraio 1918 l'anziana imperatrice morì per un improvviso attacco di cuore: aveva 67 anni. Tafari, molto sollevato, le concesse funerali imperiali e la fece seppellire nella capitale accanto al marito.

Se il sollievo di Tafari era giustificato, a Taitù va senz'altro riconosciuto di essere stata una donna fuori dall'ordinario, che odiò senza requie i suoi nemici, non soltanto gli italiani. In un dipinto etiope che oggi è custodito nella sede romana dell'Isiao, l'Istituto italiano per l'Africa e l'Oriente, Taitù appare sulla sinistra, velata, insieme con l'imperatore Menelik, mentre osserva le sue truppe che fanno a pezzi gli italiani. Lei e i suoi uomini sono presi di volto, come si confà agli eroi, gli italiani di profilo, come si addice ai nemici senza onore. In più le nostre truppe arrivano da Oriente: gli invasori, nella tradizione e nella storia etiope, non arrivano mai da Occidente.[10] Taitù li aveva attesi senza paura. Li aveva sconfitti. Ma aspetta ancora il suo momento di gloria.

[10] L'analisi del dipinto, che è una via di mezzo tra un'icona bizantina e un'illustrazione, è di Carla Ghezzi, che per trent'anni ha diretto la Biblioteca dell'Isiao, l'Istituto italiano per l'Africa e l'Oriente, punto di riferimento per gli studi nel settore.

CARMEN POLO
DOÑA DICTADURA

"Il Generalissimo firmava le sentenze di morte dopo la colazione, mentre lei ignorava le suppliche di clemenza degli orfani, delle vedove, di spose, fidanzate, figli e parenti di coloro che suo marito mandava al patibolo..."

JUAN GASPARINI su Carmen Polo
in *Mujeres de dictadores*

Come si fa a dire: se non ci fosse stata lei il regime di Francisco Franco sarebbe stato meno feroce? Eppure il sospetto che Carmen Polo abbia reso sempre più conservatrice, bigotta e al tempo stesso megalomane e vendicativa la dittatura imposta alla Spagna dal marito è sostenuto da notevoli indizi.

Doña Carmen affermava di essere stata "predestinata a Paco", il soprannome di Franco.[1] Ma questo non aveva nulla a che fare con l'amore. Lo dimostra una sua precoce confessione alle amiche che sarebbe dovuta rimanere segreta e che risale al periodo di Saragozza, ovvero al 1930 circa: non lo amava già più, perché era totalmente incolto, perché non brillava in nessun campo, perché era mentalmente limitato.[2] Non di rado, in pubblico, perdeva la pazienza di fronte alle affermazioni

[1] Dal sito Internet dei fedelissimi spagnoli di Francisco Franco: www.generalisimofranco.com.

[2] Cfr. la biografia (raccontata fittiziamente in prima persona da una certa G.T., compagna di giochi di Carmen Polo) dedicata da Assumpta Roura alla moglie di Francisco Franco: *El misterio de la mujer de el Pardo*, Martínez Roca, Barcellona 2000.

poco intelligenti del marito e sbottava con "*¡Tú Paco, cállate!*", "Stai zitto, Paco!" Ma gli sarebbe rimasta sempre accanto perché "sentiva" che sarebbe diventato il padrone della Spagna. Cosa che, a essere sinceri, era ben poco immaginabile quando i due si conobbero.

Nell'estate del 1917 il venticinquenne Francisco Franco Bahamonde era già un militare in carriera: maresciallo dell'esercito regio spagnolo, era stato rispedito dal Marocco, dov'era di stanza, a Oviedo perché nelle colonie spagnole d'Africa non c'erano posti vacanti per ufficiali del suo rango. Fu assegnato al Regimiento de Infantería del Principe. Durante la *romería*, la festa religiosa locale, conobbe una bella quindicenne, Maria del Carmen Polo y Martínez Valdés, snella, con luminosi occhi scuri e soprattutto appartenente a una famiglia altolocata di Oviedo, per quanto un po' decaduta. Non tutti però concordano che Carmen fosse del 1902 e oggi anche l'*Encyclopaedia Britannica* porta come data di nascita il 9 luglio 1900.

In quel periodo Franco, originario di una famiglia della classe media legata alla Marina, aveva cominciato a stabilire contatti con i notabili della sua nuova sede. Piccolo, introverso, cresciuto con genitori divisi e molto poco legato al padre, che non amava, il maresciallo si era già fatto notare dai superiori per la sua ambizione, oltre che per il coraggio dimostrato in alcune scaramucce coloniali.

Carmen, in quei giorni in vacanza, studiava presso il convento di Las Salesas. Franco la invitò a uscire, ma la ragazza rifiutò dicendo che era troppo giovane per avere un fidanzato... e poi i soldati si sa come sono, spariscono all'improvviso. Il piccolo ufficiale non si arrese e in autunno cominciò a tempestarla di lettere in convento; le monache, però, le intercettarono e le dirottarono verso la famiglia. Non conoscevano tuttavia la tenacia di Franco, la stessa che avrebbe caratterizzato la sua scalata al potere: iniziò un vero assedio. Il maresciallo prese a frequentare la messa delle sette, in convento, ogni sera. Se ne accorsero tutti. Attraverso una grata di ferro battuto, Franco poteva intravedere Carmen: la sua silhouette elegante e il suo portamento aristocratico lo incantavano. Per l'ex ragazzo entrato all'Accademia militare di Toledo a soli 14 anni il mondo della nobiltà spagnola era un sogno. E un obiettivo.

Peccato che Felipe Polo, il papà di Carmen, vedesse le cose in tutt'altra maniera: che partito poteva mai essere quel soldato bruttino, scontroso e di famiglia modesta, oltre che dal mestiere incerto e pericoloso? Disse che dare a lui la bella Carmen era come darla a un torero. Ancora più contraria era la zia Isabel, la sorella di Felipe, che, alla morte della mamma di Carmen, aveva preso in mano la sua educazione e quella dei tre fratelli, Isabel, Zita e Felipe. Per la nipote sognava ben altro marito. Ma Franco non arretrò di un passo e la ragazza se ne invaghì: lui le inviava bigliettini nascondendoli nel cappello di qualche amica comune o mettendoli nel cappotto, quando lei lo appendeva in un caffè. Cominciarono a vedersi di nascosto e alla fine la loro tenacia ebbe la meglio sulle resistenze della famiglia.

Da quel momento Carmen avrebbe usato la stessa testardaggine per favorire la carriera del fidanzato. Era giovane ma, se possibile, ancora più ambiziosa di lui.

Lo dimostrò anche nel periodo in cui Franco fu nominato vicecomandante della legione straniera spagnola: la Legión fu istituita il 31 agosto 1920 in Marocco e Carmen restò a Oviedo. La ragazza si rivelò inquieta per la distanza che li separava, ma determinata a sostenere e promuovere in tutti i modi il futuro sposo. Anche perché Franco si guadagnò presto la fama di eroe sterminando i guerriglieri africani; durante le licenze, tornava nelle Asturie a tessere rapporti con la nobiltà locale e pavoneggiarsi con i giornali. L'obiettivo era chiaro: trasformare la fama in una nomina a generale.

Il 13 settembre 1923 il generale Miguel Primo de Rivera y Orbaneja, appoggiato dall'esercito, dagli agrari, dagli imprenditori catalani ma anche dai sindacati, inscenò un colpo di Stato a Madrid. Franco, che non era contrario a una presa del potere da parte dei militari, assunse però un atteggiamento cauto. Anche perché si avvicinava un evento molto importante per lui: il 2 luglio aveva ricevuto l'autorizzazione al matrimonio e il 22 ottobre si sposò. Carmen aveva 21 anni ed era raggiante: Franco era un "eroe dell'Africa", la chiesa era stracolma e la folla ingombrava anche le vie adiacenti al sagrato. Poiché Franco era già diventato *gentilhombre de cámara*, il suo testimone di nozze era addirittura Alfonso XIII, rappresentato dal governatore militare di Oviedo. Carmen avanzò verso l'altare al braccio del generale Losada; all'uscita la coppia fu accolta da scrosci d'applausi. Franco, ormai tenente colonnello, aveva il petto coperto di medaglie e procedeva orgoglioso; anche la stampa nazionale aveva parlato delle sue nozze. Perfino il banchetto rimase un evento memorabile. Carmen, a cui non difettava lo stesso egocentrismo del marito, avrebbe commentato cinque anni dopo: "Credevo di sognare o di leggere un bel romanzo... su di me".[3] Un battaglione l'aveva già scelta come madrina.

Il 14 febbraio 1926 nacque a Oviedo l'unica figlia

[3] Cfr. Paul Preston, *Francisco Franco, La lunga vita del Caudillo*, Mondadori, Milano 1995.

della coppia, María del Carmen, la *morita* o *Nenuca*, come la chiamava il padre. In realtà, nonostante la bambina sia stata amatissima e viziata in tutti i modi, da subito si sospettò che non fosse consanguinea ma adottata, e che il vero padre fosse il fratello donnaiolo – e repubblicano – di Franco, Ramón. Non ci sono prove al riguardo: l'indizio più rilevante è che non esistono foto di Carmen incinta, mentre ne restano moltissime di tutti gli altri eventi della sua vita.

Nello stesso anno Franco fu nominato generale di brigata: era il più giovane generale d'Europa.

Il trasferimento a Madrid lo trasformò, e forse il merito fu di Carmen: fece un'intensa vita sociale, si interessò di economia e cinema e recitò addirittura in un film, *La Malcasada* (la Malmaritata). Eppure la sua cultura rimase sempre approssimativa. In una delle rare interviste concesse, nel 1929, Carmen dichiarò civettuola alla rivista *Estampa* che i peggiori difetti del marito erano il troppo amore per l'Africa e lo studio di libri di cui lei non capiva nulla. Lui confessò intrepido che la sua vera passione era la pittura e che gli dispiaceva non averla potuta assecondare. A quest'affermazione Carmen ribatté che però dipingeva bambole di pezza per la Nenuca, la figlia. Viceversa lei asserì di amare sopra ogni altra cosa la musica e detestare i "mori". Giustificava quest'odio, che non sarebbe stato l'unico della sua vita, sostenendo di aver passato i primi anni a consolare le vedove dei soldati caduti in Marocco.

Il 1° dicembre 1927 Franco passò a Saragozza per sovrintendere alla nascita della nuova Accademia militare: con l'aiuto di Carmen stabilì anche qui forti legami con la nobiltà locale.

Nel 1930 cadde la dittatura di Primo de Rivera. Alfonso XIII ricorse allora a un altro generale, Dámaso

Berenguer, che inaugurò la cosiddetta *Dictablanda*, la dittatura blanda.

Nel febbraio 1931 il potente avvocato Ramón Serrano Suñer di Saragozza spòso Zita, la bella sorella di Carmen: lui, Franco e il testimone dello sposo, José Antonio Primo de Rivera Y Saenz de Heredia, figlio dell'ex dittatore e futuro fondatore della Falange, il partito fascista spagnolo, avrebbero formato un trio indissolubile per circa quarant'anni.

Ma a traghettare le idee di Franco verso un sempre più feroce conservatorismo fu proprio doña Carmen. Con la proclamazione della Repubblica, nello stesso anno, Franco si vide chiudere l'Accademia e decurtare lo stipendio. Visse di fatto, per qualche tempo, alle spalle della moglie. Benché il nuovo governo non avesse preso misure esplicite contro di lui e non l'avesse messo del tutto da parte, il suo rancore crebbe rapidamente. Fu quasi di sicuro lei a convincerlo che l'amministrazione repubblicana non meritasse altro che odio. Le letture anticomuniste e antimassoniche di quel periodo fecero il resto.

Negli anni successivi il clima politico si fece sempre più incandescente: Franco, tornato a Madrid, tesseva insieme con Carmen rapporti con importanti politici di destra, generali e aristocratici. Nel tempo libero entrambi coltivavano due passioni: il cinema e l'antiquariato. Ad accompagnarli per il mercatino del Rastro c'era la nipote preferita, Pilar Jaraiz Franco.

Contrariamente a quanto da lui sostenuto, la Repubblica non l'aveva messo al bando e Franco poté presto riprendere la sua folgorante carriera: diventò capo di Stato maggiore. Durò poco. La vittoria del Fronte popolare, nel 1936, rimescolò ancora una volta le carte. Preoccupati delle mire golpiste di molti generali, i nuovi leader cercarono di sparpagliarli e Franco fu spedito alle Canarie. Da lì avviò la sua insurrezione contro il governo spagnolo; Carmen e la figlia, visto il precipitare degli eventi, furono imbarcate su una nave tedesca per Le Havre. In poco tempo Franco divenne la guida indiscussa della rivolta, anzi già nello stesso anno cominciò a considerarsi il vero capo di Stato. Di più, forgiando per se stesso il titolo di Caudillo, ripreso dai re asturiani della Spagna medievale, ricalcò il principio nazista "*Ein Volk, ein Reich, ein Führer*" con "*Una Patria, un Estado, un Caudillo*". Il richiamo al Medioevo non era un caso: alla fine degli anni Venti un prete di campagna vicino alla moglie l'aveva persuasa che Franco avrebbe emulato le gesta eroiche del Cid, controversa figura che divenne il campione della lotta contro i musulmani, e in generale dei sovrani cristiani di Spagna impegnati nella *Reconquista*, i *caudillos*, appunto. Doña Carmen non si stancava di ripeterlo al marito.

Il 4 ottobre 1936 Franco assunse un cappellano personale e prese a recarsi a messa tutti i giorni, recitando il rosario con la moglie ogni sera. Quanta influenza abbia avuto Carmen nel convincerlo che era l'uomo mandato da Dio a salvare la Spagna, non potremo mai valutarlo. Però sappiamo che fece di tutto per sostenerlo in questa "missione". Se Franco, all'inizio del tutto alieno da una visione mistica della politica, mostrò solo a un certo punto di credersi "l'Eletto" da Dio, Carmen ne ebbe sempre la certezza.

La convinzione di avere un mandato divino da compiere impedì alla coppia qualsiasi debolezza o incertezza. Però, proprio in questo periodo, Carmen Polo compì l'unico atto di aperto coraggio della sua vita: durante le celebrazioni per la Festa della razza all'Università di Salamanca, il 12 ottobre 1936, salvò il filosofo

Miguel de Unamuno da un probabile pestaggio da parte di alcuni falangisti eccitati dallo slogan: "*¡Viva la muerte!*" Lo prese sottobraccio e lo condusse fuori, sfidando con lo sguardo la folla di giovinastri inferociti. Fu un'eccezione che si giustificava non tanto con la fama di Unamuno, quanto con la pronta e piuttosto inspiegabile adesione del filosofo al colpo di Stato di Franco. Questo chiarisce anche perché negli stessi mesi, come sarebbe poi avvenuto sempre in futuro, doña Carmen rimase del tutto sorda alle implorazioni di pietà, alle richieste di salvare dalla condanna a morte anche celebri intellettuali o giovanissimi oppositori.[4] Nemmeno Unamumo riuscì a ottenere clemenza per i suoi amici imprigionati.

Che la fede nella "missione divina" del marito convivesse con parecchi dubbi sulle sue effettive doti lo dimostra anche il fatto che Carmen adorasse invece il cognato, il bel Serrano Suñer, colto e raffinato. Così, quando il Caudillo lo interrompeva, lei a sua volta lo zittiva dicendo: "Taci, Paco, e ascolta quello che dice Ramón". C'è anche chi sostiene che Carmen fosse gelosissima di Isabel Pascual de Pobil, la bella moglie del fratello di Franco, Nicolás, e si indignasse che a lei andassero molti omaggi indirizzati alla "*señora de Franco*". Anche per questo favorì spudoratamente un cognato a discapito dell'altro.

Più ancora della mancanza di pietà verso i prigionieri politici, era l'improvvisa durezza, se non crudeltà, ai danni di qualche parente a rendere più inquietante la figura di Carmen Polo. La nipote prediletta, Pilar Jaraiz Franco, figlia della sorella di Franco, era stata incarcerata dai repubblicani proprio per la sua parentela

[4] Cfr. Juan Gasparini, *Mujeres de dictadores*, Ediciones Península, Barcellona 2002.

col generale golpista. Venne liberata dopo due anni, in occasione di uno scambio di prigionieri: il Caudillo, che detestava avere debiti di gratitudine e si vergognava della sua famiglia borghese, le riservò un'accoglienza glaciale. Eppure era stato lui, qualche anno prima, ad accompagnarla all'altare al posto del padre. Pilar, il cui figlio, nelle circostanze drammatiche della prigionia, aveva rischiato di morire di meningite, si chiuse allora in un doloroso silenzio che suscitò le ire di Carmen, ormai abituata a ricevere da chiunque sperticati elogi. "Ma tu, da che parte stai?" arrivò a chiederle. Fu anche questo atteggiamento ad aprire gli occhi alla ragazza, che sarebbe poi passata nei ranghi dell'opposizione e avrebbe scritto un libro, *Historia de una disidencia*,[5] in cui raccontava l'improvviso disprezzo e l'alterigia con cui Francisco Franco e la moglie avevano preso a trattare la famiglia d'origine.

A caratterizzare gli anni successivi fu proprio l'incredibile megalomania che colse sia il dittatore sia la moglie. Come residenza a Madrid il Caudillo scelse per primo il Palacio de Oriente, ovvero il Palazzo Reale. Il *cuñadísimo*, ovvero il "supercognato" Serrano Suñer, riuscì a persuaderlo che era una soluzione pericolosa: non conveniva ostentare ancora troppe manie di grandezza, anche perché gli spagnoli, in quegli anni, morivano letteralmente di fame. La coppia optò allora per il Palacio de el Pardo, un edificio maestoso ma meno centrale, molto danneggiato dalla guerra civile. A Carmen piacque perché era stato comunque una residenza regale: lo volle arredare in stile settecentesco in segno di continuità con la monarchia. Franco pretese poi che la moglie fosse chiamata "*la señora*", titolo che spetta-

[5] Pilar Jaraiz Franco, *Historia de una disidencia*, Planeta, Barcellona 1981.

va solo alle alte dame dell'aristocrazia, ma soprattutto volle che fosse suonata in suo onore la marcia reale ogni volta che appariva a una cerimonia ufficiale; era un privilegio fino ad allora toccato soltanto alle regine.

Questo atteggiamento, che ovviamente rese la vita facile ai numerosissimi adulatori, spinse però la coppia a un progressivo isolamento: uscirono poco, negli anni successivi, dal Pardo, e quasi solo per incontrare personaggi come Hitler, Mussolini, Salazar e Papa Pio XII.

Al tempo stesso il favore di cui godeva presso Carmen Polo, permise a lungo al *cuñadísimo* di disporre di poteri immensi: solo quando Franco si accorse che Serrano Suñer era più fedele alle proprie ambizioni che a lui, la sua stella cominciò a tramontare. Il Caudillo lo usò a lungo come parafulmine per lo scontento degli alti ufficiali verso il regime, ma a un certo punto non sopportò più il suo protagonismo. A far precipitare le cose, come al solito, l'ira di doña Carmen. Venne a sapere di una storiella che girava insistentemente, secondo la quale un vecchio amico di famiglia, incontrata la sorella Zita, moglie di Ramón, in America latina, le aveva detto: "Congratulazioni! Ho sentito dire che siete sposata con l'uomo più importante della Spagna. E vostra sorella Carmen?" "Oh, poverina", avrebbe sussurrato Zita, "è finita con un soldato."[6] Ovviamente Carmen non credeva che la storiella fosse vera, anzi era ancor più arrabbiata con il cognato, un tempo così amato, perché tradiva la moglie con Consuelo de Icaza y León, moglie del colonnello Francisco Díez de Rivera, marchese di Llanzol.

È curioso notare che in un Paese notoriamente machista, in cui le donne godevano di pochissimi diritti,

[6] Cfr. Paul Preston, *op. cit.*

fu un'altra donna, Casilda Ampuero, moglie del generale Varela, a innestare una serie di eventi che portarono alla caduta del *cuñadísimo*; in occasione di un attentato ai danni dei militari monarchici, provocato dal partito falangista, Casilda suggerì a Varela di non perdere la testa e approfittare dell'occasione per dare un colpo definitivo alla Falange, allora guidata da Serrano Suñer. Franco resistette a lungo alle pressioni ma poi, convinto dai soliti adulatori, accettò l'idea che il cognato tramasse ai suoi danni e lo cacciò dalla poltrona di ministro degli Esteri. Da allora, in compenso, Ramón fece una brillante carriera di avvocato. Carmen gelò però i rapporti con la sorella e al suo posto scelse, come amica fidata, la marchesa Pura Huétor.

Si dice che anche nella selezione delle amiche doña Carmen si affidasse più alle sue fisime che al cuore: evitava con cura tutte quelle che potessero sembrare più belle di lei. Una foto del giugno 1947 la mostra tesissima mentre osserva l'affettuosa stretta di mano fra suo marito ed Evita Perón, anche lei moglie di un dittatore ma quasi divinizzata dal popolo argentino. La guerra fra le due dame, a colpi per fortuna solo di cappellini e vestiti, sarebbe terminata con la vittoria della bella Perón.

La fine della guerra e la sconfitta di Hitler e Mussolini non ridimensionarono la megalomania della coppia spagnola. Tutt'altro. Quando l'Onu, appena creato, escluse la Spagna da tutti i suoi organismi, Franco affermò che il Paese era dieci anni più avanti di tutte le altre nazioni e coniò una moneta con il suo busto e la scritta: "Caudillo per grazia di Dio".

Un brutto colpo alle ambizioni "dinastiche" dei Franco venne però proprio dall'unica figlia, María del Carmen, Nenuca. Anziché sposare un grande di Spagna o addirittura un erede al trono, si incapricciò di un playboy di non altissimo livello sociale, il dottor Cristóbal Martínez Bordiu, che poi sarebbe diventato marchese di Villaverde. Si sposarono il 10 aprile 1950. A Madrid prese a circolare una filastrocca riferita a Nenuca, a suo marito e a doña Carmen: "La ragazza voleva un marito/ la mamma voleva un marchese/ il marchese voleva soldi/ e così sono contenti tutti e tre!" Ovvero nessuno pensava che lo sposo fosse seriamente e sinceramente innamorato.

Chi desiderava ingraziarsi doña Carmen, e quindi Franco, ebbe con le nozze l'occasione migliore per mettersi in mostra: si prestò a inviare i regali suggeriti dalla solerte marchesa Huétor. La corpulenta dama aveva già acquistato un potere notevole. I suoi pettegolezzi potevano fare e disfare la fortuna anche di personaggi importanti, poiché i Franco la usavano come filtro per avere notizie dal mondo esterno.

Il matrimonio fu fastosissimo, tanto che la Polo volle che i giornali non ne parlassero: troppo sfarzo, in una Spagna ridotta alla miseria. Eppure fu proprio dopo quelle nozze che Carmen, il cui spirito caritatevole si esauriva interamente nell'organizzazione di balli di beneficenza, diede libero sfogo alla sua passione per i gioielli e per i mobili d'antiquariato. Crebbero anche l'ingordigia c l'avarizia, che divennero leggendarie, al punto da farle meritare il soprannome di doña Collares, la signora delle collane: pretendeva di non pagare e i negozianti erano terrorizzati dalle sue esose visite. Al tempo stesso si moltiplicarono i regali da parte di adulatori e postulanti, doni che venivano spesso cambiati con altri più graditi. E costosi.

Il risultato fu che adulazione e regalie rafforzarono la corruzione del sistema. Franco chiudeva entrambi gli occhi, convinto in tal modo di conservare l'appoggio della classe dirigente. La prassi era diffusa e non si limitava alla cerchia di Carmen Polo. Ne derivava, in ogni caso, che personaggi del tutto inadeguati ottenevano cariche sempre più importanti.

Benché ostentasse la sua sottomissione alla Chiesa in ogni occasione, nella realtà la moglie del Caudillo si riteneva al di sopra di qualsiasi autorità religiosa: dopo che il vescovo Segua si rifiutò di cederle il posto a capotavola durante un banchetto per l'anniversario della riconquista di Siviglia dai mori, doña Carmen lanciò contro di lui una perfida campagna persecutoria. Questo, però, non incise minimamente sui suoi strettissimi rapporti con il Vaticano. Il 21 dicembre 1953 papa Pio XII conferì a Franco il Supremo ordine di Cristo. Un nuovo Concordato ribadì il pieno apprezzamento del papato per il governo franchista. Pio XII non fu mai avaro di elogi nei suoi confronti. Per Carmen una vittoria e una conferma delle sue premonizioni sulla "santa" missione del marito.

Tutto ciò, insieme con il riavvicinamento agli Stati Uniti e l'ammissione all'Onu, le permisero di allontanare da Franco tensioni e preoccupazioni. Come qualsiasi moglie di vecchio stampo, Carmen sembrava soprattutto ansiosa che il Caudillo non si agitasse e perdesse la pazienza. Entrambi si comportavano sempre più come sovrani: annoiati dalle pratiche quotidiane, si facevano circondare da una corte affollata e variopinta. Tra i cortigiani assidui c'era José Luis de Arrese y Magra, personaggio bizzarro e potente, che ricoprì importanti incarichi di governo. Arrese tentò di convincere doña Carmen che il regime doveva avere un futuro "falangista", ma la Polo era molto meno preoccupata del futuro politico del Paese di quanto non lo fosse della "glorificazione" del marito. Alla fine persino Francisco

Franco si spazientì davanti ai tentativi della moglie di attribuirgli origini altolocate. La Polo aveva addirittura riarredato la sua modesta casa natale come se fosse una piccola reggia.

Il 25 gennaio 1960 Carmen riuscì a impedire un incidente alla Rolls Royce del Caudillo e qualcuno parlò di sventato attentato. La Polo si accorse per tempo che il torpore del marito era dovuto a un'insolita fuoriuscita nell'abitacolo di monossido di carbonio e lo obbligò a fermarsi e scendere dall'auto. Quell'incidente diede a Franco la sensazione di non essere più lucido e pronto come un tempo e che bisognasse occuparsi al più presto della "successione". La sua attenzione si era già puntata su Juan Carlos di Borbone, nipote di Alfonso XIII. Quest'ipotesi non era però vista di buon occhio dall'estrema destra e da doña Carmen: temevano, come poi si sarebbe verificato, un passaggio alla monarchia liberale. Il gruppo di cui faceva parte la moglie del dittatore riponeva ancora tutte le speranze nei militari e nella Falange. Consideravano pericolosa ogni apertura. La repressione contro qualsiasi forma di opposizione si fece allora ancora più violenta: vi parteciparono, tra gli altri, i Guerrilleros de Cristo Rey, picchiatori legati agli ambienti governativi. Ma la Polo e i suoi amici sapevano che bisognava anche agire dall'interno: nonostante che l'Opus Dei, fondata nel 1928 da monsignor Josemaría Escrivá de Balaguer, avesse dato un contributo fondamentale al franchismo e sedesse al governo, le si scatenò contro una campagna serrata per evitare che costituisse un potere alternativo.

A ciò si aggiunse il tentativo di far nominare come successore di Franco don Alfonso de Borbone-Dampierre, cugino di Juan Carlos. Carmen riuscì a farlo fidanzare e poi, nel 1972, sposare con la sua nipote preferita, figlia di sua figlia, María del Carmen Martínez Bordiu. Don Alfonso per complicate questioni dinastiche è stato considerato a lungo l'unico erede legittimo – ma ovviamente del tutto teorico – del trono di Francia. Non poteva invece aspirare a quello di Spagna perché suo padre era stato costretto da Alfonso XIII, di cui era il secondogenito, a rinunciare per iscritto al trono, per sé e per i suoi successori, nel 1933: una malattia l'aveva reso sordo e muto, inadatto quindi a regnare. Nel 1941 Alfonso XIII aveva designato come suo successore il padre di Juan Carlos.

A quel punto si scatenò una battaglia tra Juan Carlos da una parte e don Alfonso e doña Carmen dall'altra: la consorte del Caudillo fece anche pressioni sui governatori delle province perché snobbassero le visite del primo ed esaltassero quelle del secondo. Ma Francisco Franco, questa volta, tenne testa alla moglie, che a un certo punto ricorse anche a uomini di fiducia per convincerlo. Nel 1969, però, lo stesso Alfonso accettò per iscritto la designazione di Juan Carlos e rinunciò a qualsiasi rivendicazione. La battaglia sembrava persa. La Polo non voleva crederci.

A Franco non restava ormai molto tempo: il suo declino fisico era sempre più evidente. Al tempo stesso, abbastanza incredibilmente, i contrasti della coppia assunsero un connotato politico.

Lo si notò da piccoli segni: il 17 dicembre 1970, durante un raduno di folla festante nella Plaza de Oriente a Madrid, Franco salutò con entrambe le braccia in alto, la Polo fece il saluto fascista. Era come se lui volesse prendere un po' di distanza dagli estremisti e lei ribadire la sua vicinanza alla Falange.

Ma gli screzi col marito non avrebbero mai indotto doña Carmen ad arrendersi, tanto meno nella questione successoria: sugli inviti alle nozze della nipote con don Alfonso fece scrivere "*Su Alteza Real el Príncipe Alfonso*", titolo a cui il nobiluomo non aveva diritto. Il matrimonio fu ancora più fastoso di quello di Nenuca. Carmen pretese che la ragazza venisse chiamata principessa e i servitori si inchinassero al suo passaggio, ma la messa in scena non ebbe l'effetto voluto: pochissimi invitati stranieri acconsentirono di partecipare alla cerimonia. Tra questi, un'altra chiacchieratissima moglie di dittatore, Imelda Marcos. Dopo l'assassinio, il 20 dicembre 1973, del primo ministro Carrero Blanco, che si era opposto anche ad alcune nomine di "uomini duri" volute dal gruppo legato alla Polo, doña Carmen riuscì almeno a bloccare la sua sostituzione con Fernández Miranda, grande sostenitore di Juan Carlos. Poi, martellando il marito sul rischio che l'opposizione li ammazzasse tutti come cani, sull'esempio di ciò che era accaduto a Carrero Blanco, riuscì a ottenere la nomina di un "duro", Arias Navarro. Fu proprio lui, però, il 19 luglio 1974, a indurre un Franco allo stremo e gravemente malato del morbo di Parkinson a firmare il passaggio dei poteri di capo dello Stato, per lo meno a interim, a Juan Carlos. Carmen reagì con furore. Nonostante sembrasse ormai tutto perduto, la pugnace signora riuscì a liquidare quello che era stato per quarant'anni il medico personale di Franco, regalandogli solo un apparecchietto televisivo. Il dottor Vicente Gil era ormai in rotta con il genero di Franco, il marchese di Villaverde, adorato dalla Polo, che affermò: "Di dottori ce ne sono tanti, ma di generi ce n'è uno solo".[7]

Il 2 settembre, su pressione di moglie e genero, Franco, sentendosi meglio, riassunse i poteri. Il 20 novem-

[7] Vicente Gil, *Cuarenta años junto a Franco*, Planeta, Barcellona 1981.

bre del 1975 però morì e Juan Carlos poté prendere in mano la situazione e restituire la democrazia alla Spagna. Carmen Polo fu invitata a lasciare il palazzo del Pardo: lo fece il 31 gennaio 1976, in lacrime, dopo aver imballato e messo al sicuro gioielli, mobili, porcellane, quadri e tappeti. Una ricchezza immensa, che non le impedì di ricevere anche una lauta pensione. Restò a vivere a Madrid, prima con la figlia, poi in un suo appartamento. Gli ultimi anni furono caratterizzati da un progressivo ritiro e da strani eventi, come l'incendio di tutte le carte e i dipinti del Caudillo, presso la sua dimora, il Pazo de Meirás.

Tra morti drammatiche, scandali finanziari e fiscali, la famiglia Franco occupò in modo sempre poco felice, per anni, le cronache dei giornali: nel 1979 l'adorata nipote María del Carmen abbandonò il marito Alfonso di Borbone. Quest'ultimo finì in carcere per guida pericolosa nel 1984. Era stato coinvolto in un incidente nel quale aveva perso la vita il figlio maggiore. Il 7 aprile 1978 Nenuca fu fermata alla frontiera mentre cercava di trafugare monete d'oro. L'elenco delle vicissitudini della famiglia del Caudillo è lungo e sorprendentemente simile a ciò che è accaduto alla progenie di altri dittatori, a cominciare dal cileno Pinochet. I Franco sono però riusciti, a differenza di altri, a evitare processi politici e a conservare i loro beni. Carmen Polo, sempre più isolata e forse scandalizzata più dal fallimento di alcuni matrimoni che dalle frodi, ha passato gli ultimi anni senza leggere i giornali e senza guardare la tv. L'appuntamento quotidiano era con la messa, celebrata in casa. È morta il 6 febbraio 1988 a Madrid.

JIANG QING
LA RIVOLUZIONARIA ROSSO SANGUE

"Ero il cane del presidente Mao. Quando mi diceva di azzannare qualcosa, lo facevo."

JIANG QING, in *Madame Mao: The White-Boned Demon*, di Ross Terrill

La storiografia riguardante di Mao Tse-tung, il Grande Timoniere, sta cambiando. Adesso sono in pochi a difendere il suo operato e sempre più spesso l'artefice della Rivoluzione comunista in Cina viene paragonato a Stalin e Hitler per il numero impressionante di morti provocate, addirittura settanta milioni, secondo alcuni studiosi.[1] Il giudizio sulla sua terza moglie, Jiang Qing o Chiang Ch'ing, è invece rimasto sempre lo stesso: totalmente negativo.[2] I cinesi l'hanno soprannominata, da un classico della loro mitologia, ovvero dalla saga cinquecentesca *Viaggio all'Ovest*, il Demone dalle bianche ossa, un personaggio che cambia di continuo forma e sesso per attrarre vittime da divorare nella sua grotta.

Come principale istigatrice della Rivoluzione culturale, Jiang Qing ha di sicuro responsabilità pesantissime. Come moglie di Mao Tse-tung è stata anche tra le donne più tradite della storia.

[1] Lo sostiene la nuova biografia *Mao: The Unknown Story* di Jung Chang, scrittrice e vittima della Rivoluzione culturale, e Jon Halliday, professore presso il King's College di Londra; il saggio, pubblicato da Knopf nell'ottobre 2005, ha suscitato molte polemiche, ma è frutto di lunghe ricerche.

[2] Per una biografia "simpatizzante", vedi invece Roxanne Witke, *Comrade Chiang Ching*, Little, Brown & Co., New York 1977. La Witke intervistò a lungo Jiang Qing nel 1972.

Jiang Qing nacque nel 1913 o più probabilmente nel marzo 1914 a Zhucheng, nella provincia cinese dello Shandong. Era un periodo di radicali trasformazioni per il suo Paese. Il 1° gennaio 1912 era stata formalmente proclamata la prima repubblica cinese e in febbraio l'ultimo imperatore, Puyi, era stato costretto a dimettersi. Come presidente provvisorio era stato eletto un ex consigliere imperiale, Yuan Shikai.[3] Ma la Cina, da anni sottoposta a gravi sconvolgimenti, non aveva trovato la pace: nel 1914, allo scoppio della Prima guerra mondiale, il Giappone aveva occupato i possedimenti tedeschi proprio nello Shandong.

Dopo un fallito tentativo di restaurazione dinastica da parte di Yuan Shikai, nel 1916 il Paese piombò nel caos. I cosiddetti Signori della Guerra, spregiudicati capi militari, conquistarono e si contesero intere province.

Intanto Jiang Qing cresceva. Il suo vero nome era Li Shumeng, che vuol dire "pura e semplice". Sulla sua infanzia si hanno informazioni confuse. Secondo alcune fonti era figlia di un carpentiere. Secondo altre aveva povere origini contadine. La famiglia tentò di cederla, a 15 anni, a un ricco mercante, come concubina. Ma la ragazza si sarebbe ribellata e sarebbe stata, abbastanza insolitamente, affidata alle cure del governo provinciale e da questo spedita alla scuola dell'Opera cinese di Jinan, una città dello Shandong. Qui si sarebbe avvicinata all'ideologia comunista.

Secondo un'altra versione il padre, o almeno l'uomo di cui la madre era la principale concubina, si chiamava Li Dewen e godeva di una pessima fama: beveva ed era violento. La madre, benché subisse le botte del

[3] Vedi capitolo su Tzu Hsi.

marito, pare fosse invece una donna ambiziosa, che, almeno per il carattere, ebbe un'influenza decisiva sulla ragazza. Li Shumeng sfuggì, grazie a una provvidenziale infezione, al bendaggio dei piedi, il "trattamento di bellezza" che di fatto rendeva le donne prigioniere in casa.

Fu un nonno a cambiarle il nome in Li Yunhe, "gru tra le nuvole".

Se dunque le vicende della prima giovinezza sono confuse, di sicuro, non ancora ventenne, la futura Jiang Qing decise di diventare attrice e cantante e si trasferì a Shanghai. In quell'occasione cambiò di nuovo nome e da Li Yunhe si trasformò in Lan Ping, "mela blu". Nelle biografie ufficiali risulta anche che abbia studiato all'università di Qingdao, città principale dello Shandong. Nel frattempo iniziò a lavorare, e con un certo successo, a Shanghai, sia sui palcoscenici teatrali sia nel cinema, il suo più grande amore. Tra le tante interpretazioni si cimentò anche in testi occidentali come *Casa di bambola* del drammaturgo norvegese Henrik Ibsen. Nello stesso periodo, verso il 1933, la ragazza si iscrisse al Partito comunista. Per coerenza con questa scelta e dunque per "servire il popolo", Jiang Qing decise di dare lezioni agli operai nel tempo libero.

Nel giro di pochi anni ebbe tre importanti legami: con un uomo di affari di Jinan che si chiamava Fei; con Yu Qiwei, un brillante ragazzo di idee radicali e di buona famiglia, di Qingdao; e con Tang Na, un drammaturgo di Shanghai. Il primo fu un matrimonio infelice e durò pochissimo. Gli altri due furono amori veri. A legarla a Yu Qiwei fu la condivisione degli ideali del comunismo, un movimento allora ferocemente perseguitato. Scegliere di aderirvi costituiva un notevole atto di coraggio. A Tang Na la univa invece la passione per il teatro, oltre che quella politica.[4]

Nel 1937 l'attrice Lan Ping lasciò Shanghai per Yenan, per studiare il marxismo-leninismo presso il quartier generale dei comunisti. E lì incontrò Mao Tse-tung. Li presentò una conoscenza comune, Kang Sheng, allora responsabile della sicurezza del Partito e, in seguito, della stessa Repubblica popolare cinese. Secondo alcune fonti, prima di diventare attrice Jiang Qing aveva lavorato come cameriera in casa di Kang Sheng, nella loro provincia natale. I due erano comunque diventati molto amici e lo sarebbero rimasti per tutta la vita, condividendo battaglie e atrocità e, alla fine, la stessa condanna a morte. Al processo finale, nel 1981, sarebbero stati accusati di un "legame perverso".

All'epoca del loro incontro, Mao, che era nato nel 1893, aveva 44 anni e tre mogli alle spalle; Jiang Qing, o meglio Lan Ping, 24 anni e tre mariti. Non fu solo l'attrazione fisica ad avvicinarli, ma la straordinaria passione politica di lei che, pur essendo sostanzialmente di estrazione e cultura borghese, e sebbene divenuta un'attrice di qualche successo, non esitò a sposare le tesi rivoluzionarie. Anzi, ne rappresentò la punta più estrema.

Mao Tse-tung aveva appena concluso quella avventurosa ritirata che è passata alla storia, con molta retorica e poca chiarezza, come la Lunga Marcia. In breve: nel 1931 Mao era stato nominato presidente della neoproclamata Repubblica sovietica cinese nella regione del Jiangxi meridionale; nel 1934 aveva cominciato una lunga ritirata fino alle inospitali zone dello Shaanxi set-

[4] Cfr. Ross Terrill, *Madame Mao: The White-Boned Demon*, (Madame Mao: il Demone dalle bianche ossa), Stanford University Press, USA 1999. Della vita di Jiang Qing esiste anche una versione romanzata: *Becoming Madame Mao* di Anchee Min, Houghton Mifflin, Boston 2000.

tentrionale per sfuggire all'assedio del Kuomintang e del generale Chiang Kai-Shek, presidente ufficiale dell'intera Repubblica cinese dal 1928. La ritirata, si disse poi, servì anche a resistere meglio all'invasione giapponese; in verità, i nemici peggiori furono il clima e la natura. Dopo diecimila chilometri, dei centottantamila uomini partiti ne sopravvivevano circa trentamila. L'impresa servì però in seguito a Mao a costruirsi un'immagine di eroe invincibile.

Alla fine della marcia, il Grande Timoniere fissò il suo quartier generale nella città di Yenan. Jiang Qing, che vi arrivava carica di grandi entusiasmi, non incontrò subito il favore degli altri capi del Partito. Anzi, Zhu De, Liu Shaoqi e Zhou Enlai le furono apertamente ostili. Le loro simpatie andavano invece a He Zizhen, terza moglie di Mao e sua intrepida compagna durante la Lunga Marcia. La donna ne era però uscita stremata e sull'orlo della schizofrenia. Aveva fatto parte del viaggio in barella e non si era più ripresa. Jiang Qing era invece fresca, fanatica e bella. Per potersi dedicare a lei, Mao mandò He Zizhen a farsi curare in Unione Sovietica. Tornata nel 1939, la donna cominciò a entrare e uscire dagli ospedali psichiatrici. Avrebbe continuato a farlo fino alla morte, in tardissima età.

Mao aveva sempre rivendicato, non solo per sé, ma per tutti i cinesi e in particolare per le donne, che vivevano in una condizione di estrema sottomissione, la massima libertà sessuale. Qualche storico avanza l'ipotesi che fu la sua vita amorosa a spingerlo a promulgare una legislazione molto moderna sul matrimonio, che, ancora oggi, caratterizza la Cina.[5] In fondo lui stesso era stato una vittima dei costumi tradizionali: suo pa-

[5] Cfr. Pascal Dibie, *Storia della camera da letto*, Bompiani, Milano 2005.

dre l'aveva costretto a sposare a 14 anni una diciottenne che, cosa non rara all'epoca in Cina, aveva solo un cognome, Luo, e non un nome proprio. Fu un matrimonio non consumato e la ragazza morì nel 1910. Mao impalmò poi, nel 1920, la figlia del suo professore di filosofia, Yang K'ai-Hui, che rimase subito incinta, gli diede tre figli e fu decapitata nel 1930 dai nazionalisti a 29 anni. Nello stesso anno Mao sposò He Zizhen, con la quale già conviveva, il che spiega come mai la tragica morte di Yang K'ai-Hui non sembrò suscitargli alcuna emozione. Mao si stancava facilmente delle donne: sarebbe accaduto anche con Jiang Qing.

All'inizio, però, tra di loro ci fu una grande attrazione. Per prima cosa la ragazza cambiò di nuovo il suo nome e divenne definitivamente Jiang Qing, "fiume blu". Da quel momento, ovvero dal 1939, fu la *ai ren* di Mao. Questo termine "rivoluzionario" sostituiva quelli tradizionali e piuttosto sessisti per definire marito e moglie, e stabiliva un'unica parola per "coniuge", formata dalla combinazione degli ideogrammi di "amore" e "persona".

A Yenan, Jiang Qing entrò nell'unità del Partito che si occupava di documentari. La sua convinzione di essere un'esperta di cinema, e cultura in senso lato, l'avrebbe accompagnata tutta la vita. Al contrario di Mao, gli altri leader del Partito continuavano a diffidare di lei: temevano che volesse ricoprire cariche importanti. Non le furono concesse nei primi anni, e la diffidenza si acquietò. Anche se Jiang Qing rimase il bersaglio preferito di critiche e pettegolezzi: un modo di attaccare Mao, quando non si aveva il coraggio di farlo direttamente. Lei incassava, all'inizio. Avrebbe restituito con gli interessi in seguito.

E d'altra parte c'erano cose più serie a cui pensare: la vittoria del comunismo andava ancora conquistata. Nel

1937 il Giappone aveva invaso la Cina. La terribile e feroce occupazione che ne era seguita, da una parte indebolì le truppe nazionaliste di Chiang Kai-Shek, dall'altra rafforzò la posizione dei comunisti, soprattutto tra i contadini. I due schieramenti, acerrimi nemici, si allearono per ricacciare i giapponesi ma, alla fine della Seconda guerra mondiale, i comunisti si impossessarono delle armi abbandonate dall'esercito invasore. Nel 1946 fu firmato un cessate il fuoco, ma non durò e in pochi mesi la guerra civile infiammò di nuovo il Paese.

Ne uscirono vincitori, nel 1949, Mao, i comunisti e il loro sempre più vasto esercito popolare.

Il 1° ottobre 1949 fu proclamata la Repubblica popolare cinese. Jiang Qing entrò subito a lavorare al ministero della Cultura e da quel momento il suo intervento nella vita culturale e politica del Paese divenne sempre più pesante.[6] Ciò non toglie che periodicamente Jiang Qing subisse dei parziali ridimensionamenti: il 14 febbraio 1950 la Cina siglò il primo trattato di amicizia con l'Unione Sovietica. Da allora la moglie di Mao si trovò a passare, con la scusa che era malata o aveva bisogno di riposo, lunghi periodi a Mosca. Ogni volta che tornava, aveva l'impressione che il suo potere fosse stato ridotto. In ogni caso le riuscì di riunire intorno a sé un gruppo di intellettuali radicali, che provenivano soprattutto da Shanghai.

Intanto il Grande Timoniere, tra una battaglia politica e l'altra, si divertiva. Ebbe, nel tempo, moltissime amanti, compresa Imelda Marcos, dal 1954 moglie del futuro dittatore filippino. Si faceva circondare di ra-

[6] Su Jiang Qing e l'opera cinese, esiste anche una recente opera lirica, *Madame Mao*, scritta da Bright Sheng, un compositore di Shanghai emigrato negli Stati Uniti nel 1982. L'opera gli è stata commissionata dalla Santa Fe Opera Company.

gazze che, come in un harem, si occupavano di tutte le sue necessità, compresa un'indomabile passione per i balli occidentali come il valzer e il fox-trot. La pretesa crebbe con gli anni fino a diventare parossistica nella vecchiaia, quando, peraltro, le condizioni fisiche di Mao erano pessime e il suo stato mentale vicino alla demenza. Dalla tradizione cinese, però, aveva tratto la convinzione che andare a letto con donne giovani gli avrebbe allungato la vita.[7]

Jiang Qing taceva. O più semplicemente era interessata ad altro. Se per i primi anni della Repubblica popolare il suo potere fu limitato, già all'inizio degli anni Sessanta era diventato effettivo. La moglie di Mao riuscì a riformare l'Opera di Pechino, ovvero l'opera tradizionale cinese, che aveva una storia millenaria e in effetti, come denunciava Jiang Qing, parlava soprattutto di imperatori e principesse e molto poco di masse di lavoratori. Di fatto la moglie di Mao bandì tutti gli spettacoli, tranne cinque produzioni, giudicate *yangbanxi*, opere modello, o *geming yangbanxi*, opere modello rivoluzionarie. Il bando sarebbe durato anni.

Poi Jiang Qing mise mano al cinema. Oggi conserviamo ancora i suoi giudizi di condanna senza appello perfino di film che inneggiavano alla Rivoluzione ma che lei trovava troppo tiepidi, o poco incentrati sulla lotta di classe, o perfino troppo inclini a rappresentare i modi di vita della borghesia, considerati pericolosi e corrotti.[8] Jiang Qing credeva che, attraverso il cinema, i libri, il teatro e i giornali si potesse modellare "l'uomo

[7] Cfr. Jung Chang e Jon Halliday, *op. cit.*

[8] Molto interessante la selezione di film cinesi, con relativa critica di Jiang Qing, presentata dal sito del film *Morning Sun*, una produzione della società americana Long Bow Group (http://www.morningsun.org/smash/jq_films.html). Il sito è una sorta di archivio "in progress" sulla Rivoluzione culturale cinese.

nuovo" cinese e distruggere la millenaria subordinazione delle classi popolari a quelle privilegiate.

Questo apparente eccesso di fiducia nel potere della cultura finiva inevitabilmente col soffocarla: la censura imposta da Jiang Qing su tutte le forme di spettacolo divenne opprimente, la sua pretesa di intervenire direttamente sui testi, salvo poi sconfessarli all'ultimo momento, rese impossibile la creazione di opere credibili. Una parabola inquietante per una donna che, all'inizio, era stata profondamente influenzata da tre intellettuali cinesi comunisti del primo Novecento, Chen Tu-Hsiu, Lu Hsun e Li Ta-Chao, che avevano condannato il regime feudale tradizionale ma anche sperato in una rivoluzione non cruenta. Erano tre riferimenti importanti: Chen Tu-Hsiu, un intellettuale di tutto rilievo, aveva partecipato alla prima rivoluzione repubblicana e poi era stato, come Li Ta-Chao, tra i fondatori del Partito comunista. Ne era infine uscito per dissensi. Lu Hsun è considerato invece il fondatore della moderna letteratura cinese. Tutti e tre avevano espresso idee non "ortodosse" che però avevano influenzato Mao.

Mentre Jiang Qing cercava di sostituire l'opera tradizionale pechinese con il teatro proletario e di massa, la Cina viveva anni drammatici; tra il 1958 e il 1961 furono lanciate le comuni popolari, che espropriarono i cittadini di tutti i beni privati, pentole comprese. Poi partì la crociata del Grande Balzo in Avanti, ovvero la crescita dell'industria a marce forzate per superare l'Inghilterra nella produzione di acciaio. I contadini furono trasformati in operai. Nello stesso periodo gran parte dei raccolti furono dirottati verso l'estero, in particolare in Unione Sovietica. Il risultato furono milioni di morti per fame, tra il 1959 e il 1961. In breve tempo il Grande Balzo dovette essere abbandonato.

La vera svolta nella carriera politica di Jiang Qing avvenne però nel 1965.[9] Mao era tornato all'apice del consenso, nonostante o forse proprio per la sua prolungata assenza dalla ribalta politica e il suo ritiro a Hangzhou, dopo il drastico dietrofront nelle politiche economiche. Quando, all'inizio del 1966, rientrò a Pechino, il suo mito era più forte che mai. Vi arrivava sull'incredibile eco di un'impresa sportiva, una nuotata nel fiume Yangtze, poi diventata celebre in tutto il mondo e raccontata dai giornali come epica. I cronisti avevano riferito che Mao avanzava a una velocità quattro volte superiore a quella del record del mondo. La notizia sorprese gli stessi remissivi e fiduciosi cinesi visto che il Timoniere stava per compiere 73 anni.

Proprio in quel periodo esplose il caso Wu Han. Wu, storico e vicesindaco di Pechino, aveva scritto, pare incoraggiato dallo stesso Mao, un'opera teatrale intitolata *La destituzione di Hai Rui*. Vi si raccontava l'ingiusta cacciata del funzionario Hai Rui da parte dell'imperatore Jiaqing. Benché la vicenda fosse ambientata in epoca Ming, tutti la lessero come una esplicita condanna del siluramento del ministro della Difesa Peng Dehuai nel 1959, reo di aver criticato il Grande Balzo in Avanti. Mao si infuriò per la presunta polemica e istituì un "Gruppo dei cinque per la rivoluzione nella cultura" che giudicasse il lavoro di Wu Han. Ne affidò la guida al sindaco di Pechino, Peng Zhen, ma iniziò presto a diffidarne. Per questo chiese agli intellettuali oltranzisti, vicini a Jiang Qing, di scrivere un pamphlet che criticasse radicalmente l'intera opera tradizionale. Il testo, che apparve su tutti i giornali, era a firma del

[9] Cfr. Luigi Tomba, *Storia della Repubblica popolare cinese*, Bruno Mondadori, Milano 2002.

critico letterario Yao Wenyuan, l'unico della Banda dei quattro a essere sopravvissuto fino al 2006, ma fu rivisto da Mao e quasi di sicuro da Jiang Qing. Le tesi radicali che sosteneva impedirono di fatto che il Gruppo dei cinque riuscisse a pilotare la Rivoluzione culturale verso atteggiamenti moderati.

Nel febbraio 1966 Jiang Qing e Lin Biao, autore del *Libretto Rosso* di Mao e all'epoca ministro della Difesa, attaccarono il Gruppo dei cinque e Peng Zhen, accusandoli di appoggiare la "linea antipartito e antisocialista" degli intellettuali borghesi.[10]

Da allora fu una progressione di accuse ai moderati finché, il 16 maggio, il Gruppo dei cinque fu sostituito dal Gruppo per la Rivoluzione culturale, di cui Jiang Qing era l'ispiratrice e che avrebbe costituito, negli anni successivi, il terzo polo del potere politico in Cina. La moglie di Mao non ne fu solo un riferimento ideale: l'XI Plenum del Comitato centrale, riunito dal 1° al 12 agosto 1966, la nominò Primo vice capo del sottogruppo del Comitato centrale per la Rivoluzione culturale. Ovvero, dopo Chen Boda, che ne era il capo, Jiang Qing dirigeva la struttura alla quale l'XI Plenum aveva affidato il compito e l'autorità di orientare e coordinare l'andamento della Rivoluzione culturale, nuova fase della politica cinese. Al sottogruppo furono concessi uffici distaccati nelle province e nelle maggiori città: una rete capillare, che non lasciava scampo ai "sospetti", ma che non fu aliena da feroci lotte interne. In novembre, Jiang Qing fu nominata anche consulente culturale dell'Esercito popolare cinese.

Nel frattempo era cresciuta l'agitazione nelle università, dove gli studenti, sollecitati dallo stesso Mao, pre-

[10] Luigi Tomba, *op. cit.*

tendevano rapporti paritari con i professori. Se i dirigenti più alti dello Stato e del Partito, tra i quali Liu Shaoqi e Zhou Enlai, tentarono di arginare le proteste, gli intellettuali radicali, che in brevissimo tempo avevano preso il controllo della stampa, incitarono i ragazzi a "far salire alte le fiamme". Nacquero allora le prime guardie rosse, le *hongweibling*, che, fedeli allo slogan "ribellarsi è giusto", appiccarono letteralmente il fuoco all'immenso patrimonio culturale cinese, diffondendo la rivolta fuori dalle università. Liu Shaoqi tentò dapprima di metterle fuorilegge, ma fu fermato dall'ondata di consensi che i radicali avevano procurato loro attraverso i giornali. Nel giro di pochissimo tempo il Gruppo per la Rivoluzione culturale, guidato da Jiang Qing, Chen Boda, Kang Sheng, e intellettuali come Yao Wenyuan, Zhang Chunqiao, Wang Li, Qi Benyu e Guang Feng, riuscì a imporsi anche al vertice del Partito; subito dopo si allargò a molti veterani.

Il 1967 fu l'anno più feroce: le guardie rosse attaccarono diversi ministeri e portarono il Paese sull'orlo dell'anarchia. Il paradosso è che lo stesso Mao, forse per evitare la sua progressiva emarginazione dal potere reale, favoriva il caos. Tra l'agosto e il novembre 1966 erano già confluite a Pechino circa tredici milioni di guardie rosse. Mao le spinse a non "limitarsi" alla lotta alle "quattro cose vecchie", il pensiero, la cultura, le tradizioni e le abitudini, ma a "bombardare il quartier generale", come scrisse lui stesso in un *dazibao* affisso alla porta, durante una riunione dei vertici del Partito.[11] In linea con questo slogan, dal gennaio del 1967 l'intera Cina fu attraversata da un'ondata di violenza contro intellettuali, funzionari locali, quadri, dirigenti, chiunque

[11] Luigi Tomba, *op. cit.*

insomma potesse essere tacciato di "atteggiamenti borghesi e revisionisti". Liu Shaoqi e Deng Xiaoping, già leader del Partito e in futuro protagonista della storia cinese fino al massacro di piazza Tian'an Men del 1989, furono costretti alla celebre autocritica ed estromessi dal potere. La stessa sorte toccò a moltissimi alti dirigenti comunisti. Il risultato fu paradossale: nel 1967 a Shanghai fu rovesciato il governo del Partito e fu proclamata una Comune che doveva ispirarsi a quella di Parigi del 1871 e attuare la democrazia diretta.

La Rivoluzione culturale è stata un fenomeno complesso, del quale gli studiosi ancora discutono le cause e le componenti, e che senza l'approvazione di Mao non si sarebbe mai potuta svolgere.[12] Ma già alla fine del 1967 Mao si accorse che la violenza scatenata dal gruppo che faceva capo a sua moglie andava fermata. Non era così semplice. Il 1968 si aprì all'insegna dello stesso radicalismo: ci furono anche scontri tra le guardie rosse e l'esercito, incaricato, nel luglio, di disarmarle nelle zone dove i disordini si erano ormai trasformati in guerra civile.

Jiang Qing e i suoi alleati si resero allora conto che si stava eccedendo e accusarono le stesse guardie rosse, di estrazione studentesca, di avere una visione piccolo borghese. Il movimento, sostennero, andava restituito alla guida della classe operaia e dei militari. I ragazzi furono così spediti, a milioni, in campagna per essere "rieducati". Il Gruppo per la Rivoluzione culturale mantenne in questo modo la sua influenza proprio mentre Mao, i vertici dell'esercito e quelli del Partito riuscivano a riprendere il controllo dello Stato.

Quando, però, nella primavera 1968 all'esercito fu imposto di far riferimento solo ai leader del Partito e

[12] Cfr. J.A.G. Roberts, *Storia della Cina*, Newton & Compton Editori, Roma 2002.

dello Stato, e non al Gruppo, Jiang Qing montò su tutte le furie. La battaglia adesso si spostava al vertice. Nell'aprile 1969, al IX Congresso del Partito comunista, la parola d'ordine rimase "rivoluzione permanente" e Jiang Qing entrò, per la prima volta, nel Comitato centrale. Ma, nel rafforzare il culto di Mao, si riuscì a indebolire la sua posizione e quella degli intellettuali di Shanghai. Lin Biao, invece, emerse più forte.

Molti storici sostengono che Jiang Qing non abbia mai agito per puro furore rivoluzionario. Per lei, ha scritto Ross Terrill "il comunismo significava potere; la lotta di classe significava vendetta".[13] Il giudizio è confermato in qualche modo anche dai biografi meno ostili:[14] durante le purghe della Rivoluzione culturale Jiang Qing si vendicò di tutti coloro che l'avevano insultata, solo perché donna, ai tempi in cui faceva l'attrice a Shanghai. Non tollerava, forse ricordando anche le umiliazioni subite da sua madre, la profonda misoginia che i cinesi si erano trascinati dietro perfino nella Repubblica popolare.

In ogni caso il suo obiettivo era chiarissimo: succedere a Mao. Alla fine del IX Congresso fu invece Lin Biao a prendere il posto di candidato successore del Grande Timoniere.

La ferocia di questi anni, la produzione di pedanti saggi di arte e letteratura, mal si sposa però con la vita privata di Jiang Qing. Aveva molti hobby, non particolarmente intellettuali e rivoluzionari. In particolare si dilettava con la fotografia. Per esempio si divertiva a ritrarre i suoi ospiti nel giardino di orchidee della sua bella villa a Guangzhou. Le piaceva giocare a carte e a

[13] Cfr. Ross Terrill, *op. cit.*
[14] Cfr. Roxanne Witke, *op. cit.*

biliardo con le sue guardie del corpo, ma soprattutto guardare film stranieri, di cui possedeva una grande collezione. Un po' a sorpresa il suo preferito era il "borghesissimo" *Via col vento*.

Era dunque un personaggio contraddittorio. O, appunto, solo una donna assetata di potere. Lo lascerebbe pensare lo scontro con Lin Biao in occasione di un nuovo plenum del Comitato centrale, nell'agosto del 1970 a Lushan. Lin, che era appoggiato da Chen Boda, in teoria il vero leader del Gruppo per la Rivoluzione culturale, insistette affinché Mao assumesse la presidenza della Repubblica, cosa che il vecchio Timoniere si rifiutava di fare. Chi fu a convincere Mao che quella di Lin era solo una manovra per accelerare il passaggio delle consegne? Di certo la fazione di Jiang Qing uscì vincitrice dal plenum. Lin, amareggiato per i sospetti – forse giusti – sollevati a suo carico, si chiuse in uno sdegnato isolamento, circondato solo dai familiari e da una corte di fedelissimi. Furono soprattutto loro a continuare a sperare, nonostante l'età del generale e il successo di Jiang Qing, nella sua successione a Mao.

La storia dei mesi successivi è, per noi, ancora confusa. Pare che la moglie di Lin Biao, Ye Qun, e suo figlio, Lin Liguo, ufficiale dell'aeronautica, abbiano cospirato per uccidere Mao e mettere il loro generale al suo posto. Ma il tentativo fallì e di certo si sa solo che, nel settembre 1971, mentre Mao meditava la rimozione di Lin Biao, l'aereo che trasportava il generale, suo figlio Lin Liguo, la moglie Ye Qun e altre cinque persone verso una destinazione sconosciuta precipitò abbastanza inspiegabilmente in territorio mongolo. Non ci furono sopravvissuti. La versione ufficiale parlò di incidente durante la fuga in Unione Sovietica.

A questo punto, sempre ammesso che Jiang Qing

puntasse a succedere al marito, il suo principale avversario divenne il primo ministro Zhou Enlai, considerato un moderato. Zhou era già da tempo, come "deviazionista confuciano", nel mirino di quella che in seguito sarebbe stata chiamata la Banda dei quattro, formata, oltre che da Jiang Qing, da Zhang Chunqiao, Yao Wenyuan e Wang Hongwen. Gli ultimi due erano stati già protagonisti della Comune di Shanghai.

Proprio in quel periodo, con l'arrivo di Henry Kissinger, nell'aprile 1971, e del presidente americano Richard Nixon, nel 1972, la Cina avviava una politica estera completamente nuova, rafforzata dalla concessione di un seggio all'Onu, a scapito di Taiwan. Urgeva dunque un cambiamento di rotta anche all'interno. La morte di Lin Biao e l'accusa che avesse complottato per uccidere Mao servirono per espellere dal Partito molti "radicali", a cominciare da Chen Boda.

Nonostante l'inimicizia dell'ultimo periodo, sarebbero poi stati processati insieme con la Banda dei quattro nel 1980-81, quando, dopo la morte di Mao, la Cina avviò un'epurazione profonda di tutti i protagonisti della Rivoluzione culturale.

Nel frattempo, però, Jiang Qing cercò di sfruttare in tutti i modi lo spazio lasciato da Lin Biao, aiutata dai suoi due maggiori alleati del momento, Zhang Chunqiao e Yao Wenyuan. Kang Sheng, vera anima nera della Rivoluzione culturale, era ormai troppo vecchio e in cattiva salute. Mao però diffidava del gruppo di sua moglie: diede spazio a Zhou Enlai e, nel 1973, permise a Deng Xiaoping di rientrare a Pechino.

Forse Mao avrebbe voluto ora come successore Zhou, artefice di un'attenta politica di restaurazione dell'apparato statale, di riabilitazione degli intellettuali "purgati" e di minore pressione sui contadini. Ma il primo ministro si ammalò di cancro proprio nel 1972. Mao scelse allora Wang Hongwen, capo del Partito a Shanghai, alleato sì di Jiang Qing, ma giovane e più accettabile per i militari e le gerarchie di Partito. A 36 anni Wang fu chiamato nell'onnipotente Ufficio politico. Per Jiang Qing e i radicali fu una nuova vittoria, confermata dal X Congresso del Partito, nell'agosto del 1973, che fece di Wang il numero tre della gerarchia comunista. Nella stessa occasione Zhang Chunqiao riuscì a entrare nel comitato permanente del Politburo, ormai dominato dai radicali. Il Congresso sembrò rinnegare, in tutte le sue direttive, la politica moderata di Zhou Enlai. Forti di questa nuova e apparentemente decisiva conferma, per tutto il 1974 Jiang Qing e i suoi alleati condussero una battaglia tenace contro Zhou Enlai.

Mao tergiversava. O più semplicemente non era più in grado di gestire la situazione, vecchio e malato com'era. Lo slogan coniato da Jiang Qing nel 1974 fu "*pi Lin pi Kong*", ovvero "criticare Lin Biao, criticare Confucio". Quasi una minaccia: il primo nemico, Lin Biao, era stato eliminato, adesso toccava a Zhou-Confucio. La campagna condotta da Jiang Qing e da Zhang Chunqiao nelle università e nelle caserme fu così violenta che convinse Mao a togliere il sostegno alla moglie e ai suoi alleati. Poiché Zhou Enlai, già operato tre volte alla fine del 1974, non era più in grado di svolgere il suo lavoro e poiché Mao non si fidava nemmeno più di Wang Hongwen, la scelta del nuovo delfino cadde su Deng Xiaoping, nominato vice primo ministro con funzione esecutiva e capo di Stato maggiore dell'esercito. La sua ascesa scatenò lo scontro finale fra i radicali di Jiang Qing e la burocrazia di Partito. Durante il 1975 Deng sembrò prevalere: la sua politica economica fece tabula rasa delle riforme della Rivoluzione culturale. Nel novembre 1975, mentre Zhou Enlai, che sarebbe morto nel gennaio 1976, era ormai allo stremo e anche Mao non riusciva più a intervenire sulle linee del Partito, la Banda dei quattro presentò un documento contro Deng Xiaoping. Poi, morto Zhou, lanciò una vivace campagna contro Zhou e Deng in tutto il Paese. Fu un errore: il vecchio primo ministro, appena scomparso, godeva di immensa popolarità. Benché i funerali e la cremazione fossero stati tenuti segreti, si svolsero grandi esequie di massa. Gli studenti, questa volta, si schierarono dalla parte di Zhou Enlai e quindi di Deng Xiaoping: il 4 aprile 1976, in occasione della tradizionale festa cinese degli antenati, una folla di ragazzi si spinse fino a piazza Tian'an Men per ricordare Zhou e protestare contro la Banda dei quattro. Bersaglio principale: Jiang Qing, definita la "donna che voleva essere imperatrice". La sera stessa la moglie di Mao, durante una riunione della dirigenza del Partito, condannò la manifestazione come "un atto controrivoluzionario". Ancora una volta riuscì a spuntarla. Quella notte e il giorno successivo la polizia militare represse la protesta. Il 7 aprile Mao firmò la rimozione di Deng, accusato dalla Banda dei quattro di aver ispirato la rivolta. Mentre Deng riparava a sud, Hua Guofeng, alleato di Jiang Qing, veniva nominato segretario generale e vicepresidente del Partito. Fu l'ultimo atto importante di Mao, che morì il 9 settembre 1976.

Nei mesi precedenti la sua morte, Jiang Qing e i radicali erano certi che ce l'avrebbero fatta. E invece, Hua Guofeng, diventato nel frattempo primo ministro, li abbandonò. Il 6 ottobre 1976 Hua, annunciando che Jiang Qing e i suoi alleati avevano tentato un colpo di Stato, fece arrestare i quattro e un certo numero di personaggi minori a loro vicini. Nove mesi dopo Jiang Qing, Zhang

Chunqiao, Yao Wenyuan e Wang Hongwen furono espulsi dal Partito come rinnegati. Se il loro arresto era stato festeggiato nelle piazze come la fine di una guerra, l'espulsione servì ai loro vecchi alleati per abbandonarli e investirli di tutte le responsabilità della Rivoluzione culturale e perfino del Grande Balzo in Avanti. Tutti gli epiteti che i quattro avevano usato contro i nemici furono rovesciati, con altrettanta ferocia, contro di loro: vennero definiti rinnegati, carrieristi borghesi, spie nazionaliste, doppiogiochisti controrivoluzionari.

Il riemergere dei politici epurati durante la fase radicale, rese però debole anche la posizione di Hua Guofeng. Nel 1977 Deng Xiaoping fu riammesso nel Comitato centrale e gli venne affidata la propaganda contro la Banda dei quattro. All'XI Congresso del Partito, nell'agosto 1977, Deng lanciò con successo una linea di "pragmatismo reale" che si collocava all'esatto opposto dell'estremismo ideologico della Rivoluzione culturale e dei suoi promotori. Nel 1978 la sua posizione si rafforzò ulteriormente e ciò coincise con una crescente richiesta di trasparenza e democrazia nel Paese. Cinque milioni di studenti, spediti a lavorare in campagna durante la Rivoluzione culturale, tornarono in città. Intanto, i contadini emigrati a Pechino, guidati da un'attivista donna, Fu Yuehua, iniziarono a rivendicare a gran voce i loro diritti. Quella che alcuni intellettuali come Wei Jinsheng chiamarono la "quinta modernizzazione", la democratizzazione, dopo le quattro lanciate da Deng Xiaoping in ambito economico, alla fine fece però paura. Deng ordinò una repressione feroce e nella primavera del 1980 ottenne dal Parlamento la cancellazione dalla costituzione della libertà di parola.

Pochi mesi dopo, alla fine del 1980, si aprì il processo pubblico contro la Banda dei quattro. La bella attrice che aveva sedotto Mao nel 1937 apparve ora alla sbarra come una piccola donna austera di 66 anni, sia pure con un volto di porcellana e un aspetto più giovane della sua età. Si racconta che bevesse ogni giorno il brodo di otto polli bolliti per conservare la pelle liscia e i capelli lucenti.[15]

Il processo, trasmesso in televisione e durato mesi, fu una messa in scena della "legalità socialista" come la intendeva Deng. E cioè in modo assai simile a come avrebbe inteso un pubblico processo la stessa Jiang Qing. Il giudizio era pronto in partenza. Deng sparlava apertamente di Jiang Qing.

Eppure la vedova di Mao si difese come un leone. Mentre il suo pavido avvocato tentava di barcamenarsi, Jiang Qing si scagliò contro i suoi accusatori; lo aveva già fatto durante gli interrogatori, arrivando a denudarsi per impedire agli inquirenti maschi di entrare nella stanza. Invano, ovviamente. Fu condannata a morte, insieme con Zhang Chunqiao, che invece si era rifiutato di riconoscere la legittimità del tribunale. A Yao, Wang e Chen Boda fu comminato l'ergastolo. Le condanne a morte non furono mai eseguite e nel 1983 furono commutate in carcere a vita. Dalla prigione, Jiang Qing continuò a denunciare Deng Xiaoping come controrivoluzionario. Dopo dieci anni, nel 1991, venne rimessa in libertà per motivi di salute. Appena dieci giorni dopo, il 14 maggio, fu dato l'annuncio che era stata trovata morta nel suo appartamento. Ufficialmente, un suicidio. Ma i misteri restano molti.

[15] Cfr. Ross Terrill, *op. cit.*

Elsa Maxwell
La penna al cianuro

"Mi faccio deliberatamente dei nemici. Costituiscono la salsa piccante del mio piatto di vita."

Elsa Maxwell, dal *New York Journal American* del 2 novembre 1963

Se la tesi secondo cui la bruttezza fisica è lo specchio di un'anima maligna avesse qualche fondamento scientifico, Elsa Maxwell ne sarebbe la conferma. Piccola, grassa, sgraziata, col doppio mento e un viso senza alcun pregio e sempre corrucciato in qualche smorfia, la regina del gossip non ha mai direttamente ucciso nessuno. Ma la sua perfidia ha mietuto parecchie vittime e inaugurato una vera scuola. La sua più temibile "avversaria" è stata però una coetanea: Louella Rose Oettinger Parsons, titolare di una celebre rubrica di gossip sul *Los Angeles Examiner* e responsabile del tramonto di alcune dive, dagli anni Venti ai Cinquanta. Rispetto a lei, la Maxwell aveva tuttavia una dote in più: oltre a distruggere le star, era in grado di crearle.

Elsa Maxwell nacque il 24 maggio 1883 a Keokuk, un piccolo centro dell'Iowa, negli Stati Uniti. Raccontò poi che sua madre, Laura, aveva avuto le doglie mentre assisteva al teatro dell'opera alla *Mignon* di Ambroise Thomas. La famiglia era poverissima, il padre James era un musicista squattrinato, e la ragazza, cresciuta in California, lasciò la scuola a 14 anni per una rapidissima quanto inaspettata carriera. Cominciò come pianista teatrale, pur non avendo mai studiato una nota, e come accompagnatrice di cantanti.

In seguito, come suo solito, mentì e raccontò di aver proseguito gli studi prima all'Università della California e poi addirittura alla Sorbona di Parigi. Le bugie rimasero una costante di tutta la sua vita: una volta chiese agli amici un prestito per il funerale della madre. Ma la madre, ovviamente, era viva e vegeta.

Lasciò San Francisco, dove viveva, nel 1905, per seguire come tuttofare una compagnia shakespeariana. Subito dopo apparve sulla scena in alcuni vaudeville. In seguito si unì a una serie di band di musica sudafricana.

Nel frattempo aveva iniziato a scrivere canzoni; arrivò a pubblicarne un'ottantina. Ancora nel 1959, quando ormai faceva tutt'altro, sarebbe uscito negli Stati Uniti un album con le sue composizioni. Da San Francisco, che rimaneva la base della Maxwell, e dove lei si trovava durante il tremendo terremoto del 1906, le sue composizioni presero a circolare. In breve, grazie al loro successo, ma soprattutto alla sua intraprendenza, Elsa riuscì a diventare amica di personalità dell'arte e dell'industria che decisero di lanciarla in campo internazionale.

A proposito del terremoto di San Francisco, con quel misto di cinismo e nonchalance che l'avrebbe sempre caratterizzata, la Maxwell raccontò in seguito: "Mentre [Jack Barrymore e io] ce ne stavamo sulla collina guardando i roghi che si erano sprigionati dopo il terremoto, arrivarono Jack London, lo scrittore, e George Sterling, il poeta. Mi dissero che ero una pazza se pensavo di poter pranzare al St. Francis [con Enrico Caruso]".[1]

[1] Elsa Maxwell, *R.S.V.P., Elsa Maxwell's Own Story*, Little, Brown, and Co., Boston 1954. Introvabile se non nelle biblioteche americane.

La sua rapida ascesa in campo mondano, nel secondo decennio del '900, è rimasta però sostanzialmente un mistero. Quando, anni dopo, l'attore Noël Coward, che faceva parte del mondo dorato di Hollywood, tentò di venirne a capo, non ci riuscì: sospettò nefandezze e menzogne, ma era difficile intuire quali. La cosa, in verità, non doveva indignarlo più di tanto perché in seguito, nel 1963, si adeguò alla generale esaltazione della Maxwell e firmò l'introduzione del suo libro più famoso, *The Celebrity Circus*.

In fondo, non è un caso che quel gruppo di ricchi annoiati, star del cinema, scrittori e intellettuali a vario titolo che pendolò tra America ed Europa nei primi trent'anni del '900, e di cui Elsa fu una sorta di grande anfitrione, sia passato alla storia col nome di *Lost Generation*, la generazione perduta. Di eroico avevano pochissimo. Erano corrotti, dediti all'alcool e alle droghe, e con più di un vizietto.

Ammessa nel ristretto circolo dei super-ricchi, la Maxwell cambiò del tutto lavoro: abbandonò la musica e iniziò a organizzare le serate dei magnati statunitensi che si recavano in Europa a caccia di nuovi stimoli e quasi immediatamente si annoiavano a morte.

"In circostanze particolari", affermava, "le persone arrivano ad ammettere che si possa assassinare, incendiare la chiesa del villaggio o rapinare le banche, ma mai di essere annoiate."

Si trasferì quindi nel Vecchio continente e diede vita, per prima, a una serie di importanti manifestazioni mondane. Quella che la consacrò fu una cena organizzata nel 1919 al Ritz Hotel di Parigi per Arthur Balfour, ministro britannico degli Esteri. Da lì fu un'escalation. Nel 1925 e 1926, per esempio, avrebbe inventato le gare dei motoscafi al Lido di Venezia e nel 1926 avrebbe dato un importante contributo al lancio del Monte Carlo Beach Club, del Casino Hotel e del Piscine Restaurants, su incarico del principe di Monaco.

In breve fu nota in tutta Europa. Era efficiente. E sapeva sempre trovare il modo di divertire gli ospiti. "Era un giullare", avrebbe detto in seguito il pittore René Robert Bouché, grande illustratore di *Vogue* e suo ritrattista,[2] "ma anche una donna disperatamente seria che si giudicava una seria critica della società."

Elsa, che proveniva da una famiglia così povera da non conoscere il lusso della depressione, aveva presto intuito che la noia era il "grande male" dei ricchi. Ne morivano. Chiunque fosse stato in grado di offrire loro un nuovo piacere, li avrebbe avuti in pugno. E lei si rivelò a tale proposito una vera miniera di idee. Amava in particolare i party nei quali le donne si travestivano da uomini e viceversa. Elizabeth Varley, un'ospite delle sorelle Wally e Wanda Toscanini, figlie del grande direttore d'orchestra, ci ha lasciato il resoconto di una di queste feste veneziane. Dopo aver sottolineato che, proprio perché si trovavano nella città lagunare, da sempre avida di feste e lazzi, nessuno si era scandalizzato per i travestimenti, la Varley scrisse che si era scatenata una vera e propria lotta per avere gli inviti. Wally apparve come la più entusiasta e si preoccupò dei costumi per i suoi ospiti. Volle che Wanda ed Elizabeth si vestissero da marinai e tenne per sé un abito da vecchia tenutaria di bordello. La Varley ammette che però, fra i tantissimi ospiti, solo un "gentiluomo" in cilindro e frac si distinse su tutti: era Marlene Dietrich.

[2] Il ritratto di Elsa Maxwell, dipinto da René Bouché (1905-1963), è esposto alla National Portrait Gallery dello Smithsonian Institution, a Washington; l'autore, nato a Praga, è considerato tra i massimi illustratori di moda del '900.

Il gusto per i travestimenti non era casuale. "Non sono mai stata penetrata", dichiarava orgogliosamente Elsa Maxwell, "né mai lo sarò." La verità è che amava le donne. E quindi non rifiutava il sesso in sé. Una volta affermò: "Troppe persone fanno sesso col cervello. L'organo sbagliato". Ma aggiungeva anche: "Ho sposato il mondo. Il mondo è mio marito. Per questo sono così giovane. Non faccio sesso. Il sesso è la cosa più stancante che esista".[3]

Fu molto amica dell'arredatrice lesbica Elsie De Woolf, diventata poi celebre come Lady Mendl, e soprattutto fece coppia fissa con la britannica Dorothy, "Dikie", Fellowes Gordon, pur insistendo nel definirla una semplice amica. Dikie era nata nell'Aberdeenshire, in Scozia. Conobbe Elsa verso il 1912; possedeva ciò che la stessa Maxwell descrisse come "la bellezza e lo spirito arguto che l'avevano resa una delle *femmes fatales* d'Europa". Quando scoppiò la Prima guerra mondiale, le due amanti si ritirarono in un piccolo cottage a Marlow, una cittadina sul Tamigi, e poi, nel 1915, fecero vela verso gli Stati Uniti. A New York affittarono un appartamentino e gestirono un banco delle bibite presso l'Allied Bazaar al Grand Central Palace. Al termine della guerra, tornarono in Europa e condivisero una casa a Parigi, vicino a Montmartre. Spesso si recavano insieme a Londra. Il loro sarebbe stato un legame saldissimo: dopo la morte della Maxwell, nel 1963, Dikie si ritirò praticamente a vita privata. Sarebbe morta, a 100 anni, nel 1991.

Tanto Dikie era bella ed elegante, tanto Elsa non faceva che ingrassare, essendo una buona forchetta. "Per la goffaggine del suo aspetto e per la sua tracotanza",

[3] Citato dallo scrittore e giornalista newyorkese Jesse Kornbluth, direttore di *Head Butler*, rivista culturale online (www.headbutler.com), nella recensione di *How to do it*, di Elsa Maxwell, 2005.

scrive Sergio Camerino, "Elsa Maxwell faceva pensare alla regina di cuori in cui s'era imbattuta Alice. Bassa di statura, tozza e obesa, esibiva un sedere sporgente, come quello di una cuoca in una locanda popolare... Come la regina di cuori, il suo impulso ricorrente era: 'Mozzate la testa a questo e a quello', intendendo riferirsi a chiunque, per banalità di gusti sessuali, assenza di blasone, scarso tasso di effervescenza nella conversazione o di stravaganza nel comportamento, non riteneva degno di appartenere a quello che chiamava il grande circo".[4] Del "circo" facevano parte non più di un centinaio di persone che, non avendo molto da fare o, come gli artisti, avendo da fare solo in determinati periodi dell'anno, si muovevano in continuazione tra le maggiori località mondane, ovvero Parigi, Antibes, Venezia, New York e Hollywood.

Se qualcosa dell'aspetto della Maxwell si poteva salvare, erano forse gli occhi: sembravano quelli di un falco. E in effetti la signora sapeva sempre scegliere con cura le sue "prede". Le piaceva fare da pigmalione, non certo per bontà ma per poter dimostrare, per l'ennesima volta, di aver fiuto. Cercava di scovare nuovi grandi artisti e gettarli nel mondo dei potenti, poiché il talento e la stravaganza erano le uniche doti per le quali perdonava la nascita modesta.

Fu per questo che "adottò" uno dei più grandi musicisti del '900, Cole Porter. L'aveva conosciuto dopo il fiasco del musical *See America First*, con il quale Porter aveva debuttato a Broadway, e all'inizio non le era piaciuto. Raffinato ed eccentrico, Cole Porter era un irrefrenabile omosessuale, ma a Elsa Maxwell non piacque perché le parve troppo paludato. In effetti si curava co-

[4] Sergio Camerino, *C'era una volta Broadway*, Bompiani, Milano 2005.

me un damerino e aveva un'andatura da dandy, tanto quanto lei era trasandata e infagottata. Ma bastò un concerto per convincerla di aver davanti un talento senza pari. Nella sua biografia, *R.S.V.P.*, Elsa disse che dopo avergli sentito eseguire alcune canzoni che lui aveva tenute nascoste fino all'ultimo in un baule, si rese conto di essere diventata la fan del "più paradossale personaggio che avesse mai messo piede nel mondo dello show-business".[5]

Cole Porter sposò, nel dicembre 1919, una ricchissima e bellissima ereditiera del Kentucky, Linda, più anziana di lui di quindici anni e definitivamente disgustata dagli uomini dopo uno sfortunato matrimonio. Per la coppia, la Maxwell prese a organizzare feste con la sorpresa finale. Una volta, per esempio, a Venezia, nascose la chiave di una caccia al tesoro nella tasca dei pantaloni di un ospite. Dopo di che annunciò che era cominciata la "caccia alla chiavata", una delle tante varianti che introdusse nella caccia al tesoro, da lei resa di moda negli anni Trenta. In quel momento fece irruzione la polizia, che in realtà cercava una partita di cocaina. Alcuni ospiti furono inquisiti, scoppiò uno scandalo. E per la Maxwell fu un trionfo.

In realtà sia Cole Porter sia la Maxwell ritenevano che Venezia fosse il posto ideale per gente come loro: permetteva di organizzare feste che stavano tra Hollywod e Versailles, che alternavano passerelle da varietà a ricevimenti degni di una corte. Così via via organizzarono grandi ricevimenti a Palazzo Papadopoli, poi a Palazzo Barbaro e infine a Ca' Rezzonico. Quest'ultima residenza offrì l'ambientazione migliore perché permetteva di aggiungere ai party dei Porter un pizzico

[5] Elsa Maxwell, *R.S.V.P.*, *op. cit.*

di suspense: si raccontava che vi si aggirasse il fantasma dello scrittore Robert Browning, che qui era morto nel 1889. Ai grandi balli "con fantasma" accorrevano ospiti da tutto il mondo. Non sempre andava bene: una volta una chiatta su cui era stata allestita una jam session rischiò di naufragare per un improvviso temporale. Il tutto si risolse con tanta paura e molta nausea, e per la Maxwell, a cui in fondo interessava solo che si parlasse molto delle sue feste, l'evento piacque così. Suggeriva agli anfitrioni: "Servi la cena alla rovescia, fai qualsiasi cosa, ma per carità, fai qualcosa di strambo".

La Grande Depressione del 1929 ricondusse Elsa a Hollywood dove tentò, senza successo, la carriera di attrice cinematografica. Comparve, per esempio, in *Elsa Maxwell's Hotel for Women*, ovvero l'Albergo per donne di Elsa Maxwell, del 1939, diretto da Gregory Ratoff e prodotto dalla 20th Century Fox[6] e in *The Lady and the Lug* (La signora e il tontolone) del 1940. Tre anni dopo fece la sua apparizione in *Stage Door Canteen*, tradotto in italiano con *La Taverna delle stelle*: era una carrellata di piccoli show a cui parteciparono i maggiori divi di Hollywood, da Katharine Hepburn ad Harpo Marx, diretta da Frank Borzage. Che cosa pensasse la Maxwell di quello che si produceva a Hollywood lo sintetizzò lei stessa in una battuta: "Nessuno è mai andato fallito a Hollywood per aver sottostimato l'intelligenza del pubblico".

La Maxwell non raggiunse però il successo popolare

[6] La sceneggiatura è della Maxwell e ne illustra bene la filosofia: una ragazza, l'attrice Linda Darnell, si mette in viaggio da Syracuse per New York per rivedere il suo fidanzato, un architetto di successo. All'arrivo scopre che il giovanotto ha perso interesse nei suoi confronti. Decide allora di vendicarsi e di riaccenderne la passione. Ci riuscirà lanciandosi in una promettente carriera di modella. Coautrice del copione fu Kathryn Scola, una delle più celebri sceneggiatrici di Hollywood degli anni Trenta.

con il cinema, ma grazie alle sue trasmissioni radiofoniche. La più celebre fu *Elsa Maxwell's Party Line*, che prese avvio nel 1942. Ma ciò che andava letteralmente a ruba erano gli articoli di pettegolezzo mondano pubblicati per *Harper* e altre importanti riviste americane. Nel 1936 la sua serie *I Live by My Wits* (Vivo delle mie battute) fu pubblicata a puntate su *Harper's Bazaar* per la gioia di un pubblico sempre più avido di indiscrezioni sul bel mondo.

Due anni dopo la sua biografia *Life of Barbara Hutton* uscì su vari numeri di *Cosmopolitan*. Vi si raccontava, senza lesinare sui dettagli, la vita della miliardaria Barbara Hutton, soprannominata la *Poor Little Rich Girl*, la povera piccola miliardaria. La Hutton, che collezionò sette mariti, compresi tre principi o presunti tali, l'attore Cary Grant, un barone, un conte e il playboy Porfirio Rubirosa, ebbe in realtà una vita tormentatissima che culminò con l'anoressia, l'alcolismo, i tentativi di suicidio. Un'esistenza sperperata sulla cui devastazione, però, l'attenzione morbosa della stampa, non solo di Elsa Maxwell, ebbe il suo peso.

Per la capacità di scavare senza remore nella vita dei potenti, per il modo pionieristico di "darli in pasto" a un pubblico che li adorava e li odiava al tempo stesso, che sognava dei loro trionfi e gioiva delle loro cadute catastrofiche, Elsa si conquistò in breve la fama della più cattiva e agguerrita giornalista di costume degli Stati Uniti. Era logorroica e salace. Così appare perfino in uno spettacolo teatrale, *Only a Kingdom*, messo in scena ancora oggi, che narra la storia dell'abdicazione di Edoardo VIII d'Inghilterra e il suo amore per la divorziata americana Wallis Simpson: la Maxwell vi viene dipinta come un'intima della coppia, ma anche come una loro feroce canzonatrice. Questo perché, anche nella realtà, Elsa sapeva che essere spiritosa non bastava: bisognava essere "crudeli" per conquistare il pubblico. "Non odio nessuno", sosteneva, "al massimo disistimo." "Ma", aggiungeva maliziosamente, "la mia disistima equivale per chiunque altro all'odio."[7]

La differenza tra i suoi articoli e le precedenti cronache mondane era proprio questa: le celebrità non erano mai mancate dalle pagine dei giornali. Già a fine '800, le *Grandes Horizontales*, le ricchissime cortigiane-attrici come la Belle Otero, erano state seguite passo passo dai cronisti. Ma si era trattato quasi sempre di una venerazione molto maschile o di una condanna morale altrettanto maschile. Elsa non giudicava. E non esaltava. Raccontava. E nel raccontare le debolezze delle star e dei ricchi ne creava il mito. Uno dei suoi motti era: "*Never complain. Never explain. Never apologize*", ovvero "Non lamentarsi mai. Non dare mai spiegazioni. Non chiedere mai scusa". Quello che la rendeva così irresistibile era la prontezza di battuta: era salace, veloce, colpiva sempre nel punto giusto. La Maxwell era capace di dipingere un personaggio con una frase.

Non solo, ma poiché era lei l'inventrice dei più ambiti eventi mondani, dettava anche le regole del gioco. Un film del 1940, in cui interpretava la parte di se stessa, lo spiega molto bene: si intitolava *Throwing a Party* (Dare una festa) e raccontava di come Elsa scommettesse con il playboy Larry Scoffield di riuscire in due settimane a trasformare una ragazza sconosciuta in una celebrità da prima pagina.

Il suo inesauribile intuito le suggerì ben presto che,

[7] Sul tema, lo spettacolo teatrale *Elsa Edgar*, messo in scena nel 1998 al Festival di Edimburgo e nel 2000 a New York, che mette a confronto la perfidia di Elsa Maxwell con quella di J. Edgar Hoover, temutissimo capo dell'FBI. Autore e interprete è stato l'attore gallese Bob Kingdom.

nella cerchia delle sue conoscenze, doveva far entrare anche i politici più potenti. Ma soprattutto Elsa si mise a combinare matrimoni tra bellissime e ricchissimi. Lo faceva quasi più per piacere, magari anche delle successive separazioni, che per interesse. Però, il primo obiettivo restava quello di creare nuovi scoop. Il risultato finale fu che venne strapagata dai media.

Questo le permetteva una vita lussuosissima. A New York abitava in una suite del Waldorf-Astoria, che in realtà le era stata concessa gratuitamente vista la pubblicità suscitata dalla sua presenza e dalle sue feste.

Proprio al Waldorf-Astoria, nel 1937, Elsa aveva organizzato uno dei suoi storici party: aveva lanciato tra gli ospiti galline vive e capre profumate. E aveva convocato un porcaro perché conducesse lì una mezza dozzina di maiali. Tra le sue indicazioni per far riuscire un party c'era: "Invita le persone sbagliate e poi mischiale". Lei provvedeva ad aggiungere anche gli animali: ai suoi celebri balli *April in Paris* (Aprile a Parigi), destinati all'élite di New York, erano apparsi perfino gli elefanti.

Le sue "vittime" furono sostanzialmente tutte volontarie: ci si scannava per poter partecipare ai suoi party e quindi anche per sottostare ai suoi scherzi a sorpresa. Ma così, soprattutto i parvenu conquistavano l'illusione di far parte del club di chi contava davvero. In questo senso Elsa Maxwell è stata la pigmaliona della moderna società dell'immagine. Resisterle era praticamente impossibile: riuscì addirittura a riportare nella Spagna di Franco Ernest Hemingway, che aveva combattuto nella guerra civile contro i militari golpisti. L'intento era tutt'altro che politico: cercava di fargli conoscere la figlia del Caudillo, peraltro già sposata, per suscitare quello che avrebbe potuto essere il flirt del secolo.

La Maxwell non nutriva il minimo interesse per la politica. È rimasta celebre una sua affermazione: "Una settimana dopo che rifiutai di incontrare Mussolini, passai casualmente una serata con un megalomane ancora più fuori di testa, Adolf Hitler. Tentai di imbastire una conversazione convenzionale... ma fu così maleducato che rinunciai".

Certo, in questa apparente indifferenza c'era anche il compiacimento delle proprie frequentazioni, come quando ricordò: "Subito dopo incontrai Einstein a casa di Charlie Chaplin". Buttare lì questi incontri, come se fossero cose da nulla, faceva parte del suo gioco, più che della sua incapacità a capire la storia. "Prendi con leggerezza le cose serie e con serietà quelle frivole", pare le avesse detto il padre in punto di morte,[8] ricordandole, in quella stessa occasione: "Ridi di te stessa, prima che lo facciano gli altri".

La prima frase sarebbe in qualche modo diventata il manifesto del giornalismo scandalistico. La seconda il viatico che permise alla Maxwell di accompagnare le donne più belle del mondo e di apparire con disinvoltura nelle foto al loro fianco, il che rendeva ancora più grottesche le sue improbabili *mise* serali.

Durante la Seconda guerra mondiale, la Maxwell fece un incontro che finì col giovare alla "vittima", Frank Sinatra. Nel 1943 il grande cantante era molto preoccupato del suo debutto alla Wedgewood Room del Waldorf-Astoria. Si sentiva in fondo soltanto un semplice ragazzo di Hoboken ed era spaventato dall'accoglienza che avrebbe potuto riservargli il sofisticato pubblico serale dell'hotel. Ma soprattutto lo terrorizza-

[8] Gli incontri e le battute sono narrati da Elsa Maxwell, in *R.S.V.P.*, *op. cit.* Da mettere in conto che molte sono bugie.

va la Maxwell, che l'aveva già accusato di analfabetismo musicale e aveva bollato le sue fans come "donnicciole emotivamente instabili che si agitano nude e senza vergogna davanti alle scioccamente arrapanti, sentimentaleggianti, bullesche sillabe di un uomo che sembra un giocatore di riserva di basket".[9] L'articolo terminava suggendo alle ragazze di prendere dei "sinacontraccettivi". Questo lo stile della signora.

Dopo il concerto, durante il party organizzato dal proprietario del Waldorf-Astoria, George Boomer, Sinatra osò avvicinarsi alla Maxwell. "Io non le piaccio", le disse, "e mia madre è d'accordo con lei. Mi ha detto di dirle: Miss Maxwell ha ragione." La giornalista poté allora concedersi un briciolo di magnanimità: "Ti disapprovo, Frankie, solo perché credo che sia un peccato che un uomo naturalmente dotato di una voce come la tua utilizzi questi trucchetti a buon mercato". "È stato il mio press agent, George Evan a inventarsi le ragazze che strepitano intorno a me e a suggerirmi il modo in cui tengo il microfono. Sono cose che non mi piacciono ma mi hanno regalato i titoloni sui giornali. E, immagino, sono stati proprio i titoloni a darmi il successo." La franchezza di Sinatra addolcì per miracolo la giornalista che il giorno dopo scrisse: "In fondo ha solo trovato un sistema per esibire la dolcezza della sua voce".[10] Da quel momento Sinatra fu ammesso nel suo circolo. Di una festa organizzata dalla Maxwell nella sua casa di Los Angeles nell'agosto del 1944, un testimone, il playboy brasiliano Jorginho Guinle, ricorda così gli ospiti: al piano si alternavano Cole Porter e Arthur Rubinstein; al lato del piano sedevano Bing Crosby e Frank Sinatra

[9] Cfr. Kitty Kelley, *His Way: the Unauthorized Biography of Frank Sinatra*, Bantam paperback edition, New York 1987.
[10] *Ibidem.*

che aspettavano di esibirsi. Nel frattempo Maurice Chevalier scherzava con Judy Garland e Humphrey Bogart faceva il galante con le altre donne presenti. Fra tutti, come al solito, spiccava Marlene Dietrich, tallonata appunto dal piccolo Guinle, che poteva contare solo su 1,63 centimetri di statura, ai quali una soletta sotto le scarpe ne aggiungeva altri dieci.

Combinare folli storie d'amore, soprattutto fra persone già sposate, rimase comunque l'hobby preferito della Maxwell.[11] Tra i suoi "colpi riusciti" si ricorda quando, dopo aver avvertito l'amica Rita Hayworth che suo marito, il regista Orson Welles, aveva una storia con un'italiana, le fece conoscere al Casino d'estate di Cannes il trentasettenne playboy Aly Salomone Khan, figlio dell'Aga Khan III, uno degli uomini più ricchi del mondo. Era il 1948: a fine anno l'attrice ottenne il divorzio dal marito, che non ne fu troppo amareggiato, e l'anno successivo sposò Aly, già incinta di due mesi. Rita beveva troppo e sarebbe stato ciò che Aly, che si stufò velocemente di lei, le avrebbe rimproverato. Ma per la Hayworth questa storia, forse ideata all'inizio dalla sua casa produttrice e dalla Maxwell per rialzarne le quotazioni e suscitare l'interesse dei media, ebbe conseguenze pessime. Il nuovo matrimonio le costò l'ostracismo dei suoi connazionali: il Club delle donne americane propose di boicottare i suoi film accusandola di screditare l'immagine della donna americana con la sua vita scandalosa. Aly aveva sposato una star mentre la Hayworth si illudeva, chissà come, di poter condurre con lui una vita normale; la nascita di Yasmine, la figlia, non impedì né l'immediato

[11] Cfr., su questi episodi, Rosemary Kent, *Party Girl: The Elsa Maxwell Story*, Donald I Fine, 1989.

ritorno del playboy ai suoi amori, né il divorzio. Anche se non è giusto attribuire solo a quella storia l'inizio del declino della Hayworth, di sicuro vi ha contribuito pesantemente.

Allo stesso modo, di fatto, la Maxwell consegnò l'infelice Maria Callas, della quale era innamorata, ad Aristotele Onassis, che le aveva confidato di voler assolutamente andare a letto con la diva e aveva chiesto il suo aiuto. Era il settembre 1957: Elsa invitò Maria a un suo party a Venezia e la presentò all'armatore. Il marito della Callas, Giovanni Battista Meneghini, in quell'occasione si limitò a commentare che la Maxwell era la donna più brutta che avesse mai visto. Era molto di più: era pericolosa. La Callas e Onassis sarebbero divenuti amanti due anni più tardi, durante una crociera sullo yacht *Christina*; il matrimonio della soprano sarebbe così naufragato. Quell'amore, "brutto e violento", come lo definì la stessa Callas, l'avrebbe distrutta. La cantante avrebbe anche diradato i suoi impegni di lavoro pur di stare accanto all'armatore greco, che invece, il 20 ottobre 1968, sposò Jacqueline Kennedy, vedova del presidente americano ucciso a Dallas. Dove si rivelò in quest'occasione la perfidia della Maxwell? Fu lei, che si dichiarava così amica della Callas, a presentare a Onassis prima Lee Bouvier, sorella di Jacqueline Kennedy, e poi, visto il non gradimento del miliardario greco, la stessa Jackie.

Alla Maxwell si deve anche il successo mondano di Capri, dove sbarcò all'inizio degli anni Cinquanta. Elsa riuscì in qualche modo a far sì che tutti, nobili, magnati dell'industria, vip e attori famosi, appena arrivati sull'isola, corressero a omaggiarla. Eppure lei si compiaceva di dire: "Ho conosciuto sette presidenti degli Stati Uniti, intrattenuto una dozzina di re e ho dato del tu alla metà dei titolati sull'Almanacco del Gotha. Eppure scambierei il mio posto con chiunque abbia conosciuto un uomo che non ho mai visto. Il suo nome è Albert Schweitzer". Si riferiva al grande medico alsaziano che dedicò la sua vita ai malati dell'Africa.

Elsa non finse mai la minima modestia: già nel 1954 uscì la sua autobiografia, *R.S.V.P.*, mentre nel 1957 apparve *How to Do It; The Lively Art of Entertaining*,[12] il suo manuale e galateo dell'arte di ricevere. Incurante, come al solito, del proprio aspetto, la Maxwell apparve anche in tv, ogni settimana, nello show di Jack Paar, *The Tonight Show*, che dal 1957 al 1962 andò in onda a tarda sera sulla Nbc.[13] Morì a New York, il 1° novembre 1963, per un attacco di cuore. E inevitabilmente, per descriverla, tornano in mente le sue stesse, impietose, ma orgogliose parole: "... una bassa, grassa, dilettante suonatrice di pianoforte nata a Keokuk, nell'Iowa, senza soldi né una buona famiglia alle spalle, [che] decise di diventare una leggenda e semplicemente ci riuscì".[14] Era davvero diventata una leggenda ed era troppo snob e misantropa per non essere orgogliosa di ciò che aveva fatto. Ma ne conosceva i limiti. In fondo, come le aveva detto il padre in punto di morte, o come lei gli aveva fatto dire: "La vita è come un party. Si arriva che è già cominciato e si va via che deve ancora finire".[15]

[12] Elsa Maxwell, *How to Do It; The Lively Art of Entertaining*, Rizzoli International, New York 2005. Solo nelle biblioteche si trova invece *Etiquette Book*, sempre di Elsa Maxwell, Bartholomew House, New York 1951.

[13] La trasmissione alternava il divertimento ai temi seri, tanto che a un certo punto Paar si trovò a sostenere la rivoluzione di Fidel Castro, a Cuba, contro la dittatura di Batista.

[14] Elsa Maxwell, *The Celebrity Circus*, Appleton-Century, New York 1963.

[15] Elsa Maxwell, *R.S.V.P., op. cit.*

Finito di stampare nel mese di aprile 2006 presso
il Nuovo Istituto d'Arti Grafiche - Bergamo

Printed in Italy